Leituras da revista *Realidade*
(1966-1968)

Programa de Pós-Graduação em História Social
Universidade de São Paulo
Faculdade de Filosofia, Letras e Ciências Humanas
Departamento de História

Universidade de São Paulo
Reitora: Suely Vilela
Vice-Reitor: Franco Maria Lajolo
Faculdade de Filosofia, Letras e Ciências Humanas
Diretor: Gabriel Cohn
Vice-Diretora: Sandra Margarida Nitrini
Departamento de História
Chefe: Modesto Florenzano
Vice-Chefe: Maria Lígia Coelho Prado
Programa de pós-graduação em História Social
Coordenador: Horácio Gutiérrez
Vice-Coordenadora: Marina de Mello e Souza

Letícia Nunes de Moraes

Leituras da revista *Realidade* (1966-1968)

Copyright © 2007 Letícia Nunes de Moraes

Edição: Joana Monteleone
Assistente editorial: Clarissa Boraschi Maria
Capa e diagramação: Guilherme Kroll Domingues
Revisão: Vivian Miwa Matsuhita
Imagens da Capa: capas da revista *Realidade* referentes aos meses de junho e outubro de 1968 e julho e dezembro de 1969.

Dados Internacionais de Catalogação na Publicação (CIP)
(Câmara Brasileira do Livro, SP, Brasil)

Moraes, Letícia Nunes de
Cartas ao Editor: leituras da revista Realidade (1966-1968) / Letícia Nunes de Moraes. – São Paulo: Alameda, 2007 – (Coleção história social. Série teses)
Bibliografia.
ISBN 978-85-98325-43-9
1. Cartas 2. Comunicação 3. Realidade (Revista) – História – 1966-1968 I. Título II. Série.
07-0977   CDD– 056.9

Índice para catálogo sistemático:
1. Realidade: Revista: Leituras   056.9

[2007]
Todos os direitos desta edição reservados à
ALAMEDA CASA EDITORIAL
Rua Ministro Ferreira Alves, 108 - Perdizes
CEP 05009-060 - São Paulo - SP
Tel. (11) 3862-0850
www.alamedaeditorial.com.br

*Ao Leonardo,
com amor
e esperança no futuro.*

Índice

Apresentação 9
Prefácio 13
Introdução 17

1. História e memória 33

2. Recepção pelos leitores missivistas 81

3. Estratégia & tática, revista & leitores 147

Considerações finais 221
Anexo: banco de dados 225
Fontes documentais 231
Bibliografia 233
Bibliografia atualizada 237
Notas 239
Agradecimentos 251
Sobre a autora 253

Apresentação

A Série Teses tenciona colocar à disposição do leitor estudos significativos realizados no âmbito do Programa de Pós-Graduação em História Social da Universidade de São Paulo, resultantes da conclusão de trabalhos de mestrado e doutorado. Desde 1997, com o apoio da CAPES, numerosos textos já foram publicados.

Promover a divulgação de uma tese ou dissertação é sempre motivo de alegria e uma iniciativa importante em vários sentidos. Por um lado, é um registro da pluralidade de temas e enfoques que o Programa e seu corpo docente desenvolvem, bem como uma amostra da maturidade analítica alcançada por seus alunos. Mas, principalmente, a publicação representa para seus autores o coroamento de um longo percurso de leituras, pesquisa e escrita, e a possibilidade de colocar, em alguns casos pela primeira vez, os resultados de seu trabalho à disposição de um público amplo.

O livro ora apresentado revela um novo historiador com pleno domínio do seu ofício e permite que as suas reflexões sejam incorporadas aos debates em curso. Essa é também uma das funções da Série Teses, que tem como objetivo básico a difusão do conhecimento produzido na área da História.

Horacio Gutiérrez, Coordenador
Marina de Mello e Souza, Vice-Coordenadora

Em lugar de um nomadismo ter-se-ia então uma "redução" e um estacionamento: o consumo, organizado por esse mapeamento expansionista, assumiria a figura de uma atividade de arrebanhamento, progressivamente imobilizada e 'tratada' graças à crescente mobilidade dos conquistadores do espaço que são os meios de massa. Fixação dos consumidores e circulação dos meios. Às massas só restaria a liberdade de pastar a ração de simulacros que o sistema distribui a cada um/a.

Eis precisamente a idéia contra a qual me levanto: não se pode admitir tal representação dos consumidores.

Michel de Certeau, A Invenção do Cotidiano, *1990.*

Prefácio

Letícia Nunes de Moraes foi minha aluna no Curso de Graduação em História no Departamento de História da Faculdade de Filosofia, Letras e Ciências Humanas da Universidade de São Paulo, em 1995. Juntamente com o Curso de Graduação em História, realizou o Curso de Jornalismo na PUC/SP. Foi, portanto, quase natural, uma vez que eu trabalhei sempre com a imprensa, que viesse me procurar para pensarmos numa orientação. Em 1997, converteu-se em minha primeira orientanda para o Mestrado em História Social, programa no qual me credenciei.

Inicialmente, pensamos em realizar um trabalho sobre a temática da censura à imprensa tão fértil durante o regime militar. Porém, dadas as dificuldades apresentadas pelo material a ser consultado no Rio de Janeiro (encontrava-se em fase de restauração, após uma enchente – afinal, são os eternos "problemas brasileiros"), foi necessário repensar o projeto.

Durante a Graduação havíamos realizado o estudo de uma importante revista chamada *Realidade* (1966-1976), que causou furor nos anos de 1960, conseguindo alcançar elevadíssimos índices de venda, particularmente, num país onde as dificuldades financeiras e de leitura são enormes. Letícia retomou seu projeto, pensando, agora, na revista *Realidade*.

Os estudiosos da revista são unânimes em destacar fases de seu desenvolvimento, localizando seu período de maior importância entre o seu lançamento (abril de 1966) e o momento em que sai a primeira equipe que havia comandado o periódico (dezembro de 1968). Desse modo, dada a extensão do material, optou-se por fazer o corte cronológico, ficando apenas com essa primeira fase (1966-1968).

Letícia resolveu trabalhar – observando o grande "lance" da revista, nos temas de "Comportamento", onde realizou uma verdadeira "revolução" –, com algumas matérias mais significativas relacionadas a essa temática. Realizou, também, entrevistas com a maior parte dos principais jornalistas encarregados das reportagens do periódico.

Entretanto, o aspecto mais significativo de seu trabalho, foi o seu debruçar-se intensivo sobre as Cartas dos Leitores de todos os números selecionados: 33 edições e mais de 700 cartas. Seu trabalho é assim, um dos poucos, dentro da História Cultural que consegue adentrar no dificílimo tema da recepção nos meios de comunicação.

Muito se falou, a partir da definição dos frankfurtianos acerca da chamada Indústria Cultural, do papel "manipulador" dos órgãos de divulgação. Essa leitura acabou por se converter em "rua de mão única" que apenas pode nos levar à conclusão que os meios de comunicação, convertidos em mercadoria, somente contribuem para a alienação de seus leitores, espectadores, ouvintes. Os estudos de História Cultural, na França, especificamente os de Michel de Certeau e Roger Chartier, apresentam saídas para esse impasse, de certo modo, empobrecedor. Apontam para a possibilidade de pensar o "consumo" (dos leitores, espectadores, ouvintes) dos meios de comunicação, como "produção", guardando sua especificidade e, localizando-se, portanto, não somente no sombrio mundo da alienação, mas também, no da resistência, abrindo novas perspectivas para se pensar a cultura.

Ocorre, porém, que este tema, o da recepção (como os leitores lêem um jornal/revista; como os espectadores assistem ao cinema, teatro, TV; como os ouvintes escutam o rádio; por exemplo), não é simples, sendo muito difícil captar a impressão do leitor/espectador/ouvinte que, normalmente, não deixam registros. Uma dessas possibilidades é o trabalho com Cartas dos Leitores que, apesar de suas deficiências (deve-se levar em conta o processo de seleção para que o trecho da carta seja, finalmente, publicado), permite avançar nesse caminho que, acreditamos, será um dos que mais crescerá dentro da História Cultural.

Durante a realização do Exame de Qualificação foi a Profa. Dra. Maria Helena Capelato que alertou para a importância desse trabalho. Seu incentivo foi fundamental naquele momento.

Assim, desenvolveu-se um trabalho que é um dos pioneiros, não só na análise de uma das mais importantes revistas que o Brasil já produziu, como também, por avançar no tema da recepção dos meios de comunicação, desvelando um mundo dialético em que, nem sempre, o desejo da revista vai ao encontro das aspirações de seus leitores que reclamam, contestam, exigem. Em suma, caracterizou-se, concretamente, o papel crucial da resistência na cultura, na sociedade brasileira do período.

Letícia Nunes de Moraes foi, durante todos esses anos de nosso convívio, uma aluna e pessoa especial: dedicada, preocupada com seu constante crescimento, empenhada na pesquisa e na análise bibliográfica, sensível aos problemas (seus e os dos outros). Seu texto é um primor, escreve brilhantemente. Não dá para aquilatar o meu orgulho ao apresentar esse trabalho que, de minha parte, merece rasgados elogios, sob todos os aspectos. O leitor, com certeza, sentirá que está sendo brindado com uma bela e importante contribuição que o fará refletir sobre a sociedade brasileira e sobre o seu papel individual como leitor/espectador/ouvinte dos meios de comunicação.

À Letícia, meus parabéns, meus desejos de sucesso futuro na carreira e a minha certeza de que este trabalho representa o seu esforço pessoal de ultrapassar todas as dificuldades que se nos apresentam na vida pessoal e profissional.

Maria Aparecida de Aquino
é professora de História Contemporânea
do Departamento de História da FFLCH-USP.

Introdução

Este trabalho de pesquisa pretende ser uma contribuição para o estudo histórico da imprensa num momento específico do Brasil contemporâneo. O meu objetivo central foi o de compreender a recepção de um periódico, a relação entre imprensa e sociedade estabelecida entre uma revista mensal e seu público leitor, representado aqui, pelos leitores missivistas que tiveram suas cartas publicadas na seção "Cartas dos Leitores".

Escolhi como fonte para meus estudos a revista *Realidade*, editada mensalmente pela Editora Abril de São Paulo, entre 1966 e 1976. Veículo da chamada grande imprensa, *Realidade* circulou nacionalmente. E a despeito de ter conquistado fama de publicação "revolucionária" sempre cuidou para manter relação amistosa com os governos militares, à frente da Presidência da República desde abril de 1964, ao publicar constantemente perfis de presidentes e ministros ao lado de reportagens sobre temas tão diversos quanto a fome no Nordeste brasileiro e a sexualidade na juventude.

As reportagens longas e o texto cuidadosamente escrito fizeram de *Realidade* um marco na história da imprensa brasileira e revelam o interesse da revista em dialogar com um público capaz de compreender e repercutir tal expressão de um jornalismo inovador. Pesquisas para definição de público leitor – e *Realidade* também foi pioneira nessa prática – revelam que a revista dirigia-se predominantemente à elite nacional, ou seja, à chamada classe média, àqueles que além de poderem pagar por uma revista como *Realidade* tinham acesso à educação, às universidades, e participavam, enfim, dos grandes debates nacionais.

De *Realidade* foram estudadas, além da totalidade de cartas dos leitores publicadas durante os três primeiros anos de circulação da revista, as reportagens mais comentadas por esses missivistas. O estudo das reportagens, tal como foi realizado, ou seja, concomitantemente ao estudo das cartas dos leitores, foi importante para confrontar dois aspectos em constante conflito: como a revista queria ser lida e como de fato era lida.

Por se tratar de história recente, colhi também depoimentos de alguns jornalistas, principalmente os responsáveis pela seção de cartas, com o objetivo primordial de compreender como elaboraram a referida seção e, também, para recuperar um pouco do processo de produção da revista.

Os meios de comunicação, entre eles a imprensa, têm adquirido cada vez mais importância e complexidade na sociedade moderna, a ponto de considerar um excluído social aquele que não interage minimamente com qualquer veículo de informação. Em 1973, antes, portanto, da explosão dos meios de comunicação a que assistimos contemporaneamente, inclusive com o advento da internet, Gabriel Cohn dizia que:

> (...) o indivíduo alheio aos meios de comunicação básicos na sociedade contemporânea – imprensa, rádio, televisão, cinema – constitui uma anomalia, algo como um representante de uma espécie em vias de extinção. Essa espécie seria o pequeno grupo humano isolado, para o qual o mundo se reduz aos limites dados pela sua convivência direta, nas suas atividades cotidianas, e o resto pertence à esfera do mito. O homem que ignora a *notícia* só passa a existir para a sociedade maior em que vive, no mundo permeado pelos meios de comunicação, quando essa própria condição o converte em *notícia*.[1]

Porém, entre os que consomem informação vendida como produto de primeira necessidade, sob pena de tornar-se um excluído social, a recepção do que é veiculado pelos meios de comunicação se dá de forma idêntica? Certamente não. Mas antes de pensar a recepção é preciso considerar o papel desempenhado pela mídia. Como historiadora, que utiliza a imprensa como documento, entendo que este objeto de estudo deve ser considerado um agente social, como afirma Maria Helena Capelato,

(...) um instrumento de manipulação de interesses e intervenção na vida social. Partindo desse pressuposto, o historiador procura estudá-lo como agente da história e captar o movimento vivo das idéias e personagens que circulam pelas páginas dos jornais. A categoria abstrata *imprensa* se desmistifica quando se faz emergir a figura de seus produtores como sujeitos dotados de consciência determinada na prática social.[2]

E para efetivamente conseguir intervir na vida social e fazer valer seus interesses é que os jornais precisam de leitores. Mais que isso, precisam de leitores que se identifiquem com os seus interesses para lhes dar legitimidade. Por isso, todos eles "procuram atrair o público e conquistar seus corações e mentes. A meta é sempre conseguir adeptos para uma causa, seja ela empresarial ou política, e os artifícios utilizados para esse fim são múltiplos".[3]

Um recurso muito comum empregado pela imprensa para "conquistar corações e mentes" é o de apresentar seus próprios interesses, enquanto órgão jornalístico, como interesses coletivos seus e dos leitores. Põe em prática esses objetivos ora se colocando como mediadora ou "porta-voz" dos interesses e inquietações da sociedade (ou de parte da sociedade que supõe representar) junto do governo ou poder vigente, ora se autodenominando "formadora de opiniões". Ou seja, ora é a imprensa que "assume" a opinião de seus leitores, ora são os leitores que "assumem" a opinião do jornal. De qualquer forma, sempre se tenta sugerir a existência de uma unanimidade de interesses entre imprensa e público leitor.

O movimento da História é, portanto, dinâmico; nele homens e mulheres agem e interagem como sujeitos que não apenas "sofrem" o processo histórico, mas dele participam como atores interferindo nesse processo a partir das suas experiências, sejam individuais ou coletivas. O historiador inglês Edward Thompson, em trabalho no qual critica autores que excluíram da História o sujeito e a experiência humana, diz, ressaltando sua importância:

> Os homens e mulheres também retornam como sujeitos, dentro deste termo – não como sujeitos autônomos, "indivíduos livres", mas como pessoas que experimentam suas situações e relações produtivas determinadas como necessidades e interesses e como antagonismos, e em seguida "tratam" essa experiência em sua *consciência* e em sua *cultura* [grifos no original] (...) das complexas maneiras (...) e em seguida (...) agem, por sua vez, sobre sua situação determinada.[4]

Entendo com isso, que as práticas sociais relacionadas à imprensa não acontecem somente entre jornal e público. Internamente, nas redações de jornais e revistas, desencadeiam-se múltiplas e complexas relações entre os produtores da imprensa. Segundo Maria Aparecida de Aquino,

> Por prática social dos agentes situados na imprensa estamos entendendo o que se publica num jornal/hebdomadário/revista/órgãos de divulgação de periodicidade variada. O que se publica é fruto de uma diversidade de relações que incluem referenciais diferentes. Há uma linha editorial do periódico que carrega consigo interesses sociais nele representados pelo grupo que o domina. Há o trabalho do repórter/jornalista/editor/redator/colaborador que, além de seus próprios pressupostos sociais, realiza um exercício de aproximação/distanciamento em relação à linha editorial que pode ser mais ou menos claramente definida pelo órgão de divulgação. Localiza-se num artigo/coluna assinada/editorial, portanto, toda uma trama de relações sociais, ao mesmo tempo, complexas e difusas.[5]

Identificar essa trama de relações sociais impressas numa reportagem/artigo ou editorial é importante também para o estudo das leituras feitas a partir desse material. Não há relação direta possível entre autores e leitores. Uma mediação sempre presente é dada pela ação dos editores, que interferem no texto podendo transformar suas possibilidades de interpretação, através da escolha das fotos/imagens, a seqüência em que os textos estarão dispostos etc. O editor materializa o texto produzido pelo autor transformando-o em objeto. Diz Roger Chartier:

Contra a representação, elaborada pela própria literatura, do texto ideal, abstrato, estável, porque desligado de qualquer materialidade, é necessário recordar vigorosamente que não existe nenhum texto fora do suporte que o dá a ler, que não há compreensão de um escrito, qualquer que ele seja, que não dependa das formas através das quais ele chega ao seu leitor.[6]

Outra mediação importante, embora mais difícil de ser notada, é a realizada pelo leitor no momento em que lê, interpreta o material que lhe chegou às mãos confrontando, nessa prática, aquele produto com as suas experiências pessoais. Assim, considerar a mediação dos editores é imprescindível para uma história da leitura que leve em conta as múltiplas possibilidades de recepção, numa história da leitura baseada na "tensão fundamental", definida pelo historiador Roger Chartier:

> (...) abordar a leitura é, portanto, considerar conjuntamente, a irredutível liberdade dos leitores e os condicionamentos que pretendem refreá-la. Esta tensão fundamental pode ser trabalhada pelo historiador através de uma dupla pesquisa: identificar a diversidade das leituras antigas a partir dos seus *esparsos vestígios* e reconhecer as estratégias através das quais autores e editores tentavam impor uma ortodoxia do texto, uma leitura forçada. Dessas estratégias umas são explícitas, recorrendo ao discurso (nos prefácios, advertências, glosas e notas), e outras implícitas, fazendo do texto uma maquinaria que, necessariamente, deve impor uma justa compreensão. Orientado ou colocado numa armadilha, o leitor encontra-se, sempre, inscrito no texto, mas, por seu turno, este inscreve-se diversamente nos seus leitores.[7]

De acordo com o mesmo autor, o processo de constituição de sentidos de qualquer obra deve "considerar as relações estabelecidas entre três pólos: o texto, o objeto que lhe serve de suporte e a prática que dele se apodera".[8]

Michel de Certeau defende idéia semelhante sobre a receptividade dos produtos culturais. Segundo Certeau, os consumidores desses produtos são também "produtores", ou seja, não recebem passivamente ou indiferentemente os diversos produtos que lhes são oferecidos, mas não têm onde mostrar o que "fazem" com esses produtos. Em suas palavras:

> Muitos trabalhos, geralmente notáveis, dedicam-se a estudar seja as representações seja os comportamentos de uma sociedade. Graças ao conhe-cimento desses objetos sociais, parece possível e necessário balizar o uso que deles fazem os grupos ou os indivíduos. Por exemplo, a análise das imagens difundidas pela televisão (representações) e dos tempos passados diante do aparelho (comportamento) deve ser completada pelo estudo daquilo que o consumidor cultural "fabrica" durante essas horas e com essas imagens. O mesmo se diga no que diz respeito ao uso do espaço urbano, dos produtos comprados no supermercado ou dos relatos e legendas que o jornal distribui.
>
> A "fabricação" que se quer determinar é uma produção, uma poética – mas escondida, porque ela se dissemina nas regiões definidas e ocupadas pelos sistemas da "produção" (televisiva, urbanística, comercial etc.) e porque a extensão sempre mais totalitária desses sistemas não deixa aos "consumidores" um lugar onde possam marcar o que *fazem* com os produtos.[9]

Minha pesquisa utiliza as cartas dos leitores não apenas para saber quem eram os leitores de *Realidade* e o que pensavam a respeito da revista, mas também para definir o que faziam com esse produto cultural, como podem ser chamadas as publicações de imprensa, no dizer de Michel de Certeau. Por isso a seção de correspondência num periódico, onde são publicados trechos de cartas de leitores, constitui material privilegiado para o estudo da recepção.

Ao utilizar a seção de "Cartas" de um periódico como material de pesquisa histórica, há, contudo, que se estar atento às especificidades desse material. A principal delas é que as cartas publicadas são fruto de uma dupla pré-seleção realizada pela revista, ou seja, algumas cartas são selecionadas entre tantas outras recebidas e, de cada carta escolhida, é selecionado um trecho para ser publicado. Essa dupla pré-seleção é norteada, naturalmente, pelos interesses e objetivos da direção de *Realidade*.

Outra questão a ser considerada a respeito das cartas dos leitores é a da possibilidade de terem sido inventadas pelos editores. A despeito de considerar que tal possibilidade de fato existe, não acredito, no caso do material estudado nesta pesquisa, que este tenha sido um recurso necessário dado o grande volume de cartas recebidas pela revista. Sobretudo nos primeiros anos de *Realidade* cerca de 200 cartas por mês eram enviadas à redação da revista, montante suficiente para os editores nortearem à vontade os rumos da seção por meio da dupla pré-seleção referida acima. De qualquer modo, ainda que uma ou outra carta tenha sido forjada, não creio que isso invalide esse tipo de material como evidência histórica. De acordo com o historiador inglês E. P. Thompson,

> A evidência intencional (evidência oferecida intencionalmente à posteridade) pode ser estudada, dentro da disciplina histórica, tão objetivamente quanto a evidência não-intencional (isto é, a maior parte da evidência histórica, que sobrevive por motivos independentes das intenções dos atores). No primeiro caso, as intenções são, elas próprias um objeto de investigação; e em ambos os casos os "fatos" históricos são "produzidos", pelas disciplinas adequadas, a partir de fatos evidenciais.[10]

Para compreender os critérios de seleção das cartas criados pela revista, elaborei um detalhado banco de dados que permitiu não apenas extrair um perfil do leitor missivista, como também perceber que a política de edição de cartas foi sendo definida aos poucos, quando a revista já estava em circulação, ainda que já existisse uma idéia preliminar a esse respeito.

Foi possível ainda elencar as reportagens mais comentadas pelos missivistas, identificadas também como as que tratavam dos temas para os quais a revista queria dar repercussão ou continuidade, de acordo com os interesses da direção. Essas reportagens também foram analisadas durante a pesquisa. Contudo, além desses levantamentos, o trabalho com as cartas dos leitores permitiu – e isto quero pôr em evidência – identificar múltiplas leituras ou múltiplas recepções da revista.

As cartas dos leitores de *Realidade* ocupam lugar central neste trabalho porque uma das maiores dificuldades para realizar um estudo acerca da liberdade dos leitores é, precisamente, a existência de poucos lugares onde possam "marcar" o que fazem a partir das leituras que realizam. Se o leitor não registra, por exemplo, escrevendo, o que produziu ou realizou com o que leu, a sua produção se perde e não há como recuperá-la, pois num momento posterior, ainda que leia o mesmo texto, sua leitura será outra, assim como sua produção.

Muitos leitores que tiveram suas cartas publicadas pela revista afirmam estar escrevendo assim que acabam de ler, o que reforça o papel da seção de cartas como material privilegiado para esta pesquisa. Sendo assim, as demais fontes utilizadas neste trabalho – as reportagens e os depoimentos dos jornalistas – ocupam uma função secundária, embora sejam também muito importantes, na medida em que foram selecionadas em função das cartas. Apenas foram analisadas as reportagens mais comentadas pelos leitores e, para as entrevistas, procurei principalmente os responsáveis pela edição da seção de cartas.

Para quem estuda a história contemporânea, os depoimentos são muitas vezes uma fonte disponível e ouvir os protagonistas dessa história constitui "uma chance de ouro", como bem salientou Mylton Severiano da Silva, editor de texto de *Realidade*. Ainda é ele quem diz sobre os colegas: "Eis que, salvo duas ou três baixas, estamos todos vivos, mais ou menos no gozo de nossas faculdades mentais, e na ativa, além do que somos quase todos simpáticos".[11]

Entretanto, para que este trabalho não consistisse apenas em "gravar entrevistas e editar depoimentos"[12] tomei como referência a metodologia de história oral desenvolvida pelo Centro de Pesquisa e Documentação de História Contemporânea do Brasil da Fundação Getúlio Vargas[13] e observada em estudos de grande relevância como, por exemplo, a trilogia acerca da memória militar sobre o regime instaurado no Brasil, após o golpe de 1964.[14]

Assim, criei um questionário padrão com perguntas sobre a edição da seção de cartas e a confecção das reportagens, em suas diversas etapas. O nível de detalhamento das respostas variou bastante, conforme a função do entrevistado. Algumas perguntas específicas foram feitas, variando também conforme a experiência do jornalista e sua atuação dentro da revista.

Por concentrar-se então em questionamentos sobre eventos ocorridos em momento determinado da experiência de vida de um grupo de pessoas, meu trabalho aproxima-se da chamada "história oral temática" que, segundo Adalberto Leister Filho, "detém seu interesse em determinadas passagens da vida do depoente, sua participação ou vivência sobre determinado acontecimento histórico".[15]

A maior parte dos depoimentos foi colhida em entrevistas pessoais, as quais foram gravadas e transcritas. Foram colhidos dessa forma os depoimentos de Paulo Patarra, Mylton Severiano da Silva, Woile Guimarães e Audálio Dantas. Sérgio de Souza e Lana Nowikow preferiram responder as questões por escrito e me enviaram suas respostas por correio eletrônico. Apenas o depoimento de Octávia Yamashita foi realizado num contato telefônico e seu registro foi tomado por mim, em notas, durante a conversa.[16] No trabalho de transcrição, procurei ser fiel à fala dos depoentes preservando os coloquialismos. Os pesquisadores do CPDOC-FGV reconhecem

> a precariedade da fonte oral enquanto instrumento permeado de subjetividade. A rigor, a fonte oral é reconhecidamente entendida como problemática neste aspecto. É uma metodologia e um procedimento de coleta de informações e de interpretações, distanciando-se, por isso, de uma pretendida idéia de ciência e de verdade. Assim como outras fontes de pesquisa, pode induzir a erros factuais, interpretativos e analíticos.[17]

Porém, confrontando fontes orais com outros tipos de fontes, pode-se minimizar essas possibilidades de erros. Por isso, os depoimentos foram colhidos numa etapa adiantada da pesquisa, quando já tinha concluído o trabalho de fichamento de todas as cartas dos leitores e dele, extraídas as primeiras conclusões. Assim os testemunhos surgem como possibilidade de confrontar tais impressões, confirmando-as ou rechaçando-as. Também procurei expor eventuais contradições identificadas tanto entre depoimentos, como entre depoimentos e as outras fontes de pesquisa.

Meu trabalho se distancia, entretanto, dos realizados pelo CPDOC-FGV, na medida em que as transcrições das entrevistas não são aqui apresentadas na íntegra, como acontece, por exemplo, com a trilogia a respeito da memória militar, pois, dizem seus autores: "*estamos cientes de que, mais do que qualquer outra destinação, este livro pode se converter em uma* fonte de pesquisa".[18] Esta pesquisa, ao contrário, em nenhum momento, pretendeu que *os depoimentos* nela presentes constituíssem, em si, fonte para futuras pesquisas, uma vez que foram realizados estando voltados para as questões específicas que este estudo se propõe a tratar. Contudo, tenho certeza de que, se *esta Dissertação*, como resultado da pesquisa, puder servir como fonte para pesquisas futuras, terá cumprido um papel importante na historiografia brasileira.

As revelações dos entrevistados deram força aos depoimentos e aumentaram a importância deles no trabalho. Por isso foram utilizados não apenas cumprindo sua finalidade original, voltada para a seção de cartas, como também para recuperar como a revista, em seu conjunto, foi realizada.

Minha pesquisa vem juntar-se a outros trabalhos acadêmicos sobre a revista *Realidade*. Os primeiros surgiram na Escola de Comunicações e Artes da USP. Seguindo a ordem cronológica em que foram realizados, em 1988, o primeiro deles é o doutorado de Terezinha Tagé Dias Fernandes, *Jorge Andrade, repórter Asmodeu: leitura do discurso jornalístico de autor na revista "Realidade"*.[19] Terezinha Fernandes estuda as "reportagens de Jorge Andrade, escritas entre 1969 e 1973, para a Revista 'Realidade', numa fase de crise, em meio às pressões da censura motivadas pela decretação do AI-5"[20] tendo como objetivo motivar reflexões sobre (...) a necessidade de uma releitura de textos de autores-jornalistas, deslocados formalmente do horizonte de expectativa dos modelos tradicionalmente aceitos, porque apresentam elementos estruturais originados em outros sistemas de representação verbal.[21]

Em 1990, Edvaldo Pereira Lima, conclui seu doutorado, *O Livro-reportagem como extensão do jornalismo impresso: realidade e potencialidade*.[22] Os trabalhos de Terezinha Fernandes e de Edvaldo Pereira Lima, apesar das diferenças notáveis em relação aos objetivos, métodos e material estudado, têm em comum a preocupação em estudar a aproximação entre jornalismo e outras formas de expressão. Contudo, Edvaldo Pereira Lima faz o caminho inverso de Terezinha, ou seja, enquanto a autora se dedica a estudar a experiência do dramaturgo na função de jornalista, ele procura mostrar a passagem do jornalismo para as páginas do que chamou de "livro-reportagem", aproximando-se dessa forma da literatura. A hipótese central do trabalho é

> que o livro-reportagem exerce um papel extensor do jornalismo impresso cotidiano. (...) A hipótese secundária é que o livro-reportagem enquanto modalidade específica, e quanto ao domínio das técnicas de captação e de tratamento de texto, já atingiu qualidade equivalente às obras artísticas da literatura de ficção.[23]

Ainda segundo o autor:

> Desejamos dimensionar o alcance do livro-reportagem. Identificar sua diversidade, sistematizar, tanto quanto possível, o conhecimento desse veículo que, em muitos casos, cumpre um papel infinitamente mais ambicioso do que a simples reprodução de matéria publicada em jornal ou revista. Pretendemos apontar a maturidade que alcançou no exterior a indicar exemplos isolados de sua grande qualidade no Brasil (...). Porque o livro-reportagem é parte do mundo do jornalismo, mas possui sua própria autonomia, que exatamente lhe possibilita experimentações impraticáveis nas redações regulares.[24]

A revista *Realidade* aparece no trabalho do autor, ao lado do *Jornal da Tarde*, lançado no mesmo ano, como exemplos da influência do *new journalism* na reportagem brasileira. Diz o autor:

> A chance que o jornalismo poderia ter para se igualar, em qualidade narrativa, à literatura, seria aperfeiçoando meios sem porém jamais perder sua especificidade. Isto é, teria de sofisticar seu instrumental de expressão, de um lado, elevar seu potencial de captação do real, de outro. Este caminho chegaria a bom termo com o *new journalism*. Os profissionais que passaram a produzir nessa corrente – que Tom Wolfe recusa chamar de movimento – abriram uma porta de possibilidades vastas, primeiro em publicações periódicas e depois no livro-reportagem. (...) O *new journalism* resgataria, para esta última metade do século, a tradição do jornalismo literário e o conduziria a uma cirurgia plástica renovadora sem precedentes. Mesmo no Brasil, é possível conjeturar que o *novo jornalismo* americano tenha influenciado dois veículos lançados em 1966 – portanto no auge da produção dos *novos jornalistas* americanos – que se notabilizaram exatamente por uma proposta estética renovadora: a revista *Realidade*, considerada a nossa grande escola da reportagem moderna, e o *Jornal da Tarde*.[25]

Em 1996, é defendida na ECA-USP outra tese de doutorado, de autoria de José Salvador Faro, *Realidade, 1966-1968, tempo da reportagem na imprensa brasileira*.[26] Faro utilizou em sua pesquisa apenas as reportagens publicadas na revista da Editora Abril durante os três primeiros anos em que circulou, organizando-as minuciosamente por temas. Ressaltando o papel da revista como referência na história da reportagem na imprensa brasileira, Salvador Faro entende que:

> naqueles três primeiros anos, no entanto, convergiram para o êxito da revista elementos conjunturais que, como se pretende demonstrar, situavam-se fora do campo específico da produção jornalística. (...) o caráter verticalizado adquirido pelas reportagens de *Realidade* guardou estreita relação com o discurso *transgressor* produzido em meados dos anos 60 e que abarcou, em sua formulação, a ordem dos valores burgueses conservadores, a ordem do Estado e a ordem da estrutura social.[27]

O primeiro trabalho realizado sobre a revista na área de História foi a Iniciação Científica de Adalberto Leister Filho, desenvolvida no Departamento de História da FFLCH-USP e concluída em 1997: *A realidade em revista: a revista Realidade, a memória dos jornalistas de uma publicação revolucionária (1965-1968)*. [28]

Como José Salvador Faro, Adalberto Leister Filho também estudou os primeiros anos da revista procurando recuperar o caráter "revolucionário" desempenhado por *Realidade* no jornalismo brasileiro. As divergências entre eles, contudo, estão nas fontes selecionadas e na metodologia empregada. Adalberto desenvolveu um trabalho de história oral cujas fontes de pesquisa foram depoimentos de vários jornalistas que fizeram parte da equipe original de *Realidade* colhidos em entrevistas realizadas pelo próprio autor.

Adalberto Leister Filho considera que *Realidade* surge na fase de formação da chamada indústria cultural no país, o que, segundo o autor, acontece a partir da década de 1960. Avalia então o surgimento da revista num contexto social mais amplo, no qual a produção jornalística vinha se renovando no Brasil desde a década de 1950, com o surgimento de jornais como *Última Hora* e *Notícias Populares*.[29] Segundo o autor:

> A modernização administrativa, trouxe mudanças também para a linha editorial. Como as empresas começaram a se solidificar financeiramente, a dependência econômica em relação ao Estado diminuiu, gerando maior autonomia editorial. Isso levou à implantação de um jornalismo mais isento em relação ao governo. (...) Ao lado disso, havia uma efervescência cultural, com o lançamento das novas publicações. A década de sessenta vê o aparecimento de dois periódicos que irão revolucionar a imprensa brasileira: *Jornal da Tarde* (lançado em 4 de janeiro de 1966 pelo Grupo Estado) e a revista *Realidade* da Editora Abril.[30]

Em 1998, outro doutorado sobre *Realidade* foi realizado, dessa vez na área de lingüística. Valdir Heitor Barzotto defendeu seu trabalho *Leitura de Revistas Periódicas: forma, texto e discurso, um estudo sobre a revista Realidade (1966-1976)*[31] no Instituto de Estudos da Linguagem da Universidade Estadual de Campinas (Unicamp). Nesse trabalho, o autor estudou os dez anos de existência de *Realidade* procurando relacionar o texto da revista, seu suporte (a própria revista tomada em sua materialidade), e o discurso ali presentes. A partir desses três elementos, o autor procurou "verificar como a revista *Realidade* se articulava com o projeto político instaurado no Brasil em 1964, através de um traço específico que constitui a mentalidade própria da modernidade". Para avaliar o projeto político, o autor apoiou-se no trabalho de José Luiz Fiorin;[32] e para o conceito de modernidade, em Marshall Berman.[33]

Mais recentemente, dois trabalhos realizados na área de História usaram cartas de leitores de *Realidade*, embora com objetivos distintos dos que orientam o presente trabalho. Em 2000, Rosana Ulhôa Botelho defendeu, na Universidade de Brasília, seu doutorado intitulado *Sob o Signo do Perigo: o Estatuto do Jovem no Século da Criança e do Adolescente*. Nesse trabalho, a autora analisa o papel do jovem como ator social ao longo do século XX. Ao debruçar-se sobre a década de 1960, utilizou para seus estudos, a revista *Realidade* que, em dois momentos, sofreu intervenção dos juízes de menores de São Paulo e Rio de Janeiro tendo sido proibida por eles de divulgar reportagens sobre assuntos como juventude e sexualidade, divórcio. A autora resumiu esse trabalho, apresentado no XXI Simpósio Nacional de História, realizado em Niterói (RJ), em julho 2001, da seguinte forma:

> O trabalho mostra que a constituição dos jovens em categoria destacada, como atores na cena pública, gerou tensões que se embaralhavam com certos medos que emergiram nos anos sessenta, no Brasil. Nessa perspectiva focaliza a intervenção de magistrados de menores no embargo de dois números da revista *Realidade*, bem como as reações de certos grupos da sociedade face às novas modalidades de comportamento juvenil, comentando as reportagens da revista em cartas à sua redação ou encaminhando seus filhos adolescentes "rebeldes" à jurisdição de menores.[34]

A juventude brasileira nos anos 1960 também foi assunto da Dissertação de Mestrado de Valéria Aparecida Alves, *Para não dizer que não falei dos festivais. Música e política na década de 60*, defendida na Pontifícia Universidade Católica de São Paulo, em abril de 2001. Nesse trabalho, porém, os jovens brasileiros são estudados como principais realizadores (compositores, intérpretes, arranjadores e outros) e integrantes das platéias dos festivais de Música Popular Brasileira realizados entre 1967-68 pelas TVs Record e Globo, de São Paulo e do Rio de Janeiro, respectivamente. As cartas de leitores publicadas em *Realidade* foram uma das fontes de pesquisa escolhidas pela autora, que assim justifica a decisão: "Selecionei alguns depoimentos, exatamente doze, recolhidos da Seção de Cartas da revista *Realidade*, entre os anos de 1967 e 1968, que permitiram aproximar-me do significado de 'ser jovem na década de 60'".[35]

Esta Dissertação está organizada em três capítulos. No primeiro, conto a história dos dez anos de *Realidade*, considerando o contexto da época e destacando o seu caráter inovador, tanto no que diz respeito ao seu conteúdo jornalístico, quanto à relação profissional mantida pelos seus responsáveis. O segundo capítulo é dedicado aos leitores; nele mostro quem eram os leitores que se correspondiam através de cartas com a revista, como era feita a edição da seção de cartas e, finalmente, mostro as diferentes leituras da revista registradas nas missivas. O terceiro e último capítulo é dedicado à relação estabelecida entre a revista e seus leitores, mostrada a partir da análise das reportagens mais comentadas na seção de cartas.

História e memória

Este capítulo foi dividido em três partes. Na primeira, apresento o contexto da época de lançamento de *Realidade*, logo após o golpe de 1964, e de seus primeiros anos de circulação, até dezembro de 1968, no qual está situado o recorte cronológico definido nesta pesquisa. Faço esta apresentação a partir de uma breve discussão bibliográfica na qual estão presentes alguns dos mais importantes estudiosos do período.

A segunda parte é dedicada à revista em seus dez anos de existência. Ao mostrar a constituição de *Realidade*, do projeto original à crise que a tirou de circulação, procurei destacar o seu caráter inovador, que foi a sua marca, sobretudo nos primeiros anos.

E, finalmente, na terceira parte, a partir dos depoimentos de jornalistas pertencentes à primeira equipe, procurei recuperar o significado especial, guardado em suas memórias, de terem sido responsáveis por *Realidade*. Suas memórias mostram ainda que o caráter inovador da revista também estava presente no interior da redação, na relação mantida entre patrão e empregados.

Uma dura realidade

Realidade chegou às bancas em abril de 1966, quando o Brasil entrava no terceiro ano do regime militar, sendo então governado pelo marechal Humberto de Alencar Castelo Branco, que assumiu a presidência após o golpe militar que derrubou o presidente João Goulart, em 1964.[36] O governo Goulart foi marcado por constantes crises sustentadas pela permanente ameaça de golpe de Estado pelos militares que já haviam tentado impedir sua posse após a renúncia de Jânio Quadros, em agosto de 1961. A saída para o impasse foi a solução parlamentarista, que permitiria a Goulart assumir a Presidência, mas não governar o país. Só em 1963 um plebiscito revogou a emenda parlamentarista. Daí para frente só cresceram as tensões cujo desfecho, hoje sabemos, foi o golpe militar concretizado em abril de 1964.

Na bibliografia existente sobre o golpe, René Armand Dreifuss e Maria Helena Moreira Alves são os autores clássicos que estudaram a formação da conspiração que derrubou João Goulart e levou os militares ao poder. Ambos adotaram um ponto de vista macroeconômico, ou seja, procuram explicá-la por meio da inserção do Brasil no sistema capitalista internacional. Segundo Maria Helena M. Alves, os processos de mudanças ocorridas no país a partir de 1964:

> ... devem ser considerados em relação ao papel específico que a economia brasileira tem desempenhado no sistema econômico mundial. A crescente penetração do capital internacional após meados da década de 50 configurou uma aliança entre capital multinacional, o capital nacional associado-dependente e o capital de Estado. Pelo final daquela década, o Brasil vivia um processo de desenvolvimento caracterizado por situação de dependência baseada num "tripé econômico" que seria reforçado após o golpe militar de 31 de março de 1964.[37]

Dreifuss fala da formação, desde o governo de Juscelino Kubitschek, de dois blocos de interesses antagônicos: o "multinacional e associado" e o "oligárquico industrial". Pensando no governo de João Goulart, pode-se dizer que o bloco "oligárquico industrial" representava aqueles que apoiavam o presidente enquanto o grupo "multinacional e associado", formado pelos "tecno-empresários" ligados ao capital internacional, entenda-se, fundamentalmente, norte-americano, representava a oposição ou os "conspiradores" unidos contra Jango. Por isso, segundo Dreifuss, a conspiração anti-Jango caracterizou-se pela atuação de uma "elite orgânica",[38] composta por políticos, empresários e militares unidos em defesa dos seus interesses multinacionais e associados, que agia através de organizações criadas e controladas diretamente pelos EUA. Diz o autor:

Eles desejavam compartilhar do governo político e moldar a opinião pública, assim o fazendo através da criação de grupos de ação política e ideológica. O primeiro desses grupos a ter notoriedade nacional em fins da década de cinqüenta foi o IBAD – Instituto Brasileiro de Ação Democrática.[39]

Após a criação do IBAD em 1959, surgiu, em 1961, o IPES – Instituto de Pesquisa e Estudos Sociais – para unir forças:

> Os fundadores do IPES do Rio e de São Paulo, o núcleo do que se tornaria uma rede nacional de militantes grupos de ação, vieram de diferentes *backgrounds* ideológicos. O que os unificava, no entanto, eram suas relações econômicas multinacionais e associadas, e seu posicionamento anticomunista e a sua ambição de readequar e reformular o Estado. (...) O IPES desenvolveu uma dupla vida política desde seu início. (...) Para realçar ainda mais a sua fachada, o IPES era apresentado (por sua liderança) entre o grande público, como uma organização educacional – que fazia doações para reduzir o analfabetismo das crianças pobres – e como um centro de discussões acadêmicas.[40]

O autor destaca o envolvimento direto de importantes grupos da grande imprensa que atuaram juntamente com o IPES na articulação do golpe.[41]

> O IPES conseguiu estabelecer um sincronizado assalto à opinião pública, através de seu relacionamento especial com os mais importantes jornais, rádios e televisões nacionais, como: os Diários Associados (poderosa rede de jornais, rádio e televisão de Assis Chateaubriand, por intermédio de Edmundo Monteiro, seu diretor-geral e líder no IPES), a *Folha de S. Paulo* (do grupo Octavio Frias, associado do IPES), *O Estado de S. Paulo* e o *Jornal da Tarde* (do Grupo Mesquita, ligado ao IPES, que também possuía a prestigiosa Rádio Eldorado de São Paulo). Diversos jornalistas influentes e editores de *O Estado de S. Paulo* estavam diretamente envolvidos no Grupo de Opinião Pública do IPES. Entre os demais participantes da campanha incluíam-se J. Dantas, do *Diário de Notícias*, a TV Record e a TV Paulista, ligadas ao IPES pelo seu líder Paulo Barbosa Lessa, o ativista ipesiano Wilson Figueiredo do *Jornal do Brasil*,

o Correio do Povo, do Rio Grande do Sul e *O Globo* das Organizações Globo do grupo Roberto Marinho, que também detinha o controle da influente Rádio Globo, de alcance nacional. Eram também "feitas" em *O Globo* notícias sem atribuição de fonte ou indicação de pagamento e reproduzidas como informação fatual. Dessas notícias, uma que provocou um grande impacto na opinião pública foi que a União Soviética imporia a instalação de um Gabinete Comunista no Brasil, exercendo todas as formas de pressão internas e externas para aquele fim.

Outros jornais do país se puseram a serviço do IPES.[42]

Maria Helena Moreira Alves ressalta a importância de outro elemento chave na desestabilização do governo de João Goulart: a Escola Superior de Guerra que desenvolveu e disseminou, entre militares e civis, a Doutrina da Segurança Nacional. Em suas palavras:

> (...) a tomada do poder de Estado foi precedida de uma bem orquestrada política de desestabilização que envolveu corporações multinacionais, o capital brasileiro associado-dependente, o governo dos Estados Unidos – em especial um grupo de oficiais da Escola Superior de Guerra (ESG). Docu-mentos recentemente tornados públicos demonstram que o governo norte-americano, através da CIA, agiu em coordenação com civis e oficiais militares – membros das classes clientelísticas – no preparo e realização de planos para desestabilizar o governo Goulart. A conspiração foi levada a efeito através de instituições civis de fachada, em especial o Instituto Brasileiro de Ação Democrática (IBAD) e o Instituto de Pesquisas e Estudos Sociais (IPES). A Escola Superior de Guerra coordenava as iniciativas de conspiradores civis e militares.[43]

A autora afirma ainda que a

> (...) necessária justificação ideológica da tomada do Estado e da modificação de suas estruturas para impor uma variante autoritária foi encontrada na Doutrina de Segurança Nacional e Desenvolvimento ministrada na Escola Superior de Guerra. (...) A Doutrina de Segurança Nacional e Desenvolvimento efetivamente prevê que o Estado conquistará certo grau de legitimidade graças a um

constante desenvolvimento capitalista e a seu desempenho como defensor da nação contra a ameaça dos "inimigos internos" e da "guerra psicológica".[44]

Outros trabalhos, mais recentes, procuraram estudar as especificidades tanto do golpe como do regime militar brasileiro. Daniel Aarão Reis Filho, por exemplo, procurou explicações para as contradições internas que caracterizaram o governo militar, tal como a necessidade de se fundamentar num discurso democrático, embora em sua prática se mostrasse cada vez mais autoritário e violento contra aqueles que considerasse seus "inimigos". Diz o historiador, sobre o que chamou de "estranha fraqueza, a das ditaduras que não conseguem se assumir":

> As contradições da ditadura não residiam em nenhuma confusão mental, mas se radicavam nas realidades bem palpáveis do caráter heterogêneo da ampla frente de forças que derrubara o regime presidido por João Goulart.
> Ali se reuniram a espada, a cruz, a propriedade e o dinheiro. E o medo, um medo muito grande, de que gentes indistintas pudessem cobrar forças e virar o país e a sociedade de ponta-cabeça. Se a hipótese tinha base na realidade ou não, é uma outra questão. O fato é que o medo a tomava como provável, como iminente. Era preciso fazer alguma coisa, qualquer coisa, para colocar aquelas gentes nos lugares que eram os seus, dos quais nunca deveriam ter saído e para os quais haveriam de voltar.[45]

No Rio de Janeiro, historiadores da Fundação Getúlio Vargas têm enriquecido a historiografia sobre o regime militar por meio do projeto "O Estado de Segurança Nacional durante o Regime Militar Brasileiro". A partir desse trabalho, tem-se procurado levantar as razões *dos militares* para o golpe através da realização de entrevistas com militares que tiveram atuação importante enquanto estiveram no poder ou próximo dele e da análise minuciosa de textos por eles produzidos.

Os resultados desse trabalho foram publicados em artigo de autoria de Gláucio Ary Dillon Soares no qual este critica as análises tradicionais mais vinculadas a correntes teóricas européias e norte-americanas do que à realidade nacional. Segundo o historiador, esses analistas

> deduziam o que aconteceria com bases em teorias supostamente universais e não em pesquisa concreta, feita no Brasil e sobre ele. O resultado foi uma produção sociológica e política livresca, derivada da leitura de textos clássicos, mas sem contato com a realidade política brasileira.[46]

Dillon Soares aprofunda sua crítica dizendo que

> assim, autores diferentes colocaram os militares a serviço seja da aristocracia, seja da burguesia, seja das classes médias. A *autonomia* dos militares foi sistematicamente subestimada. Como resultado, foram grosseiros os erros de avaliação da situação militar.[47]

E afirma: "o golpe, porém, foi essencialmente militar: não foi dado pela burguesia ou pela classe média, independentemente do apoio que estas lhe prestaram".[48]

Entre as principais razões dos militares levantadas pelos estudiosos do Centro de Pesquisa e Documentação de História Contemporânea do Brasil da Fundação Getúlio Vargas (CPDOC-FGV) para o golpe de 1964 destacamos o caos gerado pela instabilidade, pela "paralisia decisória" e "ingovernabilidade da administração Goulart", sendo assim, portanto, justificado o necessário restabelecimento da ordem. Outra razão importante foi o perigo comunista. Em outro trabalho, em que foram publicadas as entrevistas realizadas com os militares, os historiadores do CPDOC afirmam que eles costumam justificar os acontecimentos de 1964 como "um contragolpe ao golpe de esquerda que viria, provavelmente assumindo a feição de uma 'república sindicalista' ou 'popular'".[49]

Episódios ocorridos durante o governo Goulart, tais como a Rebelião dos Marinheiros e Fuzileiros Navais no Sindicato dos Metalúrgicos, no dia 20 de março de 1964, e a Reunião dos Sargentos no Automóvel Clube, dez dias depois, com a presença do presidente

Goulart caracterizaram, para os militares, violação do princípio de hierarquia e quebra da autonomia. O que se transformou no pretexto que faltava para a tomada do poder.

Um fator externo muito discutido quando o assunto é o golpe militar é a influência norte-americana na conspiração. É conhecido hoje o auxílio financeiro dado pelos Estados Unidos como clara manifestação de apoio ao golpe e subseqüente regime. Entre os militares, entretanto, é consenso que o apoio daquele país foi irrelevante para a realização do golpe. Segundo o autor, Dillon Soares, que concorda com o ponto de vista dos militares nesse aspecto, "uma coisa é o fato de os EUA apoiarem o golpe e outra é a essencialidade deste apoio".[50] Por fim, o autor resume o pensamento militar:

> A mente militar é mais simples do que as teorias explicativas do golpe. Ela girava em torno de uma noção muito particular (da instituição militar) e exigente de ordem, de previsibilidade; ela rejeita e não consegue conviver com o conflito social, desenvolveu-se num ambiente ferozmente anticomunista e é extremamente ciosa da autonomia da corporação e da hierarquia dentro dela. A hierarquia, conceito fundamental nas forças armadas, não convive bem com a igualdade, conceito fundamental da democracia.[51]

Contudo, ao longo dos 21 anos em que governaram o país, não foi fácil para os militares manterem a ordem e a hierarquia, pois havia duas principais tendências no interior do regime militar: uma representada pelos oficiais ligados ao grupo da "Sorbonne", que desejava uma intervenção rápida encerrando-se com a devolução dos poderes aos civis, agrupada em torno do presidente Castelo Branco, e outra representada pelos oficiais mais radicais, agrupada em torno do ministro da Guerra Costa e Silva",[52] a chamada "linha-dura". Pesquisadores do CPDOC afirmam que:

> Houve "duros" e "moderados", duas tendências expressivas dentro dos quartéis, mas é demasiado simplista a tese de que pura e simplesmente eles se revezaram no poder. Os dois grupos estiveram *juntos* no governo Castelo

Branco – não esquecer que o ministro da guerra era o próprio Costa e Silva –, mas com predominância dos moderados. Os termos se inverteram com Costa e Silva, com a ascensão dos duros. Manter a coesão dos militares obrigou a composições constantes.[53]

Dessa forma, após o golpe, assume a Presidência da República, o general Humberto de Alencar Castelo Branco, o primeiro presidente militar. Para defender a nação contra os "inimigos internos" – membros do governo deposto ou qualquer brasileiro que se opusesse ao novo regime – e institucionalizar o novo Estado, foi promulgado, em 9 de abril de 1964, pelo Alto Comando da Revolução (Castelo Branco tomaria posse dois dias depois, em 11 de abril), o Ato Institucional nº 1.

O AI-1 prometia manter a Constituição de 1946 e o Congresso Nacional, mas restringiu bastante os poderes do Legislativo e aumentou de forma considerável os poderes do Executivo. Foi suspensa temporariamente a imunidade parlamentar, o que permitiu muitas cassações, também foi extinta por seis meses a vitaliciedade e a estabilidade dos funcionários públicos, o que permitia demissões e afastamentos de pessoas "indesejáveis", os "inimigos internos". Nessa época, foram perseguidos principalmente os participantes do governo deposto.

A suspensão dos direitos individuais foi outra medida de controle do Judiciário trazida pelo AI-1. Por meio dos IPM's (Inquéritos Policiais Militares) criou-se "um mecanismo legal para a busca sistemática de segurança absoluta e a eliminação do 'inimigo interno'".[54] Criava-se uma nova situação jurídica no país que abria caminho para a "operação limpeza". Martha Huggins, que estudou a presença da polícia norte-americana no Brasil, afirma em seu trabalho que o governo do general Castelo Branco procurou o que ela chama de "reabilitação moral" utilizando a violência. Diz a autora:

> Essa "reabilitação moral" – intitulada "Operação Limpeza" – visou, na verdade, retirar dos cargos eletivos e do serviço público os partidários de Gou-

lart, o presidente deposto. O objetivo final da "limpeza" era previsível desde o início. Em 2 de abril de 1964, (...) três governadores estaduais favoráveis a Goulart foram depostos e detidos (...), quase dez mil funcionários públicos foram demitidos de seus cargos, 122 oficiais das Forças Armadas foram obrigados a reformar-se, e 378 líderes políticos e intelectuais foram despojados de seus direitos civis pela cassação, que os impedia de votar e serem votados durante dez anos.⁵⁵

Ainda em abril de 1964, alguns setores que participaram ativamente do golpe, sobretudo os veículos de imprensa, já se opunham ao novo regime. Um exemplo particular, mas ilustrativo da força investida pelo governo militar contra aqueles se opusessem às suas decisões, é o do jornal carioca *Correio da Manhã*, que foi um dos primeiros jornais entre os que apoiaram o golpe a se voltar contra ele denunciando e condenando o recurso à violência e à tortura já registradas desde os primeiros dias de governo militar. A oposição do *Correio da Manhã* teve a mesma força de sua campanha pela deposição do presidente Goulart. Sobre o esse jornal, afirma Maria Aparecida de Aquino:

> Este periódico, fundado em 1901, por Edmundo Bittencourt, em 1964 um poderoso órgão de divulgação, vem fazer coro à imagem construída de um golpe que estaria sendo arquitetado por João Goulart para assegurar a realização das reformas pretendidas por seu governo. No mês de março, produz manchetes e editoriais com chamadas à manutenção da disciplina e da legalidade. E, em 31 de março e 1º de abril, seus dois famosos editoriais "Basta!" e "Fora!" apontavam para o fato de que a "população" teria perdido a paciência com os desmandos governamentais e conclamavam para a saída de João Goulart da Presidência.
> O mesmo jornal, porém, apenas dois dias mais tarde, em 3 de abril de 1964, publicava outro editorial – reproduzido, na íntegra, no jornal *Última Hora* do Rio de Janeiro (UH/RJ) – com o título de impacto "Terrorismo, não!" em que se voltava contra as violências cometidas pela polícia da GB e acusava claramente o governador Carlos Lacerda.⁵⁶

Como decorrência de sua posição, a pressão do governo militar sobre o jornal foi tão grande que o *Correio da Manhã* foi obrigado a fechar a portas ainda sob o regime militar, em 7 de junho de 1974, após anos de crise administrativa.

Foi em 1968, entretanto, que o governo militar assumiu um caráter mais autoritário com a decretação do Ato Institucional nº 5 pelo então presidente, general Artur da Costa e Silva, sucessor de Castelo Branco. Dessa forma, se de um lado assumia a predominância do poder o grupo dos militares mais radicais, defensores do aprofundamento das medidas coercitivas e da manutenção do poder nas mãos dos militares até que a segurança nacional estivesse garantida, ou seja, por tempo indeterminado; de outro, a oposição ao regime militar se intensificou e tornou-se organizada.

> É importante lembrar que 1967 começou com uma débil tentativa dos estudantes, em manifestações, de chamar a atenção para seus problemas específicos. Em 1968, este movimento já tinha a adesão de muita gente de diferentes classes e correntes ideológicas. O conflito deslocara-se dos estudantes para as classes médias, em seguida para os trabalhadores e finalmente, graças à repressão, envolvera a Igreja Católica.[57]

A oposição ao regime militar uniu até mesmo tradicionais inimigos políticos. Carlos Lacerda, João Goulart e Juscelino Kubitschek juntos formaram a Frente Ampla para aumentar a oposição e a pressão sobre os militares e tentar tirá-los do poder. Os três eram candidatos à presidência desde antes do golpe e ainda tinham esperanças de assumir o Poder Executivo.

Entretanto, crise política que culminou com a decretação do AI-5 teve início com um discurso proferido pelo deputado federal Márcio Moreira Alves por ocasião da festa comemorativa da Independência do Brasil. Nesse discurso, o deputado criticava a agressividade da invasão militar à Universidade de Brasília ocorrida poucos dias antes e sugeria, numa referência à tragédia grega *Lisístrata*, um boicote popular ao desfile militar de 7 de setembro, que estava próximo.

A parada militar do Dia da Independência era importante componente psicológico da estratégia de intimidação. Uma vez por ano, a população pode ver em exibição todo o equipamento militar pesado. (...) Márcio Moreira Alves tocou, assim, um ponto sensível da estratégia geral de controle social do Estado. (...) os oficiais da linha-dura que já planejavam um segundo golpe de Estado, que lhes daria mais liberdade na defesa da Segurança Interna, acharam-no particularmente útil a seus propósitos.[58]

Os militares queriam processar Márcio Moreira Alves, mas para isso era preciso quebrar a imunidade parlamentar. A votação no Congresso Nacional que decidiria pela suspensão ou manutenção da imunidade parlamentar se transformou numa séria crise política. No dia 12 de dezembro de 1968 a Câmara dos Deputados votou pela preservação dos seus direitos políticos por 216 votos contra e 141 a favor. O resultado representou uma amarga derrota para o governo e uma ótima oportunidade de mostrar sua força.

Pretexto encontrado, crise criada, no dia seguinte, 13 de dezembro, foi baixado o Ato Institucional nº 5. Ao contrário dos atos institucionais anteriores, o AI-5 não tinha data definida para revogação. Dentre os muitos poderes atribuídos ao Executivo pelo AI-5, destacaríamos: o de fechar o Congresso Nacional, cassar os direitos políticos dos cidadãos, suspender mandatos eleitorais e acabar com a garantia de *habeas corpus*.

Foi após o AI-5 que a censura à imprensa foi regulamentada e impôs graves restrições ao conteúdo que os diversos veículos de informação veiculavam, proibindo a divulgação, como mostra Maria Aparecida de Aquino, de:

> notícias que faziam críticas ao regime militar ou apontavam para ações repressivas dos governos, torturando, matando, fazendo desaparecer seus oponentes e, no caso dos periódicos que não pertenciam à grande imprensa (...) os cortes censórios atingiam também críticas à política econômica do governo e à abertura desenfreada ao capital estrangeiro. Atingiam também críticas à política social do regime (...)[59]

Apesar do clima difícil vivido pelo país desde os primeiros anos do governo militar, José Hamilton Ribeiro, ex-repórter de *Realidade*, explicou o surgimento da revista a partir de dois elementos conjunturais: a possibilidade de a Editora Abril investir num projeto mais ambicioso associada ao que chamou de "tímido liberalismo de Castelo Branco":

> A esses dois dados conjunturais importantes ao nível local – o tímido liberalismo de Castelo Branco e uma sensação de mudança que permitia ousadias e ambições, mais a maturidade da Abril para uma "revista maior" – juntou-se uma fermentação mundial que desembocaria no ano do macaco, em 1968, na explosão da juventude em todo o mundo, que nunca mais seria o mesmo. Alemanha, Paris, Vietnã, China, México, Brasil – o diabo ficou à solta naqueles tempos do macaco, com a moçada agitando tudo, para sempre.[60]

Segundo o jornalista, a revista *Realidade* representou "um caminho de luz"[61] naquele momento cinzento da nossa história para os seus jovens leitores, ao mostrar, como o seu próprio nome sugere, uma realidade que outros veículos de imprensa não ofereciam ao público.

Uma nova realidade

Para a Editora Abril aquele era o momento de lançar no mercado sua primeira grande revista de interesse geral. As revistas *Cláudia* e *Quatro Rodas*, produzidas pela mesma editora, eram voltadas para públicos específicos e a editora queria expandir, ampliar seu público consumidor. A primeira iniciativa nesse sentido foi o desenvolvimento de uma pequena revista semanal que seria distribuída aos domingos, na forma de encarte, em diversos jornais, no país inteiro. Porém, as negociações a respeito da distribuição do novo produto fracassaram. Victor Civita, dono da Abril, e os donos dos diários não se entenderam.

Foi assim que, para aproveitar a estrutura gráfica, que já estava montada, decidiu-se desenvolver uma revista mensal. Daí surgiu *Realidade*, a partir de um projeto proposto pelo jornalista Paulo

Patarra, que viria a ser o redator-chefe da revista. Patarra propôs, então, uma revista mensal de reportagens, que deveria adotar os seguintes "pontos de partida":

> 1) revista mensal com muita cor e papel bom; 2) é de classe, de peso, funcionando como ápice da pirâmide de revistas da Abril; 3) para a Editora, a revista é cartão de visita, bandeira, prova de sua capacidade de bem editar; 4) a revista deve trazer prestígio; 5) é de interesse geral, mais masculina que feminina no relacionar e tratar os assuntos. Melhor: é revista masculina porque não feminina; 6) muita mulher precisa ser ganha pela revista; 7) prestígio se consegue com a escolha dos assuntos, com a qualidade do texto e da apresentação; 8) a receita não é a atualidade; 9) a revista vai precisar equilibrar texto e ilustração, não pode ser revista só de texto ou ilustração; 10) o que deve ser a revista é função direta de duas coisas: a) necessidade e possibilidade da Editora; b) necessidade de possibilidade dos leitores.[62]

Cada edição de *Realidade* traria doze matérias sobre diferentes assuntos. Uma fórmula que Mylton Severiano da Silva, redator da revista, chamou de "caleidoscópio" em artigo publicado na revista *Imprensa*:

> O "caleidoscópio" era a fórmula mensal, num sistema de "escaninhos". Todo número tinha de abarcar a realidade em 12 facetas, tais como: infância, política, esporte, mulher, doença, Brasil, internacional, educação, tragédia, religião, sexo, depoimento, pesquisa, perfil, documento, ensaio, problema, estudantes, espaço, saúde, esquerdas, ciência, racismo, guerra, polícia, assim por diante.
> Na afinação, procurava-se abarcar o maior número possível de itens, ou seja, nunca permitir que, no mesmo mês, houvesse duas matérias do mesmo escaninho.[63]

Em seu número de lançamento, *Realidade* trazia na capa um sorridente Pelé usando na cabeça um *busby*, típico da guarda inglesa. A foto ilustra uma reportagem sobre a Copa do Mundo que, naquele ano, seria realizada na Inglaterra. Na página 3 (a capa era a página 1), a revista publicava a "Carta do Editor", assinada por

Victor Civita. Revelando o cuidado do editor em evitar um confronto direto com o governo militar e, ao mesmo tempo, profunda esperança num "futuro melhor" para o Brasil a ser alcançado com o enfrentamento dos seus muitos problemas, dizia a carta:

> Temos o prazer de apresentar o primeiro número de *Realidade*, novo lançamento da Editora Abril. Há 16 anos vimos editando revistas para o público brasileiro, acompanhando a extraordinária evolução do País. O Brasil vai crescendo em todas as direções. Voltado para o trabalho e confiante no futuro, prepara-se para olhar de frente os seus muitos problemas a fim de analisá-los e procurar solucioná-los. E é por isso que agora surge *Realidade*. Será a revista dos homens e das mulheres inteligentes que desejam saber mais a respeito de tudo. Pretendemos informar, divertir, estimular e servir os nossos leitores. Com seriedade, honestidade e entusiasmo. Queremos comunicar a nossa fé inabalável no Brasil e no seu povo, na liberdade do ser humano, no impulso renovador que hoje varre o País, e nas realizações da livre iniciativa. Assim é com humildade, confiança e prazer que dedicamos *Realidade* a centenas de milhares de brasileiros lúcidos, interessados em conhecer melhor o presente e viver melhor o futuro. Victor Civita.[64]

Nessa carta ao leitor, Civita demonstra ufanismo, uma expectativa muito positiva, até eufórica, em relação ao futuro, associados aos propósitos de *Realidade*. Segundo ele, é preciso "conhecer melhor o presente para viver melhor o futuro". Então, a revista inicia o momento em que o Brasil "prepara-se para olhar de frente os seus muitos problemas a fim de analisá-los e procurar solucioná-los. E é por isso que agora surge *Realidade*". Para mostrar os problemas de hoje e permitir que as soluções apareçam. Quem é inteligente, lúcido e interessado em "viver melhor o futuro" percebe isso, lê e compra *Realidade*.

Do mesmo modo as generalizações que, podemos dizer, caracterizam o texto, não estão ali à toa. Eles representam o recurso empregado por Victor Civita para não se comprometer com nada nem ninguém. Por meio delas ele tenta agradar a todos ou, pelo menos, não desagradar ninguém.

O texto é tão genérico que fica impossível especular, por exemplo, o que Victor Civita pensava a respeito do governo do general Castelo Branco e do golpe militar de 1964. Ou então qual é a relação, se é que existiu alguma, entre a perspectiva de futuro tão positiva que é apresentada e o governo militar. Civita acreditava que depois de Castelo Branco o poder seria devolvido aos civis, daí o futuro melhor, ou, ao contrário, a continuidade dos militares no poder é que garantiria o futuro melhor? Impossível afirmar qualquer coisa a esse respeito a partir do texto aqui analisado.

Mesmo quando fala de sua "fé inabalável (...) nas realizações da livre iniciativa", Civita apenas reafirma o que já sabíamos de antemão: sua condição de empresário e capitalista. Ainda ficamos sem poder dizer se apóia ou não as medidas de desenvolvimento capitalista adotados pelo governo pois, como vimos, militares e tecnocratas brasileiros defendiam o capitalismo de Estado, no qual o Estado intervém diretamente na economia. Civita falava em livre iniciativa, que é um dos pilares do capitalismo, só que com liberalismo econômico.

O que importa é que o texto de lançamento de *Realidade* permite que todos se identifiquem com ele, tanto faz se os leitores são favoráveis ou contrários ao governo militar vigente. Cada um que leia sob sua óptica e que entenda "futuro melhor" como quiser, apenas não deixe de comprar a revista. Este é o propósito de Victor Civita na "Carta do Editor". Além disso, o texto revela um autoritarismo disfarçado: "quem for inteligente *deve* comprar *Realidade*". Os outros serão condenados à exclusão informativa.

Uma edição comemorativa de 33 anos da revista, produzida pela própria Editora Abril, tinha texto de apresentação, escrito por Roberto Civita, que narrava o contexto histórico do qual *Realidade* fez parte:

> Trinta e três anos atrás vivia-se em outro mundo, e o Brasil era um país que não existe mais. O homem não havia pisado na Lua. A seleção de futebol não

era tricampeã. Os transplantes de coração não existiam, os brasileiros não podiam se divorciar, a Guerra do Vietnã continuava, a Jovem Guarda era a grande revolução da juventude.[65]

Todos esses assuntos foram transformados em reportagens nas páginas de *Realidade*,[66] assim como os sérios problemas brasileiros: os menores abandonados de Pernambuco, a fome do Nordeste, o controle da natalidade. Esta última relacionava a solução do grave problema populacional a transformações de comportamento conseqüentes da introdução de novos métodos anticoncepcionais entre os hábitos das mulheres. Segundo a reportagem, a explosão populacional tem razões econômicas, pois "um desordenado crescimento demográfico cria a necessidade de novos empregos numa proporção não compatível com a economia de um país".[67]

Porém, a solução passava pela evolução dos métodos contraceptivos:

> (...) nos últimos anos grandes progressos alteraram a história dos anticoncepcionais. E esses progressos levaram os médicos do mundo inteiro a uma posição revolucionária diante da lei e dos costumes. Os instrumentos da revolução são as pílulas anticoncepcionais e os dispositivos intra-uterinos (DIU), pioneiros da nova fase.[68]

Contudo, para alcançar o desenvolvimento e evitar os desastres que a superpopulação traz, seria preciso: a evolução dos métodos anticoncepcionais, a atualização da legislação e do Código de Ética Médica, a mudança dos costumes, a mudança da Igreja: "O Papa Paulo VI tem um grave problema para resolver: deve decidir se a Igreja pode mudar um ensinamento que vem sendo transmitido há 2000 anos: evitar filhos é pecado".[69]

Outras reportagens, chamadas de "comportamento", foram o ponto alto da revista em seus primeiros anos. Temas como liberdade sexual da mulher e da juventude, educação sexual, legalização do divórcio, entre outros, foram abordados. Nas reportagens que realizou sobre tais assuntos, a revista defendia a mudança de costumes.

Para se ter uma idéia da abordagem dada pela revista para estes assuntos, já no seu número de lançamento, em abril de 1966, a revista publica a entrevista da repórter Oriana Fallaci[70] com a atriz sueca Ingrid Thulin, defensora de idéias muito avançadas naqueles anos, tais como desvinculação entre sexo e casamento, igualdade de direitos, inclusive sexuais, para homens e mulheres. Em julho de 1966, na reportagem em que a revista defende a legalização do divórcio, um dos principais argumentos é o benefício que uma nova legislação traria principalmente para as mulheres que, desquitadas, sofriam muito mais preconceito que os homens de mesmo estado civil.

Em agosto de 1966, a revista apresenta ao público "a incômoda e nunca antes estudada revolução sexual da juventude",[71] numa pesquisa, realizada junto aos jovens brasileiros, intitulada "A Juventude diante do sexo". Com essa reportagem a revista enfrentou os primeiros problemas de censura. Para o número seguinte, estava prevista a publicação da segunda parte da pesquisa com os jovens. Essa reportagem nunca chegou aos leitores porque a edição foi ameaçada de apreensão pelo Juizado de Menores da Guanabara (naquele período havia uma divisão entre Estado da Guanabara e o do Rio de Janeiro), na fuga do sr. Alberto Cavalcanti de Gusmão, caso insistisse em publicar a pesquisa sobre a juventude. O número seis trouxe, então, o seguinte editorial:

> Neste número, *Realidade*, ia concluir a publicação da grande pesquisa focalizando o que os jovens pensam, fazem e falam a respeito de sexo. Poucos dias antes da impressão da segunda parte de "A juventude diante do sexo", entretanto, recebemos uma advertência do Exmo. Sr. Alberto Cavalcanti de Gusmão, Juiz de Menores da Guanabara, comunicando-nos que apreenderia a edição, caso publicássemos a conclusão da pesquisa. Na opinião do Juiz, o artigo era "obsceno e chocante".
>
> Ao nosso ver, não pode haver obscenidade num artigo que é apenas o retrato fiel do comportamento e das atitudes de uma parte representativa da

juventude brasileira. Não inventamos este retrato. Também não o aprovamos, nem condenamos. Isso cabe aos nossos leitores. Mas estamos serenos por tê-lo divulgado, prestando aos pais, educadores e, sobretudo, aos jovens um serviço que julgamos inestimável – e imprescindível.

Não querendo, mesmo assim, entrar em choque com o Juizado de Menores da Guanabara, resolvemos suspender temporariamente a publicação da parte final do trabalho, até que os Tribunais Superiores se pronunciem a respeito.

REALIDADE parte do princípio de que seus leitores são adultos, inteligentes e interessados em saber a verdade. E continuará fiel ao seu compromisso de informar. Com imparcialidade, com serenidade. E com a coragem de enfrentar os fatos.[72]

O editorial mostra com clareza que a posição da revista era a de não entrar em choque direto com o juizado de menores e acatar sua decisão, privilegiando a própria sobrevivência. Um novo confronto com o Juizado de Menores aconteceu em janeiro de 1967, dessa vez por causa da edição número dez, que foi totalmente dedicada a questões relacionadas à mulher brasileira. No texto de apresentação da edição, Roberto Civita fala mais uma vez em revolução, quando narra a conversa com os demais jornalistas da equipe de *Realidade* na qual surgiu a idéia da edição especial sobre as mulheres: "Falamos da revolução tranqüila e necessária, – mas nem por isso menos dramática – que a mulher brasileira estava realizando".[73]

Para mostrar essa "revolução" fizeram uma edição mostrando, em diversas reportagens, dificuldades enfrentadas e conquistas alcançadas pelas mulheres. Compuseram o número especial com uma pesquisa para saber como pensam as mulheres brasileiras, a descrição do corpo feminino, um ensaio fotográfico sobre o amor materno, freiras, uma parteira, uma mãe-de-santo, uma entrevista com a atriz brasileira Ítala Nandi, apresentada como a "Ingrid Thulin" nacional, três mulheres desquitadas, uma mãe solteira e uma alta executiva. Estes eram os temas das reportagens que compunham a edição apreendida sobre "A mulher brasileira, hoje". Contudo, a primeira manifestação contrária veio do Juizado de Menores de São Paulo, atendendo ao requerimento do curador de Menores Luiz Santana Pinto, logo que a revista chegou às bancas. Dizia o requerimento de 30 de dezembro, que foi acolhido pelo Juiz de Menores de São Paulo, sr. Artur de Oliveira Costa:

> O curador de Menores infra-assinado, cientificado dos termos de determinadas "reportagens" da publicação REALIDADE, nº 10, de janeiro de 1967, hoje posta à venda nas bancas de jornais e revistas da Capital, reportagens essas, algumas delas obscenas e profundamente ofensivas à dignidade e à honra da mulher, pela presente e com base no artigo 53 da atual Lei de Imprensa, requer:
>
> 1º) a imediata e sumária apreensão dessa publicação, onde seja encontrada à venda nesta Comarca;
>
> 2º) a remessa do exemplar anexo à Comissão de Revistas e Publicações, cuja manifestação se pede.
>
> Termos em que, A.,
>
> P. Deferimento
>
> São Paulo, 30 de dezembro de 1966.
>
> (assinado) Luiz Santana Pinto
>
> (2º curador de Menores)[74]

No dia seguinte, foi a vez do Juizado de Menores da Guanabara, no despacho do sr. Alberto Cavalcanti de Gusmão, o mesmo que ameaçou de apreensão o número 6, sobre a juventude, tomar medida idêntica. Na edição consecutiva, a revista publica um editorial em que apela à defesa da liberdade de imprensa e questiona os reais objetivos do juizado de menores quanto à decisão de apreender a revista. Diz o editorial, que defende a liberdade de imprensa contra a censura:

> (...) Torna-se evidente, portanto, que a "obscenidade" – no sentido exato da palavra – não estava em jogo, pois a revista não continha sequer uma frase maliciosa, uma foto provocante, um desenho erótico ou um texto libidinoso.

O que estava – e ainda está – na balança é uma *atitude* perante a vida, o mundo e a realidade brasileira.

(...) A apreensão no número de janeiro constitui, assim, muito mais que uma simples ação punitiva contra qualquer vulgar publicação licenciosa. Significa, essencialmente, que qualquer juiz de Menores pode impedir que uma revista circule em todo o país, apenas por não concordar com seu ponto de vista. Significa que basta a simples opinião de uma autoridade administrativa para anular meses de trabalho e provocar vultosos prejuízos materiais. E significa, finalmente, que a liberdade de imprensa vê-se novamente em perigo, uma vez que este tipo de apreensão ameaça jornais e revistas que publicam fatos, estatísticas e opiniões julgados inconvenientes a critério exclusivo de uma única pessoa.[75]

A liberação para divulgação da edição sobre as mulheres só veio quase dois anos depois, em outubro de 1968, quando o Supremo Tribunal Federal decidiu aceitar o voto do ministro Aliomar Baleeiro que discordou da decisão do juiz paulista. A revista havia sido censurada numa época em que a censura ainda não tinha sido "legalizada" pelo governo militar, o que só aconteceu após a decretação do Ato Institucional nº 5, o AI-5, em 13 de dezembro de 1968. Segundo Sebastião Geraldo Breguês,

(...) a partir daí, de uma forma mais aberta e descarada possível, a censura reaparece em cena, e de forma definitiva (...). Outros decretos vieram depois. Em 26 de janeiro de 1970, o Presidente Médici baixou o decreto-lei nº 1077,[76] que visa a reprimir as publicações obscenas. Posteriormente surgiu a Censura-Prévia, através da Portaria 11-B do Ministro da Justiça, Alfredo Buzaid, em 6 de fevereiro de 1970.[77]

Antes de instituição da censura que permitiu ao governo atuar como agente censório junto aos veículos de informação, a revista *Realidade* tinha sido censurada pela ação do juizado de menores que utilizou os mesmos argumentos – a defesa da moral e dos bons costumes – empregados para a institucionalização da censura.

O juiz responsável pela censura em *Realidade* estava alinhado com o pensamento militar, no que diz respeito aos costumes sociais. Pode-se, dessa forma, dizer que a revista acabou entrando em choque com os militares no único aspecto, talvez, que opunha o projeto de modernidade dos jornalistas/Editora Abril e dos militares. Uma vez que estes, embora defensores, como a revista, do progresso material e tecnológico no país, não queriam mudanças profundas na estrutura da sociedade e da família brasileiras.

Ao mesmo tempo que a Editora Abril enfrentava esses dois episódios de apreensão de exemplares *Realidade*, era acusada de ser beneficiada por um decreto-lei que alterava a nova Constituição, promulgada em fevereiro de 1967, que previa a liberdade de expressão, mas vetava a propriedade e a administração de empresas jornalísticas a estrangeiros. Sebastião Geraldo Breguês explica que:

> Também para regulamentar ainda mais a situação, a 9 de fevereiro de 1967 é assinada a Lei 5.250, que faz cair a Lei de Imprensa de 1953 e apresenta inúmeras inovações a ela. Poucos dias, entretanto, após a publicação dessa Lei, o Presidente Castelo Branco baixou o Decreto-Lei 207, de 27.02.1967, acrescentando novo parágrafo ao artigo 3º da Lei 5.250. A alteração dava oportunidade aos estrangeiros de serem proprietários de empresas jornalísticas e nelas exercerem a orientação intelectual, no caso da empresa de dedicar a publicações "científicas, técnicas, culturais e artísticas". Assim, esse decreto-lei deu margem à participação mais explícita de capital estrangeiro, e do próprio estrangeiro, na imprensa brasileira, além de ser um decreto que entrava em contradição com o artigo 160 da Constituição.[78]

A Editora Abril, pela origem ítalo-americana de seus proprietários Victor Civita e seu filho Roberto, foi acusada[79] de ter sido diretamente beneficiada por essa mudança na lei. Acusações às quais respondeu, em editorial publicado na edição de abril de 1967, da seguinte forma:

A EDITORA ABRIL, empresa brasileira responsável pela publicação de importantes revistas que circulam em todo o território nacional, tem sido alvo de ataques esporádicos colocando em dúvida a sua condição de organização de genuinamente nacional.

Dada a total improcedência de tais insinuações, até hoje praticamente nos limitamos a ignorá-las. Isso, porém, não impediu que no ano passado, quando o governo da República constituiu uma comissão de alto nível para investigar as atividades de empresas jornalísticas, solicitássemos que a comissão iniciasse seu trabalho pela EDITORA ABRIL. As verificações exaustivas daquelas autoridades confirmaram definitivamente que a ABRIL não tem e nunca teve qualquer participação de capitais estrangeiros.

Recentemente, quando da promulgação do decreto presidencial que modificou a Lei de Imprensa, permitindo que estrangeiros editem em nosso país publicações científicas, técnicas, culturais e artísticas, insinuou-se que a referida medida fora pleiteada pela EDITORA ABRIL. Esta incrível suposição exige réplica enérgica. O decreto em nada nos beneficiou. Obriga-nos, isso sim, a aprimorar ainda mais o nosso trabalho, a fim de fazer frente aos eventuais competidores alienígenas.[80]

A relação entre imprensa e poder é sempre tensa e conflituosa, movida por "altos e baixos". Isto porque, segundo Maria Helena Capelato, "desde os seus primórdios a imprensa se impôs como uma força política. Os governos e os poderosos sempre a utilizam e temem; por isso adulam, vigiam, controlam e punem os jornais".[81] No caso de *Realidade*, os conflitos com o poder vigente foram mais intensos nos primeiros anos e é possível afirmar que se limitaram aos episódios mencionados acima. Depois deles, a revista, que já tinha conquistado grande sucesso de vendas junto ao seu público leitor, passa a tratar com mais discrição os temas que poderiam desagradar o governo e, como conseqüência, trazer prejuízos à empresa.

Era comum também nas páginas de *Realidade*, a presença de perfis de presidentes militares e outras autoridades políticas importantes naquele momento. Em geral, eram escritos pelo jornalista Luiz Fernando Mercandante, considerado pelos colegas, o diplomata do grupo, e procuravam mostrar a vida cotidiana desses personagens, seu convívio com a família, longe dos gabinetes oficiais. A seguir, um trecho do perfil do presidente Castelo Branco:

> Em um minuto, afundado no banco traseiro do Mercedes preto, de chapa particular, sem batedores, nem sirenas – despercebido, como gosta de andar – lá vai, rumo Palácio das Laranjeiras e ao seu mundo oficial, o Presidente da República, Marechal Humberto de Alencar Castelo Branco.
> Na ensolarada manhã de domingo que sucede à sua eleição, o Presidente saiu de casa cedinho, com uma braçada de cravos vermelhos, e foi ao cemitério de São João Batista depositar as flores no túmulo de sua mulher, dona Argentina, falecida havia oito meses. De mês em mês repete essa visita e, há pouco, encontrando uma família amiga à porta do cemitério, confessou:
> – Desde que perdi minha esposa me sinto um homem muito só.[82]

Realidade foi inovadora não só pela escolha dos temas. A forma como estes eram apresentados também fez de *Realidade* a experiência jornalística sem precedentes tal como é lembrada até hoje. Fez sucesso com um jornalismo baseado na reportagem e no estilo de texto, que os estudiosos da revista alinhados com Edvaldo Pereira Lima, como José Salvador Faro e Adalberto Leister Filho, acreditam revelar uma influência direta do *newjournalism* norte-americano; um tipo de jornalismo contemporâneo à revista, iniciado nos Estados Unidos pelo jornalista Tom Wolfe, que aproximava literatura e jornalismo ao empregar recursos literários para narrar eventos jornalísticos ou, simplesmente, não-ficcionais.

Suas características principais são, além do estilo literário na narração dos fatos, a presença do repórter na matéria, podendo até mesmo ser um personagem de sua narrativa e anulando, assim, a suposta "objetividade" jornalística característica do tipo convencional de reportagem, e a predominância das chamadas matérias "frias" que, no jargão jornalístico, representam aquelas não abordam assuntos atuais, do dia-a-dia, não almejam ser um "furo" de reportagem.[83]

Contudo, o escritor norte-americano Michael Johnson vê com ressalvas a idéia de uma ruptura radical entre o "novo jornalismo" e o jornalismo tradicional. Diz o autor:

> New Journalism, as the term is popularly used, usually refers to the writing of a new class of journalists, including such people as Tom Wolfe and Norman Mailer, who have broken away from tradicional journalistic pratice to exercise the freedom of a new subjetive, criative style of reportage and commentary (...).
> New Journalism, as we shall see, differs in many important ways from stablished journalism; but it also involves a realization of many of the neglected possibilities of its stablished, tradicional counterpart, and at its best it involves a renewed commitement to principles of honesty and thoroughness that should be part of any good journalism. This realization and commitement have come about most markedly during the 1960's, particularly since 1965.[84]

Carlos Eduardo Lins e Silva, embora menos detalhadamente que Edvaldo Pereira Lima, comenta o "novo jornalismo" e se refere a sua influência no Brasil:

> O *novo jornalismo*, de Truman Capote, Norman Mailer, Tom Wolfe, Joan Didion, Jimmy Breslin, Gay Talese, entre outros, teve um grande sucesso de público, em especial nas revistas mas também nos jornais diários, e repercutiu no Brasil, embora os exemplos bem-sucedidos aqui sejam menos numerosos (Marcos Faerman do *Jornal da Tarde*, entre eles). O "novo jornalismo" acrescentava uma dimensão pessoal, impressionista e rebuscada ao relato do fato jornalístico, permitindo-se até introduzir-se no terreno da ficção, um pouco ao estilo dos "docudramas" de TV, nos quais se pega uma história real mas se colocam personagens fictícios para "esquentar" e personalizar o enredo."[85]

É possível encontrar elementos característicos do *new journalism* nas reportagens de *Realidade*, tais como a presença do repórter na matéria transmitindo suas impressões a respeito do assunto tratado, a não preocupação com o "furo" jornalístico e o estilo de texto que, muitas vezes, fazem a reportagem parecer uma crônica ou um romance. A revista publicou, em pelo menos duas oportunidades durante o período em que se concentra esta pesquisa, reportagens-ficcção. São elas: "Brasil, tricampeão. Foi assim que ganhamos a Copa" e "Sete dias de maio, 1977".

A primeira foi publicada no primeiro número da revista e descrevia a esperada vitória do Brasil na Copa de Mundo daquele ano, 1966, que só aconteceria três meses mais tarde, na Inglaterra. Mereceu destaque de capa, foi apresentada na página de índice como "uma reportagem-sonho que se passa em julho de 1966, na Inglaterra. E que esperamos venha a se transformar em fato".[86] A matéria começa assim:

> Londres, julho de 1966 – Quando o estádio de Wembley ouviu o apito final do juiz, Abel, o mais novo dos jogadores da seleção brasileira, desmaiou em campo. Os outros dez não perceberam nada. Saltavam e gritavam como loucos, aos abraços e beijos. Com os braços apontando para o céu, os punhos cerrados, Gilmar berrava, chorando:
> – Ganhamos! Ganhamos!
> Não se sabe de onde apareceram tantos brasileiros. O campo se encheu deles: os reservas, os *civis* da delegação, torcedores, repórteres, fotógrafos que não sabiam se deviam tirar fotos ou festejar. Orlando e Carlos Alberto correram para Abel e levantaram *o menino* que agora ria, com os olhos cheios de lágrimas.
> Os jogadores ingleses procuravam cumprimentar os brasileiros em meio à confusão. Jimmy Greaves conseguiu alcançar Pelé que fez questão de lhe entregar a camisa número 10; aquela camisa amarela que nunca mais ia sair da história do futebol:
> – Thank you. Thank you, very much![87]

A outra reportagem-ficção foi publicada no número 14, de maio de 1967, e procura prever a situação do Brasil dez anos mais tarde. É apresentada no índice da seguinte forma: "O Brasil daqui a dez anos. Um velho político que defende interesses escusos, um presidente jovem e o complô para matá-lo".[88] Os personagens principais são fictícios, mas há referências aos ex-presidentes Jânio Quadros e Juscelino Kubitschek, ao diretor do *Jornal do Brasil*, Nascimento Brito. A história contada é a do planejamento do assassinato de um jovem presidente da República eleito democraticamente e executado a mando de um ex-deputado federal corrupto. O presidente é assim descrito:

> Com 38 anos de idade, o mais jovem dos presidentes brasileiros é uma figura imponente e serena, quase majestosa. Quando foi eleito, a revista *Semana* o descreveu como "uma mistura de campeão olímpico, artista de cinema e comandante de astronave; duro e ao mesmo tempo doce; capaz de falar à maneira de um professor bem informado e de ouvir à maneira de um aluno bem comportado; as vezes, parecendo mais velho do que é, outras, mais moço, embora sempre enérgico, seguro e determinado".[89]

Já o mandante do crime:

> Fora deputado e atravessara várias legislaturas até que seus pares decidiram eliminá-lo a bem do decoro parlamentar. O castigo o feriu, o cinismo o curou e, meses depois, voltava a agir nos bastidores. Tinha interesses a defender: era diretor de oito empresas engordadas na falcatrua. Hoje preside seis e é diretor de outras 12.[90]

De fato, *Realidade* parece ter sido influenciada pelo estilo de texto do *new journalism*, porém o uso que fez desses recursos foi muito próprio. Englobou-os aos seus propósitos. Empregou-os como forma de expressão para levar ao público sua proposta de um "futuro melhor", anunciado por Victor Civita, mostrando os "muitos problemas" a serem enfrentados e, principalmente, as possibilidades do Brasil se tornar um país "próspero e feliz".[91]

Os 251.250 exemplares do número de lançamento esgotaram-se nas bancas. Mesmo com tiragens crescentes, até o terceiro número da revista, as edições esgotaram-se totalmente levando a Editora Abril, na quarta edição de *Realidade*, a utilizar papel de qualidade inferior:

Dos 250 mil exemplares de abril, passamos para 280 mil em maio e 350 mil em junho. Mas, de todos os cantos do País, cartas e telegramas continuam chegando, reclamando ainda mais revistas.

Assim, resolvemos imprimir, nesta edição, 450 mil exemplares. Esta decisão, entretanto, trouxe um dilema. De um lado, queríamos atender a *todos* os pedidos. De outro, não tínhamos papel-*Realidade* em quantidade suficiente para enfrentar uma tiragem tão grande. Assim, fomos obrigados a utilizar estoques de papel diferente – menos branco e brilhante do que o nosso – para completar a edição em algumas páginas deste número.[92]

Os primeiros anos da revista correspondem à periodização da minha pesquisa e são os de maior tiragem. Este é o momento em que a equipe original, composta pelos jornalistas Paulo Patarra, Sérgio de Souza, José Hamilton Ribeiro, Fernando Mercadante, Narciso Kalili, Mylton Severiano da Silva, entre outros, procurou levar adiante os propósitos iniciais apresentados por Victor Civita na "Carta do Editor".

A tiragem da revista ainda chegaria aos 486 mil exemplares nas edições nº 7 e nº 8. O pico de 505 mil exemplares foi atingido na edição nº 11, recuando em seguida para 450 mil exemplares editados. Uma tabela arquivada no Departamento de Documentação da Editora Abril, contendo dados sobre tiragem e circulação do primeiro número de *Realidade*, de abril de 1966, ao nº 38, de maio de 1969, foi transformada em gráfico. O resultado é o seguinte: se compararmos a tiragem de *Realidade* nos anos 1960, cerca de 450 mil exemplares para uma população de 90 milhões de brasileiros, com as tiragens dos dois jornais de maior circulação *Folha de S.Paulo*, cuja tiragem média é 395.975 exemplares/dia e *O Estado de S. Paulo*, com circulação média de 337.182 exemplares/dia,[93] vemos que a distribuição da revista é surpreendente (mesmo levando-se em conta que, no caso de *Realidade*, trata-se de uma revista mensal), pois tinha uma tiragem maior, para uma população menor que a atual. A população brasileira hoje conta cerca de 150 milhões brasileiros, de acordo com dados do Ipea, Instituto de Pesquisas Econômicas Aplicadas.

Entretanto, a partir de 1969, é possível observar uma tendência de queda na tiragem da revista. De janeiro a março de 1969, ou seja, do nº 34 ao nº 36, a tiragem foi reduzida em 44 mil exemplares, caiu de 366 mil para 322 mil, acompanhando a queda de circulação.[94] Desde a edição nº 4, de julho de 1966, quando a tiragem atinge os 450 mil exemplares, a revista imprimia com destaque a cada edição, na página de índice da revista, a tiragem daquele mês. Na edição nº 42, de setembro de 1969, essa informação foi dada ao público pela última vez. Nela, a tiragem anunciada é de 385 mil exemplares. A ausência desse dado pode ser indício de uma tendência de queda de tiragem.

Tentativas de retomar tiragem e êxito iniciais houve muitas. Numa carta aberta datada de 8 de maio de 1971 e dirigida a Luís Fernando Mercadante e José Hamilton Ribeiro, dois jornalistas da equipe original que deixaram *Realidade* com Paulo Patarra, mas voltaram à revista como editores, Mino Carta, que, naquela ocasião, era membro do conselho editorial da Abril, procura encontrar soluções para a crise vivida pela revista. Em dez tópicos o jornalista enumera medidas que poderiam trazer o sucesso inicial da revista e revela que a *Realidade* sofreu violenta queda de tiragem, contabilizando menos de 200 mil exemplares.

Resumidamente, Mino Carta diz que:

> a revista mensal nos Estados Unidos ou na Europa só pode ser editada se escolher o caminho da especialização: de moda ou de automóveis, de ciência ou de cultura. Mas de interesse geral não. Porque jornais e revistas semanais suprem amplamente o interesse do leitor.

Apesar disso, garante que "*Realidade* pode existir no Brasil. Porque a concorrência nos permite fazê-lo. Mas é imprescindível ser conscientes da função de tal revista, que deve dar o que os outros não podem". Mais adiante afirma que "devemos deixar de fazer uma revista que dá a impressão de ter uma série de recalques e de complexos. Uma revista mais interessada em aspectos negativos, de miséria e de revolta". Por fim, avisa:

> Lembrem-se sempre: *Realidade* já era. Estamos falando de uma nova revista, sem passado e sem compromissos. Uma revista que é capaz de sacrificar, se necessário, a venda de alguns milheiros de cópias, em favor de sua importância e de sua seriedade. Uma revista, porém, que pode e deve alcançar 200 mil exemplares de venda e ser considerada um grande sucesso.[95]

José Hamilton Ribeiro, em depoimento à Terezinha Fernandes, que estudou as textos do teatrólogo Jorge Andrade na revista *Realidade*, publicados durante os anos 1970, explicou que colocar escritores atuando como repórteres foi uma das estratégias que encontraram para retomar o sucesso de público.

> Era preciso buscar um *novo jeito* de ver as coisas sem os vícios dos jornalistas profissionais.
> Um vício de repórter brasileiro: acredita mais no ouvido do que no olho. Não acredita em si mesmo. É preciso acreditar mais no olho do que no ouvido. Geralmente as pessoas instrumentalizadas no uso das palavras, empregam palavras mais para esconder do que para mostrar. (...) A revista era dirigida a um público jovem de universitários, gente que buscava novos rumos para a vida. Foi então que surgiu a idéia de procurar jornalistas heterodoxos, isto é, gente com uma nova linguagem, com formação diferente e diversificada.
> Neste clima de propostas abertas, entre outros profissionais de várias áreas, foi convidado para trabalhar em *Realidade* o teatrólogo Jorge Andrade. Além de tudo, Jorge tinha larga experiência com jovens, porque já havia sido professor de segundo grau e educador e poderia comunicar mensagens dentro da expectativa do público receptor da revista.[96]

Com esse intuito, foram realizadas as chamadas "reportagens especiais", que ocupavam um número todo da revista. O melhor exemplo de reportagem especial é a edição nº 67, sobre a Amazônia, publicada em outubro de 1971. Essas edições especiais conseguiram atingir alguma repercussão, mas nunca igual àquela dos primeiros números. Audálio Dantas, que foi repórter de *Realidade* de 1969 a 1973, diz que:

> A partir de 69, quando eu fui para a revista, eu acho que até 72 por aí, a revista continuou sendo uma publicação importante. Apesar de ter perdido algumas das suas estrelas, dos seus grandes repórteres, mas vieram outros. Digamos que a primeira equipe tinha um sentido maior de unidade, ela pensava mais em bloco, como se dizia, o "Pasquim" falava: "racionava em bloco". Mas de qualquer maneira a revista continuou, tanto é que foi aí, em 70 ou 71, que se produziu talvez o trabalho mais importante da revista *Realidade*, que foi a edição da Amazônia, pelo Raimundo Rodrigues Pereira,[97] que sem dúvida foi e continua sendo um dos dez melhores jornalistas brasileiros, pela fidelidade, pela preocupação com a informação, com o texto.[98]

Luís Carta, irmão de Mino Carta e diretor editorial da empresa, foi o idealizador do número especial sobre a Amazônia. Num texto publicado naquela edição, contou como foi a preparação do projeto, mas revelou também a expectativa depositada naquele trabalho pela Editora Abril, em função do papel estratégico que aquele número desempenhou, no sentido de reverter a tendência de queda de tiragem da revista. Nas palavras de Luís Carta:

> Em 13 anos de direção editorial da Abril estive ligado em muitas realizações. Os mais variados projetos passaram pelas minhas mãos. Desde uma pequena revista infantil até uma matéria mais delicada ou um lançamento dos mais ousados. Todos foram difíceis de fazer bem, quase todos eram grandes satisfações. Esta edição da Amazônia, um só número, prendeu sozinha muito de minha atenção e do meu entusiasmo.
> Ela começou em janeiro deste ano, quando convidei o jornalista Raimundo Rodrigues Pereira a preparar um plano, prevendo uma edição inteira de REALIDADE dedicada à Amazônia. Foram necessários nove meses para transformar nossa conversa nesta edição de 320 páginas. E muito trabalho.

O nosso plano foi o maior dos que já elaboramos para uma única reportagem: queríamos documentar de maneira definitiva o momento mais dramático da vida da Amazônia. A última grande reserva natural do planeta, que já está perdendo seu isolamento milenar e é de repente invadida por estradas, cientistas, colonos, gado, mineradores, industriais (...).[99]

Outro exemplo de edição especial nessa fase é o número sobre o Nordeste, que foi publicado em novembro de 1972 e dirigido por Audálio Dantas. O enfoque das matérias foi mudando, sem dúvida, por influência da atuação da censura que, nessa época, agia também sobre *Realidade*. Devido a periodicidade mensal da revista, não havia censor presente diariamente na redação, como aconteceu com outros jornais e revistas. Segundo José Hamilton Ribeiro, que era redator-chefe da revista nessa época, "a negociação com a censura quem fazia era a direção da editora"[100] que transmitia as decisões aos repórteres e redatores. Audálio Dantas, repórter, acredita que esses mecanismos eram "muito piores porque eram fluidos, a censura era uma coisa como um fantasma, os fantasmas dizem que dificilmente aparecem mas ficam perturbando, ficam no espaço, era uma espécie de fantasma em cima de todo mundo",[101] levando à prática da auto-censura.

Assim, as reportagens e os assuntos que passaram a incomodar a censura eram os que mostravam a fome e a miséria no interior do Brasil. Aos poucos, a revista foi deixando de ser um produto valorizado empresarialmente. Segundo José Hamilton Ribeiro, o fim da revista pode ser explicado da mesma forma que seu surgimento, ou seja, por meio de circunstâncias conjunturais, que seriam as seguintes, conforme explicou em entrevista à autora:

> A primeira causa foi essa: foi que a pauta da revista era muito ousada, muito aberta, muito provocativa. Com a ditadura, não pode falar de estudante, não pode falar de sexo e aí já foi um golpe mortal. Havia um outro lado, a editora, a empresa, que bancava a *Realidade*, quando a *Realidade* passa a ser incômoda empresarialmente, toma uma decisão ciente e silenciosa de deixar a *Realidade* fenecer para criar um espaço para nascer a Veja."[102]

Por fim, em setembro de 1973 a revista passa por uma transformação radical. Até sair definitivamente de circulação, em março de 1976, com o nº 120, a revista viveu seu período de total decadência. Mudou de tamanho, ficou um pouco menor, deixou de ter os habituais 30 x 24 cm e passou a medir 26,5 x 20 cm mudou de proposta. *Realidade* passou a apresentar mais temas em cada edição. Nas duas primeiras fases, cada número da revista trazia uma média de 12 reportagens, na terceira passaram a ser editadas cerca de 24 reportagens por número da revista. As abordagens passaram a ser mais superficiais, menos contundentes, não chamavam à discussão e ao debate, que sempre foram a sua principal preocupação. Muitas vezes beiravam o sensacionalismo, como na reportagem "Deixei de ser alcoólatra" que teve como subtítulo "As confissões de uma mulher que deu 17 anos de sua vida ao álcool". Dizia a matéria:

> Quando meu marido disse que ia me deixar, senti um choque terrível. Foi como se caísse de um prédio de seis andares. Nunca pensei que isso pudesse acontecer comigo. Não compreendi o porquê, nem queria compreender.
> Estávamos casados havia quatro anos. Eu tinha 25 anos, duas filhas. Era feliz e despreocupada... Achava que em nosso casamento não haveria problemas, como houvera com meus pais.
> Na ocasião em que ia me encontrar com ele pela última vez, sentia-me absolutamente imprestável. Nesse dia, estava na casa de minha irmã, completamente desamparada, e ela me ofereceu uma bebida, "para me dar coragem". De fato, eu me senti reanimada e descobri uma segunda personalidade em mim. Tive a revelação do álcool. E foi então que começou a minha queda e o vício na bebida.[103]

Apesar do nome, já não era a mesma revista. Chegou a ter um relançamento, inclusive com carta de apresentação assinada por Victor Civita, na qual ele procurou associar a nova revista com o sucesso dos primeiros anos. Disse, o editor em "Uma Nova Realidade":

> *Realidade* sempre foi uma revista que inovou. Em abril de 1966, seu primeiro número surgiu com uma forma corajosa de abordar alguns assuntos polêmicos – e esgotou-se a revista. Após alguns anos de grande sucesso neste caminho, a revista resolveu partir para a linha dos grandes documentos – Amazônia, Cidades, Nordeste – em que cada edição aprofundava de tal forma o tema central do número que até hoje são exemplares disputados avidamente por estudantes, professores, pesquisadores universitários.
>
> Entre os resultados positivos desses primeiros sete anos de vida estão doze prêmios: nove Prêmios Esso (de Jornalismo em 1966, de Reportagem em 1967 e 1968; de Informação Científica em 1967, 1968 e 1969; e mais três em 1972, de Melhor Equipe, Melhor Trabalho e Melhor Contribuição à Imprensa), o Prêmio Sip-Mergenthaler, concedido a um de seus editores pela Sociedade Interamericana de Imprensa em 1968, e o Prêmio Sudene de Jornalismo de 1972 e 1973.
>
> Mas o Brasil continua mudando. E há cada vez mais pessoas querendo saber mais sobre mais assuntos. Por isso optamos por uma nova fórmula que permitisse à revista não só continuar com os temas que lhe trouxeram fama como incluir outros novos. Assim é com muito orgulho que a Editora Abril lança agora esta nova revista. Uma revista que sempre inovou: *Realidade* Victor Civita.[104]

Nessa fase, deixam a revista os últimos repórteres importantes. Audálio Dantas foi um deles e lembra assim daquela época:

> Houve, digamos, mutilações graves, (...) eu deixei a revista *Realidade* em 74 exatamente por causa dessas coisas. O José Hamilton também. Então a revista diminuiu de formato, passou a ser uma coisa ligeira, parece que foi o José Hamilton que chamou de "Realeções" numa alusão à revista *Seleções* que era aquela coisa digestiva, a informação típica de meia, sei lá, de meia cultura, vai![105]

De acordo com Alberto Dines, as revistas têm uma periodicidade que permite mudanças mais radicais em momentos de crise. Ao contrário, um jornal diário não pode realizar grandes mudanças de um dia para outro, pois causaria estranheza no leitor. Diz ele:

> Já no caso das revistas – porque sua periodicidade o permite – uma descontinuidade pode ser até salutar em certas crises (...). Na Editora Abril, o exemplo marcante é *Realidade*, revista mensal, de interesse geral, mas destinada ao leitor "A", foi reformulada para transformar-se em revista mensal de interesse geral para o leitor B/C.[106]

Com as mudanças, a revista ainda se sustentou por mais trinta números, ou meses. Mas daquela *Realidade* de 1966, ela só tinha o nome. Com certeza já não era a mesma revista. *Realidade* teve uma morte lenta, que começou talvez com a saída, em outubro de 1967, de Roberto Civita para cuidar dos negócios da empresa, possivelmente do lançamento de *Veja*, que seria apresentada ao mercado no ano seguinte, em outubro de 1968. Uma reportagem comemorativa dos vinte anos de *Veja* publicada na revista *Imprensa* diz que Roberto Civita desde que voltou dos Estados Unidos, em 1958, onde passara alguns anos estudando e trabalhando, queria "fazer três revistas: uma de negócios, uma masculina e uma revista semanal de informações". A reportagem diz que *Realidade* foi o "gatilho" para o surgimento de *Veja*:

> Em 1967, o faturamento da Abril chega a 28 milhões de dólares. Roberto Civita relembra: "Era um bom momento. O momento da criatividade, da grande expansão da empresa. A Abril estava à toa... E o que foi o gatilho? *Realidade*. Quando *Realidade* iluminou o céu, embora transitoriamente, naquele ano de glória eu tive a maluquice de dizer: 'Vamos, chegou a hora'." A sua idéia ganhara.[107]

O que aconteceu com *Realidade*, talvez possa ser explicado pelo que Gisela Taschner chama de "processo de canibalização" por parte de *Veja*. As publicações da Editora Abril parecem ter sofrido um processo bastante semelhante pelo qual passou o jornal *Última Hora*, já pertencente ao Grupo Folhas, em 1979. Diz a autora:

Temos a suspeita de que *Última Hora* sofreu um processo de canibalização por parte dos outros vespertinos do Grupo Folhas. Erro de cálculo, tensões internas na empresa, perda de personalidade antiga sem conseguir formular uma nova identidade, o fato é que *Última Hora*, continuou vendendo pouco, e em 1979 a empresa resolveu desfazer-se dela. Assim mesmo, provavelmente, conseguiu sobreviver tanto tempo, em função de seus custos reduzidos, graças ao sistema centralizado de produção. Por outro lado, a lógica se fez presente no momento em que, constatando a inviabilidade do produto, e tendo outros com os quais ocupar o mesmo espaço, a empresa decidiu desativá-lo.[108]

A terceira fase de *Realidade* talvez tenha sido uma tentativa de reduzir gastos com a publicação no intuito de ainda mantê-la viável. Contudo, nunca recuperou as vendagens e o sucesso iniciais que fazem com que ela seja lembrada até hoje, por conta da grande repercussão alcançada em seus primeiros anos.

"Nunca fomos tão felizes"

Em 1965, eles eram jovens, a maioria tinha entre 25 e 35 anos. Inteligentes, queriam mudar muita coisa no mundo. Jornalistas profissionalizados em começo de carreira. Com o fracasso do projeto de encarte semanal que seria distribuído aos domingos em diversos diários do país, surgiu para a Editora Abril a possibilidade de criar uma revista mensal. Para a editora, seria uma forma de aproveitar a estrutura montada e o investimento realizado. Para aqueles jovens, era a oportunidade de fazer uma grande revista.

Paulo Patarra, que tinha sido repórter e redator-chefe da revista *Quatro Rodas*, estava envolvido no projeto e sugeriu que o encarte se transformasse numa revista de reportagens que ele queria batizar de *Repórter*. Victor Civita, dono da Abril, aceitou. Mas a revista deveria se chamar *Realidade*. Nome, segundo Célia Chaim, "tirado de uma revista francesa chiquérrima chamada *Realité*".[109] Apesar da insistência de Patarra, venceu o dono. O que, mais tarde, achou ótimo "porque para tudo que empresa propunha como pauta e nós, da redação, não gostávamos, havia uma brecha de recorrer ao argumento de que o tema, afinal, não era realidade".[110]

A equipe de repórteres foi montada então com gente que já estava na Abril. O redator-chefe, Paulo Patarra, formou aquele grupo a partir de dois critérios básicos: cada profissional deveria ter "bom texto; bom caráter".[111] Em entrevista, contou que:

> Foi gozadíssimo. Eu só queria gente da Abril. Tirei gente daqui, dali. Tirei gente de *Cláudia*, de *Intervalo*, de *Quatro Rodas*, de revista feminina. Eu conhecia todo mundo, era um grupo muito homogêneo, apesar de muito diferente, mas muito homogêneo no sentido de que eram todos patriotas, uma coisa que não existe mais, todo mundo louco para se ver livre dos americanos, todo mundo louco para se ver livre dos militares.[112]

Ao lembrar da formação da equipe, José Hamilton Ribeiro, em artigo comemorativo dos trinta anos da revista, destaca a heterogeneidade do grupo:

> A essa confluência conjuntural e até cósmica se somaria, por acaso ou fatalidade, a reunião até certo ponto neurótica de um grupo de pessoas cujas diferenças, mais do que as afinidades, as uniu para um resultado que acabou sendo uma explosão. Uma explosão de talento, de criatividade, de inquietação, de ousadia, de generosidade.[113]

Em resenha publicada na revista *Imprensa* sobre o livro de José Salvador Faro, Mylton Severiano da Silva lembrou dos tempos em que era redator de *Realidade* fazendo menção àqueles momentos como "dias de voragem e paixão".[114] A despeito das formas absolutamente diferentes de expressão adotadas pelos jornalistas que entrevistei, poderia dizer que este é um sentimento comum a todos eles quando falam de suas experiências pessoais.

O trabalho jornalístico desenvolvido por eles naqueles anos, ou dias, como preferiu Mylton Severiano da Silva, talvez numa tentativa de revelar a efemeridade de tais eventos, era movido à paixão e realizado com absoluta entrega. É o ex-redator de *Realidade* quem conta:

> Me lembro muito dessa cena: o repórter e o fotógrafo chegavam no aeroporto, geralmente era avião, chegavam no aeroporto e não iam nem em casa porque, às vezes, a matéria era tão fantástica, o que eles tinham visto por lá, que eles iam para a redação com as malas. O fotógrafo todo ainda sujo da viagem chegava na redação: "Pô! Nossa! É capa! É capa!". Naquele dia já mandava os filmes para revelar, aquela animação e já começava a rolar ali, a contar o que era.[115]

Essa animação envolvia toda a equipe. Constituído dessa forma, o grupo funcionava apoiado nos princípios da liberdade e confiança. Isso permitia que vidas profissional e pessoal se misturassem, tornando o trabalho mais prazeroso. Foi o que disse Sérgio de Souza, editor de texto de *Realidade*, atualmente diretor da revista *Caros Amigos*. Quando perguntado por mim sobre a dinâmica da redação de *Realidade*, respondeu o seguinte:

> Trabalhava-se muito e com muito prazer. Criou-se uma relação de vínculos profundos de amizade entre quase todos os que faziam parte da equipe. Cada assunto profissional era discutido exaustivamente, assim como os assuntos pessoais, até íntimos. As conversas, a troca de opiniões, a crítica, o elogio, tudo isso perpassava o ambiente da redação e transbordava para os bares, restaurantes, a casa de um ou de outro. Essa era a dinâmica anímica (com o perdão da palavra); agora, se você quer se referir à dinâmica prática, concreta, também não era uma coisa corriqueira, burocrática, trabalhava-se com a liberdade própria de quem confia no outro e no profissionalismo de cada um. Claro que seguiam-se certas rotinas, como a reunião de pauta, a feitura do "espelho" da edição, o organograma de fechamento etc., como em qualquer redação.[116]

Embora cada membro da equipe tivesse função determinada: repórteres, fotógrafos, editor de texto, secretária de redação, entre outros, todos participavam das diversas etapas de criação. Lana Nowikow, esposa de Sérgio de Souza, iniciou sua carreira jornalística em *Realidade*:

> Era uma jovem foca[117] que fazia de tudo: além das reportagens atendia telefone, abria cartas, lia, selecionava, palpitava, pesquisava, entrevistava e principalmente *datilografava*, ou melhor, passava a limpo as matérias já editadas. E às vezes até posava para fotos como na reportagem sobre preconceito racial, quando andei pela cidade fingindo que era namorada do Odacyr de Matos, revisor da revista, um negro. Um escândalo![118]

O que não impediu que cada um fosse assumindo funções específicas dentro do grupo. José Hamilton Ribeiro, recorda que:

> O "canteiro de obras" era tocado por Woile Guimarães e Sérgio de Souza. Este para afinar o texto, compor a reportagem, legendar e fazer títulos (área em que *Realidade* mostrou grande criatividade e inovação); Woile, para coordenar humanamente a equipe e fazer com que todos escrevessem mesmo enquanto curtiam agudas ressacas de paixão (ou de uísque mesmo).[119]

Alguns repórteres também foram se especializando em tratar de certos assuntos. O próprio José Hamilton Ribeiro escreveu para *Realidade* muitas reportagens de interesse científico. Luís Fernando Mercadante era o especialista em perfis. Carlos Azevedo fez muitas reportagens sobre os índios no Brasil.

Outro exemplo do grande envolvimento da equipe com a edição da revista foi narrado por Sérgio de Souza, ao explicar como eram escolhidas as fotos que ilustrariam cada reportagem:

> Resolvido o texto, passava-se à seleção das fotos, e aí participava praticamente toda a redação, do diretor ao revisor e à secretária. Projetavam-se os slides numa parede e as imagens iam sendo eleitas, enquanto o fotógrafo e o repórter faziam uma descrição do momento em que haviam sido feitas e o significado delas no contexto da reportagem. Comentava-se, vibrava-se, era

verdadeiramente um trabalho de equipe. Dessas sessões de projeção saía também a foto de capa, cuja escolha às vezes consumia horas.[120]

Contudo, a garantia de tanta liberdade vinha dos editores da revista. Já na "Carta do Editor", publicada na primeira edição, Victor Civita apresentava os princípios de liberdade e confiança que transferia para sua equipe. Naquela época, Roberto Civita, filho de Victor, havia chegado dos EUA, onde estudara jornalismo, e veio juntar-se a eles como diretor da revista. Também ele era jovem, tinha 29 anos.

Nenhuma outra publicação da Editora Abril foi cuidada tão de perto como *Realidade* foi em seus primeiros anos. A dedicação de Roberto Civita, como o diretor da revista, era exclusiva nesse tempo. José Hamilton Ribeiro, no mesmo artigo citado anteriormente, lembra que:

> Paulo Patarra dividia com Roberto Civita o comando político-editorial da revista. Patarra empregado, marxista, honesto; Roberto patrão, agente do imperialismo americano, honesto. (Roberto é agente do imperialismo americano de maneira honesta, na medida em que acredita que o *americam way of life* é o que melhor provou até hoje, no sentido da liberdade e dignidade do cidadão e de permitir a realização de cada um, segundo sua ambição, talento e vontade de batalhar. Deixa ele.)
>
> Mas foi bom trabalhar numa revista rica (as condições de trabalho eram ótimas; os salários, também) dirigida por uma dupla comuno-americana.[121]

Dessa forma, desenvolveu-se entre os responsáveis por *Realidade* uma forma muito particular de fazer jornalismo na qual, segundo depoimentos dos que foram personagens dessa história, o patrão trabalhava em nível de igualdade com os outros profissionais, acompanhando o processo de criação da revista no seu cotidiano. Mas trabalhar com liberdade nem sempre significa ausência de conflitos. Assim, a definição das pautas, por exemplo, era feita em duas reuniões, conforme explicação de Mylton Severiano da Silva:

Havia reunião de pauta prévia, sempre na casa de algum de nós, meticulosamente anotada por alguém que não bebesse. Old Eight e salgados corriam. Depois nos reuníamos com Roberto Civita, filho do dono, o "seu Victor".[122]

Na segunda reunião de pauta, o objetivo era convencer Roberto de que as idéias anotadas na reunião prévia eram boas. Segundo José Hamilton Ribeiro, "ele foi aprendendo que quando ele impunha alguma reportagem e escalava um repórter para fazer, o cara já ia de má vontade e não saía com aquele resultado, como se fosse uma idéia da própria equipe". Então, ele passou a dizer que *Realidade*

> era uma cooperativa rural, de funcionar coletivamente, tudo discutido e tudo unido, cooperado. E ele dizia o seguinte: "é uma cooperativa, vocês decidem por votação, mas eu tenho 51% dos votos", então quando dependia de votar, ele tinha os 51%.[123]

Foi a forma encontrada para acrescentar à receita mensal criada por Paulo Patarra, as suas "verdades positivas":

> Roberto Civita criou a expressão "verdade positiva", para incluir na receita mensal algum texto "edificante". Ele gostava muito de perfil de "fazedor", aquele tipo de gente que "vence na vida". Também comprava ensaios fotográficos estrangeiros de grande impacto e outros produtos.
>
> Assim, Roberto dosava a pauta da redação, invariavelmente carregada de "verdades negativas". Afinal, vivíamos, como vivemos hoje, em país cheio de problemas.[124]

O resultado da experiência deu certo, a prova disso foi o sucesso de vendas da revista, acompanhada de perto pelos jornalistas:

> A primeira redação ficava na rua João Adolfo, sobre o Vale do Anhangabaú. Quando a revista saía, a gente ia até a praça da República e arredores, saborear as cenas: leitores comprando *Realidade* que nem pãozinho quente. Havia número que esgotava em menos de uma semana.[125]

E a recompensa pelo trabalho adquiriu outras formas. Recebiam "salários que jamais algum jornalista havia sonhado até então. O salário mais baixo na redação equivaleria hoje a uns 15 mil reais, ou cerca de cinco vezes o que ganharia o mesmo profissional num grande jornal, por exemplo".[126]

Em 1967, após um ano de sucesso de vendas, a Editora Abril estava se consolidando no mercado editorial brasileiro como uma empresa respeitável. Era a hora da transformar em realidade o sonho que Roberto Civita trouxe na mala quando voltou dos Estados Unidos: uma revista semanal de informação, que viria a ser *Veja*, lançada em setembro de 1968. A infraestrutura para a nova revista foi montada no prédio construído na Marginal Tietê, para onde todos se mudaram em 1967. A nova instalação tinha o tamanho de uma empresa jornalística de grande porte. Em outubro daquele ano, Roberto Civita deixa a revista para dirigir a editora. José Hamilton Ribeiro, ex-repórter, mostra como as coisas mudaram com o crescimento da Abril:

> Hoje, o Roberto Civita é presidente da Editora Abril, até nem é mais presidente, se afastou da presidência... mas ele, enfim, é dono da Editora Abril. Quantas revistas tem a Editora Abril hoje? Então ele dirige 150 revistas. Naquele tempo, ele dirigia *Realidade* e só, ele dedicava toda a sua energia, todo o seu talento, que todo mundo reconhece, para fazer uma revista só. Ele apostou muito, muito pesado na revista, inclusive pessoalmente. Eu me lembro de ele dormir em sofá na redação quando a gente estava fazendo uma reportagem de madrugada e tal, tinha que fechar, fazer edição de texto, fazer titulação de página (...). De manhã cedo tinha que estar pronto. Imagina ele fazendo isso hoje, numa redação.[127]

A dinâmica estabelecida na redação de *Realidade* era de fato inovadora. Muito diferente da descrição de ambiente de redação jornalística feita por Robert Darnton em seu livro *O Beijo de Lamourette*. O historiador, que também é jornalista, narra suas experiências do tempo em que trabalhou como repórter no diário nova-iorquino *The Times*. Segundo o autor:

> A insegurança crônica alimenta o ressentimento. Enquanto brigam entre si pela aprovação dos editores, os repórteres desenvolvem uma grande hostilidade em relação aos outros que ficam do lado oposto da sala, e cria-se uma certa solidariedade de grupo como força para contrabalançar a competitividade. Os repórteres se sentem unidos por um sentimento de "eles" contra "nós", que expressam em brincadeiras e gozações.[128]

Aquela seria a organização mais comum, em que a hierarquia é claramente definida e o trabalho é realizado sem liberdade e com desconfiança, uma vez que se luta diariamente para conquistar um lugar mais alto na hierarquia. E mesmo quando se conquista uma promoção, ainda assim, muitas vezes, a desconfiança domina o ambiente. Segundo Darnton,

> muitos repórteres, principalmente entre os veteranos amargurados, ridicularizavam editores, que geralmente são ex-repórteres, por terem se vendido à direção da empresa e perdido o contato com a realidade concreta, que só pode ser apreciada pelos bons "caras rijos".[129]

Entretanto, tensões e conflitos entre jornalistas e patrões em grandes empresas são inevitáveis e *Realidade* não ficou isenta. Quando Roberto Civita deixou a direção da revista, Paulo Patarra não passou a dirigi-la sozinho, como era sua expectativa. Teve que dividir essa tarefa com o jornalista saído de *O Cruzeiro*, Odylo Costa Filho, e depois com Luís Carta; que era diretor editorial da Abril. O que demonstra o cuidado da Editora em não permitir que os repórteres e redatores "tomassem conta" da revista. Pois, a Abril, como empresa, poderia ter sérios prejuízos financeiros e, dessa forma, ver-se impossibilitada de realizar novos investimentos para os quais a Editora se preparava – a revista *Veja*, por exemplo – caso a equipe insistisse em tratar de temas que pudessem trazer novos problemas com o juizado de menores, como os ocorridos em 1966.

Nesse contexto, uma grave crise interna leva à saída da equipe original. Paulo Patarra explica os motivos de sua saída em função das pressões externas relacionadas à instauração do Ato Institucional nº 5, o AI-5, e internas por ter ficado no fogo cruzado entre a redação, que queria continuar o que estava dando certo, e a direção da empresa, que queria mudar a revista. Patarra conta que: "Eu não agüentava mais a pressão. Chegou no fim, os militares sabiam muito tempo antes de dar o golpe que iam fechar o Congresso, cassar e tal. E a pressão em cima de mim era cada vez maior. Então era uma dupla pressão".[130]

Em editorial publicado discretamente no canto inferior esquerdo da página 3 da edição de dezembro de 1968, sob o nome de "nota da redação", a direção da revista explica que, a partir daquele número, Paulo Patarra deixaria a revista para dirigir o setor de novas publicações da Abril Cultural. E que a entrevista realizada pelo jornalista com o líder comunista Luís Carlos Prestes, publicada naquela edição, é sua despedida. Nessa nota, a direção da revista ainda faz considerações sobre a atuação dos comunistas no Brasil, advertindo o leitor sobre como a entrevista deveria ser lida:

> Trata-se de um documento importante sobre os comunistas, essa seita subterrânea marcada por tantas incógnitas e tantos dogmas, hoje como sempre ditados por Moscou. Uma seita que permanece viva, fiel à sua vocação totalitária e obstinadamente empenhada, pelos tortuosos caminhos da ilegalidade, em tomar o poder no Brasil, diretamente, se possível, por intermédio de prepostos, se necessário.
>
> As palavras de Prestes a Paulo Patarra devem ser entendidas como uma advertência aos ingênuos, aos que acreditam numa democratização do comunismo de obediência russa. Basta considerar os aplausos do chefe vermelho brasileiro à intervenção soviética na Tchecoslováquia para medir a impermeabilidade do PCB aos mais elementares princípios de liberdade e de independência.[131]

Sérgio de Souza diz que a editora queria evitar conflitos com o regime militar. Conta que a saída de Paulo Patarra foi articulada pela direção de empresa:

Houve uma trama, da direção da editora, que até hoje eu desconheço em detalhes. A demissão do grupo a que me referi na resposta anterior foi planejada nos altos escalões, não sei se com participação externa, estranha à imprensa ou não. O que eu vi é que executou-se uma intervenção na revista, um golpe propositadamente mal dissimulado para provocar o corte dos profissionais considerados "inconvenientes" ao regime militar, logo, inconvenientes aos anseios da editora.

Isso fica mais que evidenciado no editorial da edição posta nas bancas imediatamente após tais demissões. Quanto a Paulo Patarra, ele deixou a revista depois de ocorridos esses fatos e sem que tivesse havido um processo de desentendimento com a equipe.[132]

Confirmando as mesmas explicações baseadas na proximidade do AI-5 e na pressão da direção da revista no sentido de forçar o afastamento de Paulo Patarra, Mylton Severiano da Silva narra um dos últimos episódios ocorrido antes da demissão da equipe e mostra o envolvimento de Alessandro Porro:

> Acabou-se o que era doce na Marginal do Tietê, para onde mudamos em 1967. Certa tarde de outubro de 1968, circula na redação a notícia de que Paulo Patarra estava sendo obrigado a deixar a direção. E que já havia uma espécie de "interventor". (...)
>
> Era o AI-5 que vinha, com a força das cavalgaduras do Apocalipse, já destroçando toda a vida inteligente com seu bafio. No mesmo dia, 11 de nós pedimos demissão. Tínhamos fechado o número de novembro. Em dezembro, sai o AI-5.[133]

Paulo Patarra afirma, ao contrário, que estava sendo pressionado não para sair da revista, mas para modifica-la. Não há dúvidas de que no fim do ano de 1968, as tensões vividas por diversos setores sociais, inclusive a imprensa, intensificam-se à medida que o governo militar endurece até a decretação do AI-5, em dezembro daquele ano.

Contudo, a justificativa da maioria dos jornalistas de *Realidade* de que a saída da equipe praticamente toda, acompanhando Patarra, estaria relacionada ao AI-5 perde força se pensarmos que a decisão do redator-chefe de deixar a revista aconteceu em outubro de 1968, portanto dois meses antes da decretação do referido Ato Institucional. José Hamilton Ribeiro tem uma explicação mais direta para tudo isso, ao dizer em entrevista a mim concedida, que *Realidade* "deixou de ser a aposta principal da Abril".

A maioria dos repórteres de *Realidade* vai dar continuidade às suas carreiras passando por experiências na chamada imprensa alternativa. Bernardo Kucinsky, autor de um dos mais importantes trabalhos sobre o assunto, considera *Realidade* uma precursora da chamada imprensa alternativa[134] porque "apesar de pertencer ao grupo empresarial da Editora Abril, *Realidade* já funcionava internamente como redação alternativa".[135] No sentido de que as pautas eram discutidas "em pé de igualdade" entre a direção e os jornalistas. Segue o autor dizendo que:

> Criada em 1966, em plena revolução da sexualidade e introdução da pílula anticoncepcional, e dirigida por Paulo Patarra, *Realidade* fazia sucesso com um jornalismo baseado na reportagem social, na discussão crítica da moral e dos costumes, mostrando um Brasil real, em profundas transformações. Era também um jornalismo com ambições estéticas, inspirado no *new-journalism* norte-americano, numa técnica narrativa baseada na vivência direta do jornalista com a realidade que se propunha a retratar. (...) Por essas qualidades *Realidade* seria uma matriz importante do ciclo alternativo.[136]

Entre os jornalistas que migraram para a imprensa alternativa estão Woile Guimarães, Mylton Severiano da Silva, Sérgio de Souza que atuaram nos jornais *O Bondinho, Ex-, Extra Realidade Brasileira* entre outros. Dessa forma, *Realidade* também foi deixando de ser a principal aposta de seus primeiros realizadores.

Apesar da passagem da equipe original ter se encerrado de forma repentina, não há dúvida de que para todos eles aquele foi um dos trabalhos mais importantes e mais prazerosos que realizaram. Esses jornalistas se orgulham de ter feito algo verdadeiramente novo em *Realidade*, que ficou na lembrança de seus leitores porque teria mudado suas vidas. José Hamilton Ribeiro acredita que a revista influenciou muito os estudantes. E se recorda de uma leitora paranaense que o reconheceu, durante uma reportagem que fazia para o *Globo Rural*, em 2000:

> Então eu digo que houve um vácuo na imprensa, também no nível das idéias, a revista entrou nesse vácuo e fez uma luz, uma caminho de luz. E isso significou muito para nós, jornalistas, para mim, jornalista. Significou muito para os estudantes. Eu acho muito importante o impacto que teve a *Realidade* junto ao mundo estudantil, com o público estudantil. Anteontem, eu estava no interior do Paraná, fazendo determinada reportagem aí uma pessoa me reconheceu, hoje uma senhora, está até com neto, falou assim: "você não sabe o que você significou para mim quando eu estava na faculdade. A *Realidade*, a sua história, o seu trabalho, você não sabe o que significou para mim até hoje". Ficou emocionada de me conhecer pessoalmente.[137]

O próprio José Hamilton Ribeiro tem marcas físicas de sua experiência como repórter de *Realidade*. Durante a cobertura da Guerra do Vietnã, pisou numa mina e acabou precisando amputar uma das pernas. O acontecimento foi capa da revista em maio de 1968.

Sérgio de Souza acredita que revista levou seus leitores a refletir sobre moral e ética:

> Só posso avaliar superficialmente, por não ser um estudioso dos fenômenos sociais influenciados pelos meios de comunicação. Numa análise simplista, diria que o papel de *Realidade* teve grande relevância para aquela geração de leitores, por haver tocado (ou vasculhado) temas considerados tabu à época, como se pode verificar folheando a revista. Diria também que exerceu influência política, na medida em que abordou criticamente as instituições dentro de um regime de exceção (foi lançada em 1966, portanto dois anos após o golpe de 64). Diria ainda que pode ter levado à reflexão sobre moral e ética muitos leitores (a circulação atingiu 500 mil exemplares logo depois do

lançamento), pela proposta das matérias e pela lisura de seus autores. E, não menos importante, pela quantidade e qualidade das informações que trouxe à sociedade. Seu papel para a imprensa brasileira também acho que foi importante, não só pelos fatores acima como pela renovação que ela significou em termos de forma e conteúdo.[138]

O jornalista Raimundo Pereira, que trabalhou em *Realidade* entre 1971 e 1973, relembra no texto de apresentação do jornal alternativo *Movimento*, do qual era o editor responsável, a importância que a revista teve em sua trajetória profissional. Palavras dele:

> Para mim a viagem começa em 1968, o ano das agitações de maio na França, da invasão da Checoslováquia, da ofensiva do Tet no Vietnã do Sul e do Ato Institucional nº 5 e do fechamento do Congresso, no Brasil. Em 1968, no jornalismo brasileiro estava se fazendo a equipe de *Veja* e se desfazendo a equipe que fizera a revista *Realidade*. Graduado de física, quase graduado de engenharia, desgarrado da técnica e da ciência por vontade própria e de terceiros, começando no jornalismo, eu considerava a redação de *Realidade* o templo dos grandes repórteres, uma espécie de Olimpo da profissão.
>
> O fim da primeira equipe de *Realidade* se devia a um desses dilemas a que sistematicamente chega uma equipe que cria um jornal para uma empresa e que, com o passar do tempo, e com o sucesso da publicação, começa a acreditar que a publicação é dela, e não do dono. O resultado da crise foi que a equipe saiu e o dono ficou.[139]

A revista é lembrada com saudade até por jornalistas que não fizeram parte daquela experiência. Mas para a equipe de *Realidade* foi uma época feliz. Célia Chaim, no artigo comemorativo de 25 anos, registrou:

> Há 25 anos, o mercado editorial brasileiro conhecia sua única experiência de imprensa ao mesmo tempo livre, ousada, abusada, criativa, inteligente – e lucrativa. A revista durou dez anos, fez escola e até hoje é discutida nas faculdades de jornalismo, enquanto a maioria dos repórteres reconhece: nunca fomos tão felizes.[140]

Recepção pelos leitores missivistas

Este capítulo está dividido em três partes. Nele apresento o trabalho que realizei com a seção de cartas da revista no período delimitado pela pesquisa e que resultou num detalhado banco de dados a partir do qual foi possível definir o perfil de leitor missivista, as reportagens mais comentadas e como foram recebidas.

A observação da seção de cartas realizada para a confecção desse banco de dados revelou a existência de uma política de edição de cartas. Nas entrevistas que realizei com os jornalistas procurei confrontar as minhas observações com as descrições feitas pelos responsáveis pela seção e, assim, recuperar o processo de construção da política de edição da seção de cartas. Na primeira parte deste capítulo, apresento como e por quem era feita a seção de cartas, deixando para a segunda parte a exposição do banco de dados e as primeiras considerações elaboradas a partir destes dois trabalhos: levantamento de dados e entrevistas.

E, finalmente, na terceira e última parte deste capítulo, apresento algumas considerações importantes acerca das diferentes leituras reveladas pelos leitores em suas cartas. Apesar de diferentes, essas leituras mostram a existência de um "paradigma de leitura" indissociável da época e do contexto histórico em que foram realizadas e registradas.

As cartas

O processo de confecção da seção de cartas, desde sua chegada à redação até a publicação, pode ser recuperado a partir dos depoimentos dos jornalistas responsáveis pela confecção da seção. Esses depoimentos revelaram a existência de uma clara política de edição de cartas, posta em prática desde os primeiros números da revista, embora tenha passado por aperfeiçoamentos ao longo das edições.

A seção de cartas dos leitores é o espaço concedido por jornais e revistas à manifestação dos seus leitores. Entretanto, mesmo sendo lugar privilegiado do leitor dentro da publicação, não deixa de estar sujeito à intervenção de editores e redatores. Geralmente essa seção fica nas primeiras páginas do periódico.[141] Nos jornais diários, é comum a opinião dos leitores ocuparem um espaço nobre, próximo aos editoriais. Nas revistas, as cartas dos leitores normalmente dividem as primeiras páginas com os pequenos anúncios. (Figuras 2,3 e 4)

A limitação da participação dos leitores era então determinada de três formas centrais: pela escolha do tema das missivas; pela seleção dos trechos, uma forma de controle do conteúdo das cartas; e, finalmente, pelo número de cartas publicadas em espaço dividido com os pequenos anúncios.

Na primeira edição, a revista publicou as cartas dos leitores que haviam recebido exemplares do número zero, dizendo o seguinte:

> Em fins do ano passado, REALIDADE saía da rotativa pela primeira vez. Foram impressos cinco mil exemplares de uma edição experimental, o chamado número zero. A pequena tiragem foi distribuída entre autoridades, anunciantes e um grupo-amostra de leitores em potencial. Abaixo, como REALIDADE vai fazer em todos os seus números (pois esta é a seção do leitor), reproduzimos trechos de algumas cartas recebidas, comentando a edição-piloto.[142]

A maior parte das cartas publicadas no primeiro número de *Realidade* era de políticos e empresários elogiando e desejando sucesso à revista. Eis alguns exemplos:

> Sr. Diretor: Gostei muito da variedade de assuntos publicados. Faço votos de pleno êxito.
> General Costa e Silva, Ministro da Guerra. Rio de Janeiro – GB. (R001-L04)[143]

> Sr. Diretor: Tenho em mãos o número zero da revista REALIDADE. Ao manifestar-lhe o meu agradecimento, desejo cumprimentá-lo pelos artigos abor-

dados – honestos e seguros – que bem retratam o dinamismo dessa valorosa equipe. Parabéns portanto, por mais este importante lançamento editorial.

Murillo Leite, Diretor-Superintendente da Rádio Bandeirantes S.A. São Paulo – SP. (R001-L07)

> Sr. Diretor: REALIDADE, a nova revista que se lança no cenário brasileiro, com o objetivo de retratar com fidelidade o que acontece em nosso país, é uma iniciativa das mais louváveis. Felicito-o por ela.
> Ruben Berta, Diretor-Presidente da Varig. Rio de Janeiro – GB. (R001-L08)

> Sr. Diretor: Meus cumprimentos por mais esta realização, que vem confirmar a liderança da Editora Abril no gênero, colaborando decisivamente para um maior conhecimento de nossa terra e nossa gente, bem como para o aprimoramento da cultura de nosso povo.
> Alberto Bonfiglioli, Diretor da Cica e do Banco Auxiliar. São Paulo – SP. (R001-L17)

A cada semana chegava um malote do correio com as cartas dos leitores. Quando isso acontecia, a curiosidade tomava conta da redação. Lana Nawikov conta que:

> As cartas eram entregues semanalmente por um funcionário do departamento de tráfego, em grandes malotes do Correio e eram despejadas em caixas de papelão. As primeiras que chegavam depois do lançamento de uma edição eram abertas imediatamente: todos ficavam curiosos para saber como determinada edição foi recebida pelos leitores.[144]

Paulo Patarra e Woile Guimarães decidiam quais cartas seriam publicadas. Para isso, contaram muitas vezes com a ajuda de Octávia Yamashita, ex-secretária da direção, e Lana Nowikow. Paulo Patarra contou como as cartas eram previamente lidas e organizadas por Octávia Yamashita, que fazia uma primeira classificação por assunto:

> O que era sugestão ela colocava numa pasta (...) Ela separava de acordo com os assuntos também. Se tinha quatro cartas sobre um assunto era um bloquinho. Para facilitar um pouco a minha vida. Aí mandava tudo para mim. Eu decidia quais entravam, os trechos da carta que entravam.[145]

Octávia Yamashita, hoje trabalhando na Editora Globo, contou, em contato telefônico,[146] que, embora essa não fosse a sua função principal, pois atendia diretamente o sr. Roberto Civita, diretor da revista, abriu e organizou as cartas dos leitores diversas vezes. Depois de separadas por assuntos ou editorias, Octávia levava as cartas até o secretário de redação, Woile Guimarães. Este, por sua vez, junto com Paulo Patarra, editor-chefe, decidia quais seriam publicadas.

Octávia Yamashita explicou-me ainda que não era a responsável pela seção e cada um participava de todas as etapas da confecção da revista na medida de suas possibilidades e interesses, mas que Lana Nowikow, teria sido a responsável pela seção por determinado período de tempo que não soube especificar. Lana, contudo, nega que fosse exclusivamente sua tal responsabilidade dizendo que podia ser de qualquer um que tivesse disposição e interesse:

> Como lhe disse, todo mundo se interessava pelas cartas e não era raro ver um repórter como o Carlos Azevedo, debruçado sobre as caixas, fumando o cachimbo e procurando cartas interessantes para ler. O responsável era quem fechava a seção em determinada edição e não precisava ser necessariamente a mesma pessoa. Podia ser o Sérgio de Souza, o Paulo Patarra, o Mylton Severiano da Silva, o Woile Guimarães. Eu nunca fui responsável pela seção.[147]

Outro ponto de contradições nos depoimentos de Lana Nowikow e Octávia Yamashita diz respeito ao fato de as cartas não publicadas serem respondidas ou não. Octávia contou-me que, embora nunca tenha respondido qualquer carta de leitor, todas eram respondidas. Woile Guimarães confirma essa afirmação dizendo que ele mesmo, pessoalmente, respondeu a várias cartas de leitores. Lana, entretanto, talvez por não ter respondido nenhuma das cartas enviadas à redação da revista, garante que não havia resposta pessoal ou padronizada:

> Não havia resposta pessoal. As cartas eram guardadas por alguns meses e depois incineradas. As respostas padronizadas a leitores cujas cartas não são publicadas só surgiram muitos anos depois com a informatização. E mesmo que já existisse, acredito que não fosse adotada pela revista. Imagine um leitor que escreve três, quatro vezes para uma publicação e a cada vez recebe a mesma resposta: "Agradecemos o envio e sua carta, mas infelizmente...".[148]

De qualquer forma, algumas das cartas eram respondidas na própria seção. Na revista, essas respostas eram publicadas ao final da carta, dela diferenciada pelo tipo itálico. Segundo Lana, essas "respostas eram dadas quando se percebia que a dúvida daquele leitor era representativa em relação à maioria e acreditava-se que a resposta seria útil para todos".[149] Eis um ótimo exemplo:

> Cartas
> Sr. Diretor: Gosto de ler a seção "Cartas". Acho interessantes as polêmicas entre leitores, mas uma professora me disse que as cartas são inventadas.
> Paulina Presht, São Paulo – SP.
> *Todas as cartas publicadas nesta seção encontram-se arquivadas e estão à disposição de qualquer leitor. (R010-L22)*[150]

Segundo Paulo Patarra esse recurso era empregado quando "precisava explicar alguma coisa. O cara dizia assim: 'tem muito anúncio na revista'. Aí você tinha que explicar para ele que a quantidade de anúncio era proporcional: a quantidade de páginas editoriais era proporcional à quantidade de anúncios".[151] Esta era uma queixa comum entre os leitores. A presença dos anunciantes preocupava os leitores, pois tinham que dividir com eles seu espaço na revista. A revista, por sua vez, marcou sua posição, explicando a necessidade dos anúncios:

Páginas de menos
Sr. Diretor: Estou preocupado com o racionamento de páginas de REA-
LIDADE. No primeiro número o total de páginas – fora as de capa – era de
138; no segundo, 130; no terceiro, 122. Com isso, os leitores vêm sendo pre-
judicados.
Edson Mesquita, São Miguel Paulista, SP.
*A conta correta, do ponto de vista dos leitores, deve ser feita em relação aos
totais das páginas redacionais. Nos três primeiros números da revista estes totais foram de : 96 páginas e meia, 99 e dois terços e 93 e dois terços. Neste número 4, o total de páginas reservado à redação é de 96 e um terço.* (R004-L08)

CUIDADO COM OS ANÚNCIOS
Sr. Diretor: Não aumentem a quantidade de propaganda, como acontece
em geral com as demais revistas brasileiras.
Álvaro Hermes de Miranda, Salvador – BA.
*Sem publicidade, imprensa não vive. O importante não é quantos anúncios
uma revista contém, mas sim qual a qualidade e a quantidade das matérias
que oferece ao leitor.* (R002-L03)

Paulo Patarra estima que eram enviadas, por mês, cerca de 200
cartas à redação da revista. O número de cartas publicadas por edição variava bastante. Embora a média fosse de cerca de vinte cartas
por edição, esse número oscilou bastante. Nos extremos, a seção
chegou a publicar apenas seis cartas na edição nº 27, de junho de
1968, e 37 cartas na edição nº 17, de agosto de 1967. Lana Nowikow
lembra que:

> eram muitas as caixas que rodeavam as mesas do pessoal da redação, da pes-
> quisa, onde tivesse lugar, cheias de cartas já abertas e grampeadas ao envelope.
> Dessas milhares de cartas, apenas 15 a vinte eram publicadas, representando
> todas as outras.[152]

Para que fosse publicado o maior número possível de cartas em
cada edição, pois, segundo Woile Guimarães, esta é a resposta que

o leitor esperava da revista, foi criado um sistema de seleção dos trechos da seguinte forma, conforme explicação do secretário de redação:

> (...) a gente fazia uma coisa interessante que era assim: você recebe cartas, vamos supor, que a pessoa aborde três ou quatro aspectos na carta. A pessoa "A" aborda o aspecto um, dois, três, quatro e cinco. A pessoa "B" também aborda isso. Então, o que você faz? Você pega o aspecto um e dois e deixa para esse aqui ("A"), o três e quatro você deixa para esse aqui ("B"). Uma outra pessoa que aborde esse aspecto (o 5º item), ela fica com esse. Ou seja, na verdade, você acaba dando toda a reflexão que vem através das cartas, sem que uma carta monopolize tudo e as outras fiquem repetitivas. Então existia uma preocupação de fazer esse tipo de seleção.[153]

Apesar do esforço dos editores para dar exposição ao maior número possível de cartas, a quantidade de missivas presentes na seção "Cartas" era limitada pela quantidade de pequenos anúncios que não ocupavam páginas inteiras da revista. Ainda é Woile Guimarães quem explica:

> normalmente, as seções de carta, elas são na verdade pedaços da publicação. Deixa eu explicar direito isso aí. A publicação ela tem uma parte editorial e uma parte de anúncios, propaganda. Normalmente, existe algum tipo de propaganda que corta muito a revista. No caso da página vertical, por exemplo com três colunas, você tem publicações de comerciais, de propaganda que pegam duas colunas, sobra só uma coluninha do meio. Normalmente esse espaço é destinado para carta. A partir do momento que a seção de carta, como na revista *Veja*, por exemplo, adquire uma importância muito grande, você vai abrir espaço mesmo que seja uma página em branco.[154]

A totalidade das cartas publicadas tinha como tema reportagens de *Realidade* ou a própria revista. O que não é uma coincidência, os leitores foram conduzidos a isso. Woile Guimarães, ex-secretário de redação de *Realidade*, era um dos editores da seção "Cartas". Em entrevista a mim concedida, explicou que o primeiro critério para publicação das cartas era "dar seqüência aos assuntos" tratados pela revista. Segundo ele, "tem carta que começa a falar de um tema e aí generalizam. Não se refere especificamente a uma reportagem".[155] Estas não mereciam muita atenção do pessoal da redação.

Essa é uma forma, segundo o ex-secretário de redação, de "dirigir a seção de cartas. Se você faz um tipo de seleção, você atrai pela seleção que você faz. (...) Quer dizer então, a partir de determinado momento, você passa a receber muito poucas cartas que fujam dessa receita". Ou seja, ensina-se ao leitor que quer ver sua carta publicada como ela deve ser escrita para que atinja o objetivo do seu autor e dos editores da seção.

Mesmo selecionando cartas cujo teor venha acrescentar reflexões à linha editorial da revista, Woile Guimarães admite que

> é evidente que você recebe muitas cartas simples, meio sem sentido e tal, tem todo tipo de carta. Tem pessoas que escrevem e não tem nada a ver com a revista, carta de cunho, eu diria até, neurótico. Cartas malucas, totalmente malucas.[156]

Esta, simplesmente não eram publicadas e, em alguns casos, eram respondidas pessoalmente, mas fora da revista. O próprio Woile Guimarães afirmou ter respondido algumas:

> Eram cartas individualizadas, não eram cartas formais que assina... cartas impressas tipo modelos, não era isso. Eram cartas específicas. Tanto é que cartas de uma complexidade maior, que requeriam mais informação eram passadas para o repórter, que é quem viveu mais a reportagem, o conteúdo, o assunto e tal. E tinha algumas informações que não cabia numa reportagem e eram passadas para as pessoas que escreviam.[157]

As demais eram respondidas por ele mesmo ou pelo repórter responsável pela reportagem, no caso de um questionamento mais específico.

Esses critérios de seleção adotados desde o primeiro número revelam as expectativas dos responsáveis pela revista sobre quem seria seu público leitor e que leitura esperavam que fizessem.

Contudo, alguns critérios, sobretudo de procedimentos gráficos, foram seguidos desde o primeiro número. Por exemplo, as cartas eram agrupadas por assunto ou reportagem comentada e cada assunto era introduzido por um subtítulo. Outra característica sempre presente é que todas as cartas, com raríssimas exceções, eram assinadas, algumas vezes por mais de um missivista. Além do nome completo dos leitores, também era apresentada sua cidade de origem. Essa prática confere veracidade às cartas.

A partir do segundo número, as cartas passaram a ser agrupadas por temas e recebiam um título que geralmente fazia referência à reportagem ou ao assunto comentado pelo leitor e destacado pela revista.

Todas as cartas eram dirigidas a um anônimo "Sr. diretor". Apenas as cartas da edição nº 20, são dirigidas ao "Sr. redator". Coincidência ou não, esta foi a edição seguinte ao anúncio da saída de Roberto Civita da direção da revista. Segundo Paulo Patarra,

> as cartas não começavam assim. Começavam: "caro amigo, não sei que lá, etc., etc." (...) Não precisava ter nada, só o título e o texto. Não precisava ter aquele "senhor diretor". Aquilo foi uma bobagem, claro! Não foi nenhum truque, nada, foi bobagem. Mas como começou assim e uma revista que tem tradição, você não pode estar mexendo. Estava dando certo, muito mais certo do que nós imaginávamos, então a gente ficava com o "senhor diretor". Só anos depois, foi que eu falei "mas que bobagem"... na hora era automático, "senhor diretor" e vamos em frente. (...) Toda carta tinha essa coisa. Bobagem... Um certo charme, uma certa malícia: "quem será esse cara?".[158]

Outros recursos foram sendo aperfeiçoados ao longo das edições. Por exemplo, com relação à disposição das cartas, foi possível notar que nos primeiros números da revista elas eram organizadas em grupos de favoráveis ou contrárias. Por exemplo: seis cartas, sendo três favoráveis (F) e três contrárias (C), eram dispostas assim: **C/C/ C/F/F/F**. Depois passaram a ser dispostas intercaladamente: **C/F/ C/F/C/F**. As opiniões favoráveis sempre sucedem as contrárias. Essas mudanças acontecem enquanto as respostas da redação às cartas de leitores publicadas diminuem de freqüência. E a resposta de um leitor favorável à revista serve de resposta ao leitor contrário. Essa ordem, aliás, de apresentar as opiniões contrárias sempre antes das favoráveis é uma constante. Sendo lidas por último, as opiniões elogiosas à revista mantêm-se mais presentes na memória do leitor.

Além disso, o número de cartas favoráveis, com raríssimas exceções, é sempre superior ao número de contrárias. O que não significa naturalmente que todas as reportagens comentadas por leitores tenham sido avaliadas positivamente por eles. Até porque em determinadas edições tal diferença foi gritante como, por exemplo, na edição que repercutiu a apreensão da edição especial "A Mulher brasileira, hoje". Na edição subseqüente, foram duas cartas contrárias contra 18 favoráveis. Os próprios leitores estranharam; um deles escreveu na edição seguinte:

> Sr. Diretor: É de se estranhar que REALIDADE só tenha recebido duas cartinhas protestando contra sua *maneira sueca* de levar a todos os lares e aos brasileiros de todas as idades o depoimento libertino de uma mulher livre e o depoimento de uma universitária que é mãe solteira e se orgulha disso.
>
> Everton P. Vieira, Rio de Janeiro – GB.
>
> *As cartas publicadas nesta seção são proporcionais à quantidade recebida sobre cada assunto. E toda nossa correspondência está à disposição dos interessados.* (R012-L02 – grifo original)

Paulo Patarra explicou que eles procuravam publicar números iguais de cartas favoráveis e contrárias, mas em algumas ocasiões "forçaram a mão", ou seja, exageraram no número de cartas favoráveis. Segundo ele, o objetivo dessa estratégia era mostrar a Victor Civita que a revista estava sendo bem aceita pelo público:

Chegou um tempo, em algumas edições, que você conseguia fazer um a um. Se desse para fazer um a um sempre, seria um a um sempre. A não ser naquelas que davam alguns problemas, como essa da juventude diante do sexo, que foi apreendida. Bom, aí não, aí a gente forçava a mão mesmo. (...) Aí você publicava aquilo, um monte de carta a favor para o Victor Civita ler. Tinha carta que era só para ele ler. Muitas vezes eu usava um espaço só para ele ver o que os leitores estavam achando de uma revista que ele tinha combatido em certos aspectos.[159]

Outro elemento a ser considerado quanto às seções de cartas dos leitores é que nelas não estão todos os leitores, mas apenas aqueles que se armaram de paciência e coragem, talvez por sentirem um envolvimento mais intenso com a revista. Em entrevista à autora, Paulo Patarra, editor-chefe, diz que o leitor que

> escreve não é o leitor comum. O leitor comum não escreve. Quem escreve é o leitor apaixonado... é o leitor apaixonado ou para o bem ou para o mal. Ninguém a sangue frio chega e "vou escrever para a revista *Realidade*". Não. Ele escreve se ele está muito alegre, se ele está emocionado.[160]

Como estes leitores, que comentam reportagens publicadas na edição de setembro de 1966:

> Sr. Diretor: Finalmente apareceu uma revista capaz de responder a mil perguntas dos milhões de brasileiros em todos os campos. Acabo de ler o número seis, que está uma gostosura. Especialmente o artigo assinado por Luiz Fernando Mercadante sob o título "Há liberdade no Brasil?".
> Raul Guilherme Urban, Joinvile – SC. (R007-L31)

> Sr. Diretor: Não pude conter-me ao ler a reportagem "Ele é um viciado": veio logo a vontade de escrever-lhes. Considero essa reportagem importantíssima, foi mais um meio empregado por REALIDADE para orientar os jovens que marcham para o abismo.
> Jeremias Macário de Oliveira, Amargosa – BA.(R016-L08)[161]

A ansiedade de alguns leitores era tanta que, nos primeiros números, quando a tiragem esgotava-se nas bancas, o jeito era reservar um exemplar da revista:

> CORRERIA PARA COMPRAR
> Sr. Diretor: Não imagina que correria precisei fazer para comprar o segundo número da revista. Só o consegui porque encomendei ao jornaleiro com antecedência.
> Márcia Maria, Jacareí – SP.
> A tiragem foi aumentada de novo. Neste número, REALIDADE chega aos 350.000 exemplares. *(R003-L01)*

A seção de cartas é o lugar por excelência de manifestação da tensão fundamental entre os três elementos envolvidos na prática da leitura: editores, autores e leitores; espaço privilegiado no qual os editores da revista tentam conduzir a leitura da revista ao destacar os temas que acreditavam merecer continuidade. Procuravam conduzir também a forma de escrever desses leitores, mostrando-lhes quais cartas têm mais chances de serem publicadas.

A recíproca também é verdadeira, ou seja, também existe a influência dos leitores sobre a revista. Segundo Chartier, "nos jornais, a diferença entre redator e leitor se desmancha quando o leitor se torna autor, graças às cartas dos leitores".[162] Nos primeiros números, foram publicadas algumas cartas com sugestões de leitores sobre assuntos para reportagens. Foram publicadas desta forma:

> EXPLOSÃO DEMOGRÁFICA
> Sr. Diretor: Procurei em todas as páginas uma referência à maior e mais sombria das realidades nacionais, a terrível explosão demográfica, e nada vi.
> R.P. Silveira, Rio – GB.
> *Siga para a página 16. (R002-L08)*

O PROBLEMA NÚMERO UM

Sr. Diretor: Acabo de ler a preciosa reportagem sobre o problema número um da Humanidade, a explosão populacional. Oportuníssima, embora pouco incisiva. Seria melhor se pintasse em cores vivas o panorama nacional.
R.P. Silveira, Rio – GB.
Aguarde, chegaremos lá. (R003-L03)

Pesquisa sobre a juventude

Sr. Diretor: Tenho notado que certas revistas estão copiando suas reportagens. Creio, e por isso lhes escrevo, que os senhores não devem se preocupar, pois as tais revistas a cada dia caem mais no conceito dos leitores. Sugiro a REALIDADE, também, fazer uma grande pesquisa entre os jovens, para saber o que eles pensam do futuro profissional e do amor, principalmente.
Júlio C. S. Roriz, Rio – GB.
Veja a reportagem na página 68 e seguintes. (R005-L17)

Os jornalistas, contudo, tomam o cuidado de mostrar-se sempre à frente do leitor. Sobre as cartas com sugestões de leitores, vários deles disseram-me que os temas já estavam nas suas cabeças antes do leitor escrever. Apesar de tantos recursos para tentar refrear a liberdade do leitor, sua autonomia persiste. E mais ainda o seu poder de influenciar a publicação. Segundo Alberto Dines, saber até que ponto um jornal está sendo bem recebido pelo público é importante porque:

> É o leitor que escolhe o estilo, a orientação e a linha dos respectivos jornais. (...) nas condições de múltipla escolha, onde o leitor tem a faculdade de selecionar o veículo que mais se ajusta à sua forma de ser, ele se afasta, se algo muda e não aprova. E quando *um* leitor se afasta, dezenas, centenas ou milhares estão fazendo o mesmo.
> O leitor não é um fato isolado, é uma fração de universo. O que acontece com um leitor está acontecendo simultaneamente com o conjunto que ele representa. É por isto que a seção de "Cartas dos Leitores" tem tamanha importância num jornal, pois não atende apenas àqueles que se armaram de paciência e coragem para escrever ao jornal, mas a todos aqueles que não tiveram a mesma disposição, mas assim pensam.[163]

Hoje, com a introdução de novos meios de comunicação no cotidiano das pessoas, com a internet, que possibilita troca de correspondência eletronicamente, a participação do leitor tende a se intensificar, graças à agilidade de meio. Segundo Chartier, "o leitor reage aos artigos do periódico e envia suas próprias opiniões. Evidentemente, as redes eletrônicas ampliam essa possibilidade, tornando mais fáceis as intervenções no espaço de discussão constituído graças à rede".[164]

Os leitores

Para alcançar os objetivos da pesquisa de captar a receptividade da revista *Realidade* por meio dos leitores missivistas, criei uma metodologia baseada na coleta das informações extraídas das cartas dos leitores e organização das mesmas em fichas. O primeiro passo foi criar uma grande ficha, posteriormente transformada num banco de dados para que dele pudessem ser extraídas as principais características do leitor missivista e seus comentários sobre a revista.

Foram estudadas ao todo 686 cartas de leitores referentes a reportagens publicadas nas edições número 1, de abril de 1966, ao número 33, de dezembro de 1968, mais as cartas publicadas na edição 34, de janeiro de 1969 e algumas cartas presentes nas edições 35 e 36 comentado reportagens publicadas até a edição 33 da revista. O banco de dados, cujo modelo pode ser visualizado no anexo, ao final deste livro, foi elaborado com base em três grupos de informação sobre as cartas dos leitores: 1) matérias – traz informações sobre a matéria que está sendo comentada pelo leitor; 2) cartas – detalha as diferentes opiniões dos leitores e 3) leitores – organiza elementos que permitem traçar um perfil dos leitores a partir de dados retirados das cartas. Os dados sobre as cartas dos leitores presentes na tabela que deu origem ao banco de dados estão apresentados a seguir. Cada item em negrito corresponde a uma coluna da tabela. Ao final dessa descrição, há um modelo da ficha que deu origem ao banco de dados e contém as mesmas informações deste. No modelo anexado, está o trabalho de fichamento realizado com as primeiras edições da revista.

Leitor: para identificar cada trecho de carta publicada criei um código que, ao mesmo tempo, permite localizá-lo com facilidade nas edições da revista e garante a unicidade de cada leitor, evitando confusões. O padrão de identificação criado é o seguinte: R001-L01, já explicado anteriormente (vernota 143). Dessa forma, todos os dados presentes na mesma linha da tabela referem-se exclusivamente ao texto escrito pelo respectivo leitor.

Grupo 1: Matérias

• **Mês/ano:** esta coluna foi criada só para facilitar a localização das edições de *Realidade* ao longo dos anos. Todo leitor "R001" terá nesta coluna "Abr/66" e assim por diante.

• **Reportagem comentada:** aqui encontra-se o nome da reportagem comentada na carta do leitor e a edição em que foi publicada, entre parêntesis. Quando a carta não comenta reportagens, mas menciona genericamente a revista, lê-se *Realidade*. Das 686 cartas, 107 fazem referência à revista.

• **Abordagem da matéria:** especifica um pouco melhor qual aspecto da reportagem é abordado dentro do tema geral acima apresentado. Exemplo: a matéria "Este petróleo é meu", classificada como política nacional, aborda a questão do monopólio estatal.

• **Seção da revista:** classificação por temas gerais elaborados pela pesquisadora, de acordo com a observação dos assuntos mais presentes na revista. São eles, na ordem decrescente de ocorrência: comportamento, religião, política nacional, internacional, variedades (tema geral que engloba diversos tipos de expressões artísticas: literatura, música, pintura, teatro etc.), esporte, ciência, economia. Importante ressaltar que, quando criei essa tabela, englobei reportagens sobre drogas e preconceito racial como assuntos ligados ao tema comportamento.

• **Chamada da 1ª página:** traz o verbete que anuncia cada matéria no sumário da página 3 de *Realidade*. Alguns verbetes comuns: "depoimento", "problema", "pesquisa" etc.

Grupo 2: Cartas
• **Natureza da opinião:** dá uma primeira idéia a respeito da opinião do leitor sobre a matéria comentada. Por exemplo, nos primeiros números é comum o leitor que "comenta lançamento da revista". Na polêmica sobre a apreensão da edição especial sobre mulheres, a nº 10, destaco aqueles que "apóiam a apreensão da edição" ou "desaprovam a apreensão da edição". Quando há algum aspecto da carta que eu julgue particularmente relevante como, por exemplo, o leitor que "questiona seriedade da revista" ou aquele que "cobra definição política da revista" preencho esse campo com o tipo em *itálico* para destacar essa informação.

• **Favorável à revista:** posicionamento do leitor apresentado aqui no formato "sim/ não" por uma questão funcional de utilização dos *softwares* escolhidos para esse trabalho, a saber: *Microsoft Excel* e *Microsoft Access*.

• **Tipo de opinião:** se o leitor é favorável à revista, geralmente sua opinião é "elogiosa", e em sua carta são usados adjetivos. Se for contrário à revista está "descontente".

• **Manifestação:** como o leitor expressa sua opinião. Se o leitor faz algum elogio, qual é ele. "Excelente", "excepcional", "magnífica", "corajosa", 'interessante", "verdadeira" são os mais freqüentes. Ou se está descontente como manifesta seu desagrado: "mentirosa", "imoral" etc.

• **Comentários gerais:** se além que elogiar, o leitor faz algum outro tipo de comentário. São alguns deles: "felicitação", "cumprimentos", "agradecimento", "parabéns", "aprendizado para vida" quando o leitor diz que aprendeu com a reportagem, "pedido de continuidade" quando pede novas reportagens sobre certo tema.

• **Discordância com:** quando o leitor discorda da revista, está exatamente incomodado com o quê: "presença do tema", "ausência do tema", "posição da revista", "entrevistado", "opinião de outros leitores", "falta de rigor na reportagem". Em relação a este último aspecto de discordância, conforme já mencionei anteriormente, nem sempre há discordância do leitor com a revista. Ao contrário, não raras vezes elogia a revista apesar de pedir mais cuidado no tratamento dado às matérias.

- **Resposta:** se há reposta da revista. "Sim/não."
- **Tipo de resposta:** se há resposta, de que tipo é, "defensiva" ou "informativa".

Grupo 3: Leitores

- **Sexo:** Normalmente as cartas publicadas trazem o nome do leitor, daí sabemos o seu sexo. Indico como "masc." ou "fem.". Entretanto é comum o leitor assinar apenas a iniciais de seu nome, o que impossibilita a identificação do sexo. Tanto nesse caso como quando a carta não está assinada (o que aconteceu pouquíssimas vezes), esse espaço é preenchido com "n/d" (não disponível). Apenas três cartas foram assinadas por mais de uma pessoa de sexos diferentes, no caso delas o campo foi preenchido com "ambos".
- **Estado:** além do nome do leitor, normalmente há também o nome da cidade de onde a carta foi enviada. Passo para a tabela apenas o estado de origem da carta.
- **Região:** organiza a informação anterior de acordo com a região do país: "SE/S/NE/N/CO/DF" ou "ext." quando a carta foi enviada de fora do Brasil.
- **Idade:** são poucos os leitores que dizem sua idade. Quando o fazem, transfiro a informação para a ficha de acordo com a seguinte classificação: "18 a 24, 25 a 34, 35 a 44, 45 a 55, + 55 anos". Adotei a mesma classificação por faixas de idade criada pelo Instituto de Estudos Sociais e Econômicos (INESE), em janeiro de 1966, para uma pesquisa de opinião encomendada pela Editora Abril. Contudo, o levantamento empírico mostrou a necessidade de acrescentar a essa classificação outras faixas: 13 a 17 anos e optei ainda por criar uma outra "faixa" para os leitores que, embora não digam a idade, apresentam-se como "jovens". Como neste exemplo:

> Sr. Diretor: Os preconceitos que imperam em algumas pessoas com grau de formação inferior nos prejudicam, a nós jovens, e mais ainda quando se trata de problemas sexuais. Precisamos de orientação.
> Maria Carmem, Lavras – MG. (R006-L12)

- **Profissão:** alguns leitores dizem sua profissão. São "governadores", "prefeitos", "vereadores", "médicos", "professores", entre outros. De outra forma, o campo é preenchido com "n/d" (não disponível).
- **Setor:** quando a profissão do leitor é conhecida, sempre que possível procuro situá-la em algum setor administrativo: "público", "privado" ou "n/d" (não disponível).
- **Escolaridade:** ainda quando a profissão do leitor é conhecida, procuro determinar o seu grau de escolaridade. "Primário/secundário/superior ou n/d" (não disponível).

Perfil do leitor

Com este trabalho, foi possível traçar um perfil dos leitores missivistas. São, em sua maioria, do sexo masculino. Cerca de 73% das 686 cartas consideradas pela pesquisa foram escritas por homens, enquanto 20,5% foram escritas por mulheres e de 6,5% dos leitores estudados não foi possível obter essa informação, seja porque não assinaram ou porque assinaram apenas suas iniciais. Como mostra o quadro a seguir:

Quadro 1: Sexo

Sexo	nº	%
Homens	502	73
Mulheres	140	20,5
N/D*	41	6
"ambos"**	03	0,5
Total	686	100

* n/d = não disponível
** "ambos" = cartas assinadas por mais de um leitor, de sexos diferentes.

Aproximadamente 70% dos missivistas escrevem da região Sudeste. As regiões Sul e Nordeste têm presença igual na seção de cartas: 10% cada. Do Distrito Federal foram escritas 3,6% das cartas e da região Centro-Oeste, 3%. Do Norte, escreveram cerca de 0,9% leitores, enquanto 1,6% escreveram de outros países. Dados que revelam estarem os leitores da revista próximos aos grandes centros.

Quadro 2: Região

Região	N º	%
Sudeste	481	70
Sul	69	10
Nordeste	69	10
Distrito Federal	23	3,6
Centro-Oeste	21	3
Norte	6	0,9
Exterior	11	1,6
n/d*	6	0,9
Total	686	100

* n/d = não disponível

Das 481 cartas enviadas à revista a partir da região Sudeste, 61% são de paulistas; 26,5%, de cariocas; 12% de mineiros e apenas 0,5% do Espírito Santo.

Quadro 3: Região Sudeste

Região Sudeste	nº	%
SP	294	61
RJ	127	26,5
MG	57	12
ES	3	0,5
Total	481	100

É possível afirmar que a presença masculina na seção de cartas é freqüentemente superior à feminina. E é possível observar que a ordem de grandeza dessa diferença (aproximadamente 70% das cartas são de homens e cerca de 20% de mulheres) se repete ao compararmos o resultado nacional com outros regionais. Entre os missivistas da região Sudeste, por exemplo, 70,5% são homens e apenas 23% são mulheres (sobre os outros 6,5% não foi possível descobrir o sexo).

Quadro 4: Sexo/ Sudeste

Sexo/ Sudeste	nº	%
Homens	339	70,5
Mulheres	110	23
n/d*	32	6,5
Total	481	100

* n/d = não disponível

Apenas entre os 294 leitores paulistas, por exemplo, 72% são homens e 22,5%, mulheres. Sobre 5,5% desses leitores não foi possível obter essa informação.

Quadro 5: Sexo/São Paulo

Sexo/SP	nº	%
Homens	212	72
Mulheres	66	22,5
n/d*	16	5,5
Total	294	100

* n/d = não disponível

No Rio de Janeiro, a ordem de grandeza sofre pequena alteração mostrando que dos 127 leitores cariocas, o índice de homens é alguns ponto percentuais inferior se comparado com o de São Paulo: 66%, enquanto o de mulheres é um pouco superior: 25%. Em contrapartida, a ausência dessa informação é consideravelmente mais elevada, chegando a 9%.

Quadro 6: Sexo/Rio de Janeiro

Sexo/RJ	n°	%
Homens	84	66
Mulheres	32	25
N/D*	11	9
Total	127	100

* n/d = não disponível

Entretanto, é importante destacar que na seção de cartas da edição nº 10, totalmente dedicada à "Mulher brasileira, hoje", a revista provavelmente aumentou de propósito a participação de mulheres publicando, naquela edição, apenas cartas de leitoras.

Com relação aos demais dados tabulados sobre o perfil do leitor missivista: idade, profissão, escolaridade é mais difícil extrair conclusões. Isso porque a maioria absoluta das informações pesquisadas não estava disponível. Por exemplo, 94,65% dos leitores não dizem sua idade (ou esta não foi publicada). Da classificação por faixas de idade, duas não apareceram na pesquisa, a dos leitores adultos: entre 35 e 44; entre 45 e 54 anos.

Quadro 7: Idade/geral

Idade/geral	n°	%
13 anos	01	0,15
16 anos	02	0,3
17 anos	04	0,3
18 a 24	17	0,6
25 a 34	02	0,3
acima 55	02	0,3
"jovens"	08	1,2
n/d*	650	94,65
Total	686	100

* n/d = não disponível

O resultado parcial, levantado a partir dos 36 leitores sobre os quais foi possível conhecer a idade, indica que a maioria é jovem: 66,6% dos poucos que deram essa informação têm entre 16 e 24 anos e 22,2% dizem ser "jovens"; 5,6% têm entre 25 e 34 anos; e outros 5,6% têm mais de 55 anos.

É preciso destacar, contudo, que na edição nº 18, de setembro de 1967, totalmente dedicada à "Juventude Brasileira, hoje", a revista usou a mesma estratégia de edição nº10: as cartas publicadas eram todas de leitores jovens e, excepcionalmente, para ressaltar isso, indicou a idade de todos eles. Esse dado seguramente teve um peso diferente sobre os resultados obtidos. Pois dos 36 leitores que revelaram a idade, 17 tiveram suas cartas publicadas na edição nº 18.

Com esses dados não se pode afirmar que os leitores missivistas eram, em sua maioria, jovens, embora se possa pensar numa tendência nesse sentido. O que parece claro é que revista se dirigia a um público jovem, pois fez dos rapazes e moças brasileiros presença constante em suas páginas, seja nas reportagens, seja na seção de cartas.

Quadro 8: Idade/parcial

Idade	nº	%
13 anos	01	2,8
16 anos	02	5,6
17 anos	04	11,1
18 a 24	17	47,1
25 a 34	02	5,6
acima 55	02	5,6
"jovens"	08	22,2
Total	36	100

Com o nível de escolaridade dos missivistas acontece algo semelhante: 71% não mencionaram sua profissão. Mesmo quando essa informação é disponibilizada, nem sempre é possível determinar o nível de escolaridade a partir da profissão declarada. Se apenas 29% dos leitores que tiveram suas cartas publicadas fazem menção às suas atividades profissionais, somente de 15,5% deles foi possível supor o respectivo grau de escolaridade.

Quadro 9: Escolaridade/geral

Escolaridade	n°	%
Superior	94	13,7
2° grau	12	1,8
1° grau	01	0,1
n/d*	579	84,4
Total	686	100

* n/d = não disponível

O que torna esses resultados frágeis, pois não foram fundamentados em informações dadas pela revista, e sim supostos a partir de informações presentes na seção de cartas de *Realidade*. Além disso, foi possível extrair impressões de apenas 107 dos 686 leitores (ou 15,5% do total).

Em todo caso, os resultados do trabalho indicam que, desses 107 missivistas, cerca de 87,8% têm nível superior, 11,2% têm segundo grau completo e 1%, primeiro grau. Importante notar que, dos leitores com segundo grau completo, muitos são estudantes universitários, ou seja, pretendem obter o nível superior de escolaridade.

Quadro 10: Escolaridade/parcial

Escolaridade	n°	%
Superior	94	87,8
2° grau	12	11,2
1° grau	01	1
Total	107	100

Foi possível registrar a atividade profissional de 199 leitores ou (29% dos 686 totais). Entre esses leitores que declararam suas profissões, destacam-se a presença de políticos, remetentes de 14,5%

dessas cartas. São governadores, prefeitos, vereadores e deputados estaduais e federais que escrevem, geralmente, para agradecer uma reportagem realizada sobre sua cidade ou estado, ou para parabenizar a revista quando de seu lançamento e do primeiro aniversário. Os empresários, signatários de 5% dessas cartas, escrevem em situações semelhantes.

A segunda profissão mais presente entre os leitores missivistas é a de professor(a) correspondendo a 11% dos que declararam sua atividade. Estudantes são 6,5%. E 9,5% desses leitores exercem atividades religiosas. São padres, pastores, reverendo, monsenhor, arcebispo. Os jornalistas assinam 3,5% das cartas consideradas. Outras profissões: médicos, advogados, engenheiros, psicanalistas, sociólogos, dona de casa, entre outras, correspondem, cada uma, a cerca de 2% ou menos. A seguir o exemplo de uma carta escrita por uma dona de casa:

> Sr. Diretor: Sou dona de casa e nas horas vagas gosto muito de ler. Fiquei encantada com a revista. Pretendo colecionar todas e mandar encaderná-las, pois sei que serão de grande utilidade, principalmente para os meus filhos, que começam a estudar.
> Maria Dora Jacob, Cruzeiro – SP. (R002-L17)

A formação do leitor missivista, entretanto, podia valer a publicação de sua carta, pois, de acordo com Woile Guimarães, um dos responsáveis pela seção de cartas:

> O primeiro critério era dar seqüência aos assuntos, a repercussão dos assuntos, e a idéia era acrescentar reflexões (...) de pessoas que tinham densidade, que podiam aduzir algumas coisas às reportagens. Nesse sentido, a gente recebia às vezes carta de professor, sociólogos e pessoas com especialidades abordando algumas veiculações das reportagens. A gente dava preferência a esse tipo de carta.[165]

A carta desta professora parece ser um bom exemplo dessa prática de edição de cartas:

Sr. Diretor: Sou professora de crianças excepcionais e voltei há pouco dos Estados Unidos, onde permaneci durante seis meses estagiando em escolas especiais para crianças excepcionais. Vejo que, em todo o Brasil, pais, professores e amigos de excepcionais estão trabalhando com afinco para transformar a pequena chama que já está brilhando no mundo escuro do excepcional em tocha de possante luz. E, em meio a este nosso trabalho, veio a contribuição de REALIDADE. Em nome dos pais de meus alunos, de minhas colegas professoras e principalmente em nome dos meus alunos, agradeço-lhes e peço que continuem tratando deste assunto vital para tantos seres humanos.
Aparecida Travisani, Londrina – PR. (R023-L19)

Outros exemplos são esta carta da dramaturga Hilda Hist:

Sr. Diretor: Já que não é possível pedir que não matem os animais, coisa que seria considerada uma fantasia, os senhores não poderiam sugerir que os matem adequadamente?
Hilda Hist, São Paulo –SP. (R013-L09)[166]

E a do poeta Menotti Del Picchia:

Menotti sem aposentadoria
Sr. Diretor: Quero agradecer o carinho com que solicitaram e inseriram na *Realidade* a nota do 50º aniversário do meu *Juca Mulato*. Mas o simpático moço escalado para falar comigo decretou minha "aposentadoria" como poeta, confundindo o tabelião em recesso com o escritor e poeta ainda presente.
Menotti Del Picchia, São Paulo – SP. (R016-L01)

Outro tipo de carta que merecia tratamento especial da revista eram as escritas por autoridades políticas, que ora são personagens das reportagens, ora são leitores. Estas, em geral, faziam apreciações sempre favoráveis da revista. Escreviam em dois momentos específicos: para elogiar o lançamento da revista ou seu aniversário de um ano, ou então para agradecer alguma reportagem que teve como tema a cidade ou estado ao qual a autoridade é ligada politicamente.

A presença dessas cartas confirma a afirmação de Woile Guimarães sobre a preferência em publicar cartas de leitores com formação ou atividade profissional considerada relevante. Nesse caso, as cartas de políticos são as primeiras a ser publicadas na edição inaugural, como mostram os exemplos a seguir:

> Sr. Diretor: Parabéns pelo carinho da confecção, pela segurança da técnica com que faz REALIDADE. Pude notar, nos poucos dias de convivência com o repórter Luiz Fernando Mercadante – que colhia os dados sobre o Governo do Paraná – que os homens da Editora Abril corporificam, com fidalguia, a constante preocupação de servir à Democracia, à liberdade e ao bem-estar do povo brasileiro, incentivando-lhe a informação e a formação.
> Paulo Pimentel. Governador do Paraná. (R006-L01)[167]

> Sr. Diretor: O escopo da presente é externar a v. s., responsável pelos destinos dessa revista que já conquistou o nosso grande público leitor, os mais sinceros e calorosos agradecimentos pela distinção e honra que nos conferiu. A reportagem publicada na sua edição número 7, que representa madura técnica jornalística, prenhe de sinceridade e franqueza, representa a promoção máxima que puderam nossa pessoa e nosso governo merecer da imprensa brasileira, seja pelo conteúdo honesto do relato, seja pelo valor indubitável de uma revista que à simples citação já é simpática e benfazeja. Os nossos reconhecimentos são, ainda, extensivos a essa formidável equipe de imprensa que coleta, que redige, que compõe, que imprime e que distribui para todo o Brasil as páginas que levarão a quase meio milhão de lares a mensagem do mundo traduzida nas artes e nas ciências, no comércio e na indústria, nas cidades e nos campos. À oportunidade que se nos apresenta, ressaltamos à v. s. e a sua plêiade que compõem a REALIDADE os nossos protestos e alta estima e consideração.
> Íris Resende Machado. Prefeito de Goiânia – GO. (R009-L01)[168]

Mesmo assim, a revista também publicou cartas de leitores que revelam um perfil diferente:

CONGRATULAÇÕES

Sr. Diretor: Achei REALIDADE o máximo. Farei sempre economia para, no fim da cada mês, comprar sua magnífica revista. E farei economia porque, apesar de ser tão pouco o preço do exemplar, eu vivo de salário mínimo. Mas não deixarei de ser leitora e colecionadora da revista.
Maria Conceição Maroró, Rio – GB. (R002-L15)

Análise da revista

A grande maioria das cartas apresenta-se favoravelmente à revista: 71% de apreciações positivas e 29% de negativas:

Quadro 11: Apreciação

Apreciação	n°	%
Favoráveis	487	71
Contrárias	199	29
Total	686	100

Forma de manifestação

a) favoráveis

Geralmente, as opiniões dos leitores favoráveis à revista trazem elogios entusiasmados. Grande variedade de adjetivos foram usados para qualificar a revista ou as reportagens, sendo os dois mais freqüentes: "magnífica" e "excelente". A seguir dois exemplos:

> Sr. Diretor: Sua nova e magnífica revista veio enriquecer sobremaneira a imprensa do Brasil.
> Renato Magalhães Gouveia, Oca Arquitetura. São Paulo – SP. (R002-L32)

> Sr. Diretor: Excelente a reportagem "Ele é um viciado". Serve de advertência a muitos jovens.
> Denevaldo Sousa Cobe, Vila Velha – ES. (R016-L10)

Embora em número inferior, leitores consideraram a revista maravilhosa, extraordinária, formidável, fabulosa, esplêndida, espetacular, estupenda, sensacional, brilhante, impressionante, fascinante, boa, muito boa, ótima, interessante, interessantíssima, entre outros.

Contudo é importante destacar os elogios que ressaltavam certos aspectos da revista. Por exemplo, pelo menos 16 leitores usaram os seguintes elogios: "esclarecedora", "instrutiva", "elucidativa", "útil" etc. São cartas que, como as reproduzidas a seguir, destacam o sucesso da revista em desempenhar o papel de "ensinar" que lhe é atribuído por alguns leitores:

> Sr. Diretor: Parabéns pela reportagem sobre juventude e sexo. Tenho 29 anos, sou casada, e mesmo assim aprendi muita coisa lendo-a. Imagine os jovens. Esse dr. Gusmão não tem imaginação. Ou tem muita.
> Cleonice R. Ferreira. Rio – GB. (R007-L14)[169]

> Sr. Diretor: A reportagem "Ele é um viciado" provocou em mim, adolescente, e creio que em toda a juventude brasileira, uma verdadeira lição, bem explícita, que expõe as conseqüências drásticas provocadas por esse mal.
> Walmor Medeiros, Pombal – MG. (R016-L06)[170]

Há também leitores que enfatizam como qualidades da revista a honestidade, sinceridade, franqueza ao tratar de certos assuntos com realismo, com verdade. A coragem da revista também é algo reconhecido por alguns leitores como uma qualidade a ser ressaltada, pois é pré-requisito para alcançar o futuro melhor.

> Sr. Diretor: Apóio sua linha de conduta, ao encarar com coragem assuntos como sexo e divórcio.
> Walter Fernandes Lima, Rio – GB. (R006-L07)

Uma revista moderna, atualizada, adulta, oportuna. Assim, *Realidade* foi lida por certos leitores; uma revista madura, ligada a seu tempo.

> Sr. Diretor: Leitor assíduo, sinto-me feliz em congratular-me com todos que fazem de REALIDADE o que ela é: uma revista adulta, atual, de vanguarda, que honra o jornalismo de nosso estado e do nosso país.
> Abreu Sodré, Governador de São Paulo. (R014-L13)

> Sr. Diretor: Cumprimentamos a equipe ao ensejo do primeiro aniversário da revista. Sua moderna feição gráfica, seus cuidados e planejamento são de molde a merecer aplauso e admiração.
> Carlos Regius, Presidente da Associação Rio-grandense de Propaganda. (R014-L22)

Além dos leitores que garantem ter aprendido com as reportagens, é comum também as cartas favoráveis trazerem agradecimentos ou congratulações pela reportagem. Há ainda os que incentivam a revista pedindo que publiquem novas matérias sobre determinado tema, como esta leitora que pede mais reportagens sobre o celibato sacerdotal depois que *Realidade* publicou "Sou padre e quero casar", um depoimento do padre norte-americano Stephen Nash:

> Sr. Diretor: O que essa revista revela é a realidade do que necessitamos. Isso contraria a muitos, que se escondem sob preconceitos. Espero que REALIDADE continue firme e maravilhosa como tem sido, pois é chegada a hora de nosso povo, dando-lhe informações para poder opinar sobre todos os assuntos.
> Diúlia Hekeba Belluzzo, Campinas – SP. (R015-L19)

b) desfavoráveis

Os leitores que se opõem à revista podem estar em discordância com a presença do tema na revista, com a posição adotada pela revista sobre o tema, com o entrevistado ou com o personagem central da matéria. Há ainda os leitores que discordam da opinião de outros leitores e os que apontam erros e falhas no preparo das reportagens.

Estes, no entanto, nem sempre são contrários à revista. Dessa forma, foi possível notar diferentes gradações nas opiniões contrárias:

há os leitores que odiaram, os que não gostaram e os que gostaram com ressalvas.

Os leitores que comentam cartas de outros leitores se mostram assíduos e atentos leitores da seção cartas. Como mostram estes exemplos:

> Por motivo superior
> Sr. Diretor: Na seção de correspondência tenho lido a respeito de pessoas interessadas em adquirir números atrasados de REALIDADE, e, como disponho da coleção inteira, peço a quem estiver interessado dirigir-se à minha residência: Rua da Pedreira, 250, Cascadura, Guanabara. Por motivo superior, pretendo desfazer-me dela, cooperando assim com quem pretende colecionar a revista.
> Lúcia Oliveira Correia e Silva, Rio de Janeiro – GB. (R032-L08)

Os leitores que apontam falhas ou erros nas reportagens estão, na verdade, manifestando seu desejo de participar da edição da revista, de serem também editores da revista, mesmo que seja em pequenas questões, como a grafia correta do "time das massas". Mas as sugestões nem sempre são recebidas pela revista:

> O time das massas
> Sr: Diretor: A reportagem "A isto se chama religião" mostra muito bem o que é a fé e o amor no maior time do mundo. Só não gostei da maneira como vocês escreveram "Coríntians". O correto é "Corínthians".
> Octaviano Stillar Lima, Bauru – SP.
> REALIDADE não faz mais que utilizar a grafia consagrada por toda a imprensa brasileira. (R017-L24)

Entre as reações negativas mais marcantes podemos destacar, como exemplo, as que utilizam adjetivos negativos, sendo as mais frequentes as que consideram os assuntos tratados pela revista falsos, mentirosos e imorais.

Sr. Diretor: Li a respeito da reportagem "Atenção: está nascendo um líder". Achei-o terrivelmente falso, desprovido de princípios. Aproveita da inocência do povo.
M. J. Dopp, São Paulo –SP. (R009-L05)

Sr. Diretor: Triste, imoral, nojenta, indesejável, indecente e indecorosa a história dos homossexuais. Creio que nem toda realidade deve ser contada ao público, mormente por uma revista que circula nos lares de boa formação moral.
Jofre da Silva, Ribeirão Preto – SP. (R028-L13)

Respostas da redação

As cartas que receberiam respostas da revista na seção eram mais freqüentes nos primeiros números. Das 686 cartas, apenas 71 ou 10% do total, foram respondidas. Destas, 45% foram publicadas só no primeiro ano da revista, de abril a dezembro de 1966. Em 1967, de janeiro a dezembro, foram publicadas 24 ou 33,8% das 71 cartas respondidas. Em 1968, 18,4% ou 13 respostas. E, finalmente, em janeiro de 1969, duas cartas publicadas na edição nº 34 foram respondidas, correspondendo a 2,8% do total de respostas.

Quadro 12: Respostas da redação

Respostas da Redação	nº	%
1966*	32	45
1967	24	33,8
1967	13	18,4
1969**	02	2,8
Total	71	100

* abril a dezembro

** apenas janeiro

Poucas cartas mereceram respostas da revista. Nas primeiras edições, as respostas eram diálogos entre a revista e os leitores, como mostram estes exemplos:

> Sr. Diretor: Os assuntos de maior agrado e que venderam mais exemplares, no Rio, foram "Os dias da Criação", "Brasil Tricampeão", "As suecas amam por amor", "Brasileiros Go Home" e "Haja Pinga".
> Muito obrigado pelas 3 mil palavras da sua carta. Todas as sugestões foram anotadas. (R002-L11)[171]

O exemplo a seguir traz uma resposta "defensiva", geralmente dirigida a leitores de opinião desfavorável à revista, como a desta leitora que estranhou a reportagem-ficção sobre a Copa do Mundo de 1966:

> Sr. Diretor: Achei REALIDADE formidável. A única reportagem que destoou foi "Brasil Tricampeão". Isto não é realidade e, pelo próprio nome da revista, não deveria ter sido publicada.
> Elvira A. Bandecchi, São Paulo – SP.
> *REALIDADE se reserva o direito de torcer pelo Tri e faz votos que a reportagem seja confirmada em julho.* (R003-L09)

Aos poucos, as repostas aos leitores na seção "Cartas" vão se tornando cada vez mais raras ao longo das edições e passam a ser dirigidas às cartas de opinião contrária a da revista. Com a intercalação de cartas contrárias e favoráveis, a impressão que se tem é que *Realidade* passa a "usar" opinião favorável para responder um leitor contrário à revista, o que Paulo Patarra chamou de "jogar um leitor contra o outro":

> Se tinha resposta ou se não tinha resposta da redação, eu fazia, mas o jogo mais engraçado era jogar um leitor contra o outro. Um elogiando a reportagem outro metendo o pau. E isso não só mostrava o espírito da revista, como criava uma credibilidade muito grande.[172]

Eis um exemplo de cartas apresentadas em pares, uma contrária e a seguinte, favorável. O subtítulo que encabeça as duas é "Opiniões":

Opiniões

Sr. Diretor: Considerava a revista REALIDADE a melhor do Brasil. Mas, após granjear a simpatia de milhares de leitores, tornou-se mais um 'Encadernamento de Propagandas' muito comum na imprensa brasileira. Continuando assim, essa revista cairá na mediocridade e perderá sua expressividade, caindo no conceito dos demais leitores assim como caiu no meu.

Gastão Mendes e Silva – Curitiba – PR. (R017-L08)

Sr. Diretor: Até hoje, REALIDADE teve ombridade suficiente para enfrentar o tabu do sexo. Depois que virem a obra cultural que REALIDADE divulga, todos os seus acusadores se arrependerão.

Franco Cristaldi, Olinda – PE. (R017-L09)

Quanto às reportagens, as de comportamento são, sem dúvida, as mais comentadas. Podemos considerar que este representa o tema que os editores da seção de cartas queriam que tivesse continuidade. Acompanhando a seqüência cronológica em que foram publicadas as onze reportagens que tiveram mais de dez comentários de leitores na seção de cartas, é possível observar alguns sinais da interação entre editores e leitores. Os comentários que faço a seguir foram elaborados a partir da seguinte tabela:

Reportagens mais comentadas

Mês/ ano	Nome da reportagem	Assunto/ tema[173]	Comentários	Favor	Contra
01/04/66	As suecas amam por amor (01)	comportamento	13	6	7
01/07/66	Desquite ou divórcio (04)	comportamento	11	6	5
01/08/66	A juventude diante do sexo (05)	comportamento	40	31	9
01/09/66	Sou padre e quero casar (06)	religião	14	9	5

Mês/ ano	Nome da reportagem	Assunto/ tema	Comentários	Favor	Contra
01/01/67	A mulher brasileira, hoje (10 – especial)	comportamento	31	27	4
01/04/67	O Piauí existe (13)	marginalizados	13	7	6
01/09/67	A juventude brasileira, hoje (18- especial)	comportamento	28	23	5
01/10/67	Existe preconceito de cor no Brasil (19)	comportamento	31	21	10
01/12/67	O excepcional (21)	educação	13	13	0
01/04/68	Eis as provas do preconceito (25)	marginalizados	16	8	8
01/05/68	Homossexualismo (26)	marginalizados	14	4	10

Nas duas primeiras reportagens "As suecas amam por amor" e "Desquite ou divórcio", publicadas, respectivamente, em abril e julho de 1966, observa-se a tentativa de manter a paridade numérica entre as cartas de opinião favorável e contrária à revista, sobre o que falou Paulo Patarra. O objetivo então era dar "credibilidade à revista", nas palavras do redator-chefe. Também a reportagem "Sou padre e quero casar", de setembro de 1966, enquadra-se nessa lógica.

Ao contrário, a presença de cartas de leitores sobre as reportagens "A juventude diante do sexo", de agosto de 1966; as edições especiais "A mulher brasileira hoje", de janeiro de 1967 e "A juventude brasileira hoje", de setembro de 1967; e a matéria "Existe preconceito de cor no Brasil", publicada em outubro de 1967, mostram uma política diferente de edição de cartas. Pois essas quatro reportagens tiveram cerca de trinta cartas de leitores publicadas a seu respeito ao longo das edições subseqüentes às de sua publicação. O que representa cerca de duas vezes mais cartas do que as demais reportagens, como mostra o quadro acima. A exceção é a reportagem "A juventude diante do sexo", que teve mais cartas publicadas, com quarenta missivas.

Além disso, o número de cartas com opiniões favoráveis à revista é significativamente superior. Em todas elas, há pelo menos duas vezes mais comentários favoráveis. O que leva a pensar que, após os problemas de apreensão sofridos por intervenção do juizado de menores, os jornalistas editores da seção de cartas desenvolveram novo método para mostrar sua credibilidade, seja para o editor Victor Civita, conforme afirmação de Paulo Patarra, seja para os próprios leitores, tentando mostrar que a revista tinha o apoio da maioria deles.

Essas quatro reportagens que tiveram propositalmente mais repercussão na seção de cartas foram também as que mereceram maiores esforços da equipe, em trabalhos de pesquisa e reportagem. São edições inteiras dedicadas a apenas um tema e reportagens especiais sobre temas polêmicos para os quais os repórteres desenvolveram trabalhos de vivência. O que pode ser considerado mais um motivo para o destaque dado. Estes são os casos em que, de acordo com Patarra, "forçavam a mão".

As outras quatro reportagens podem ser avaliadas separadamente, pois cada uma delas configura um caso particular. "O excepcional", reportagem publicada em dezembro de 1967, apelou para a solidariedade dos leitores ao contar o drama das crianças vítimas de lesão cerebral e ganhou a unanimidade do público.

Já "O Piauí existe", publicada na edição de abril de 1967, apesar do número favorável de cartas, teve uma repercussão bastante negativa junto ao público, sobretudo entre os piauienses que não gostaram de ver as misérias e atrasos de seu estado retratados numa importante revista de circulação nacional. A revista tentou refrear o efeito negativo gerado pela matéria. Universitários queimaram exemplares da revista em praça pública, em Teresina, evento que a revista só registrou duas edições depois, nesta carta de leitor:

> Sr. Diretor: A propósito da reportagem "O Piauí existe" gostaria que vocês tomassem conhecimento do discurso que fez dia 9 de maio, na Câmara dos Deputados, o deputado Fausto Gaioso (Arena-Piauí). Disse ele, referindo-se à reportagem, depois de contar que estudantes queimaram números de RE-

ALIDADE: "Excesso de universitários? Não, pois foi essa a forma de protesto que lhes pareceu mais justa, em nome de um estado abandonado. Exagero da revista? Não, porque eram verdadeiros os números de uma realidade que nela se mostrou, crua e aterradora, mas infelizmente exata.
Antônio P. Vignoni, São Paulo – SP. (R015-L30)

As demais reportagens, "Eis as provas do preconceito", publicada em abril de 1968, e "Homossexualismo", de maio daquele ano, também tiveram repercussão negativa. Na primeira, a revista executou uma pesquisa junto à população brasileira para provar a existência do anti-semitismo e desagradou seriamente a comunidade judaica no Brasil. Na seção de cartas, tentou mostrar equilíbrio de opiniões publicando número igual de cartas contrárias e favoráveis. Na segunda, sobre o homossexualismo, publicou, com larga diferença, número maior de cartas contrárias, talvez por ter o mesmo ponto de vista desses leitores. A análise de todas essas reportagens será feita no terceiro capítulo deste livro.

As leituras

A história das práticas de leitura já passou por muitas transformações até chegar àquela exercida pelos leitores de *Realidade*. De acordo com Roger Chartier, em geral,

> o leitor do livro em forma de códex coloca-o diante de si sobre uma mesa, vira suas páginas ou então o segura quando o formato é menor e cabe nas mãos. O texto eletrônico torna possível uma relação muito mais distanciada, não corporal.[174]

Entretanto, ainda segundo Chartier, "a história das práticas de leitura, a partir do século XVIII, é também uma história da liberdade na leitura. É no século XVIII que as imagens representam o leitor na natureza, o leitor que lê andando, que lê na cama".[175]

A liberdade do leitor é então notada no modo como ele faz a leitura, mas não é tão facilmente percebida a respeito do que ele faz com o que lê. A representação de público que se observa normalmente considera-o inerte, passivo, incapaz de criar a partir das leituras que realiza quando, na verdade, "o texto só tem sentido graças a seus leitores; muda com eles; ordena-se conforme códigos de percepção que lhe escapam".[176] De acordo com Certeau, "em geral, esta imagem do 'público' não se exibe às claras. Mas ela costuma ser implícita na produção dos 'produtores' de informar uma população, isto é, 'dar forma' às práticas sociais".[177]

Quando eu comecei a estudar os textos de *Realidade*, tive dificuldade de me acostumar a eles porque, depois de algum tempo lendo uma determinada reportagem, tinha a expectativa de que logo ela chegaria ao fim, mas muitas vezes nem tinha chegado à sua metade. Cada texto de reportagem ocupava várias páginas. Algumas chegavam a ocupar dez páginas. Célia Chaim, em artigo comemorativo dos 25 anos da revista escreveu:

> Não existia manual de redação. Nem limite de três, quatro ou dez linhas para um parágrafo. Não dava de jeito nenhum para impor limites àquela gente. Como é que Narciso Kalili iria introduzir o leitor à reportagem "Ele é um viciado" em três linhas? Foram 13, algo inadmissível nos jornais de hoje.[178]

Em comparação com as revistas de informação disponíveis no mercado hoje: *Veja, Época, Isto é*, de tamanho 20,5 cm x 26,5 cm, as páginas de *Realidade* eram significativamente maiores: 24 cm x 30,5 cm. Além disso, o corpo de texto (tamanho da letra) em *Realidade* era menor, ou seja, em termos quantitativos a revista apresentava mais texto; as revistas de hoje são semanais portanto, os leitores de *Realidade* tinham mais tempo de lê-la, por sua periodicidade mensal. A dificuldade que tive de me adaptar à leitura de *Realidade* se deve ao fato de que pertenço a uma outra comunidade de leitores, pois segundo Chartier:

> (...) as experiências individuais são sempre inscritas no interior de modelos e de normas compartilhadas. Cada leitor, para cada uma de suas leituras, em

cada circunstância é singular. Mas esta singularidade é ela própria atravessada por aquilo que faz que este leitor seja semelhante a todos aqueles que pertencem à mesma comunidade."[179]

Estou acostumada a textos jornalísticos que se tornaram mais simples, mais diretos, com parágrafos mais curtos, para permitir uma leitura mais rápida. Só isto já diz algo sobre o leitor de *Realidade*, que deve ter tempo e disposição para a leitura da revista. Os parágrafos longos exigem leitores que disponham de ferramentas intelectuais mais sofisticadas. Pelos vários recursos que a revista utiliza, é possível imaginar sua intenção de conquistar leitores entre os setores sociais mais privilegiados. São "os homens e mulheres inteligentes que desejam saber mais a respeito de tudo", de que falou Victor Civita no editorial de lançamento da revista ou como definiu Paulo Patarra no projeto de *Realidade*: "nosso leitor fez ginásio (a maioria passou pelo segundo ciclo), está entre os 20 e os 40 anos. Se deixou para trás os 40, continua muito ativo, interessado, pensando no futuro, discutindo o presente".[180]

Neste capítulo tentarei traçar um painel a partir das cartas dos leitores publicadas na seção "Cartas" de *Realidade* tendo como objetivo entender como liam a revista. A partir dos "esparsos vestígios" das leituras realizadas pelos missivistas preservados na seção de cartas, procurei encontrar elementos que permitissem reconhecer alguns hábitos e que fossem capazes de definir o "paradigma de leitura" daquele público. Essa é uma etapa importante para compreender a recepção da revista. Segundo Roger Chartier:

> Para além das clivagens macroscópicas, o trabalho histórico deve ter em vista o reconhecimento de paradigmas de leitura válidos para uma comunidade de leitores, num momento e num lugar determinados (...). A sua caracterização é, portanto, indispensável a toda a abordagem que vise reconstituir como os textos podiam ser apreendidos, compreendidos, manejados.[181]

Além dos hábitos, procurei identificar também alguns dos usos do que os leitores faziam da revista. De acordo com Michel de Certeau, o público não recebe passivamente ou indiferentemente as diversas mensagens que lhe são oferecidas pela revista, não agindo apenas como "consumidores", mas também como "produtores". A respeito da leitura diz o autor:

> De fato, a atividade leitora apresenta, ao contrário, todos os traços de uma produção silenciosa: flutuação através da página, metamorfose do texto pelo olho que viaja, improvisação e expectação de significados induzidos de certas palavras, intersecções de espaços escritos, dança efêmera. Mas incapaz de fazer um estoque (salvo se escreve ou "registra"), o leitor não se garante contra o gasto do tempo (ele se esquece lendo e esquece o que já leu) a não ser pela compra do objeto (livro, imagem) que é apenas o *ersatz* (o resíduo ou a promessa) de instantes "perdidos" na leitura. Ele insinua as astúcias do prazer e de uma reapropriação no texto do outro: aí vai caçar, ali é transportado, ali se faz plural como os ruídos do corpo. (...) A fina película do escrito se torna um remover de camadas, um jogo de espaços. Um mundo diferente (o do leitor) se introduz no lugar do autor.
> Esta mutação se torna habitável, à maneira de um apartamento alugado. Ela transforma a propriedade do outro em lugar tomado de empréstimo, por alguns instantes, por um passante. Os locatários efetuam uma mudança semelhante no apartamento que mobiliam com seus gestos e recordações.[182]

A riqueza, como fonte documental para o estudo da receptividade de um periódico, de uma seção de cartas como a da revista *Realidade* é enorme, pois ali estão, a um só tempo, de forma inquestionável, o leitor inscrito no texto e vice-versa. No caso da seção de cartas, os missivistas são autores de textos que sofreram a intervenção dos editores da seção. Na segunda edição, a revista relata como recebeu as primeiras cartas:

> E, logo nos primeiros dias, começamos a receber as cartas dos leitores. Cartas de advogados e operários, de professores e donas de casa, de estudantes e industriais. Cartas que nos emocionaram com seu calor, entusiasmo e enco-

rajamento. Tudo isto num país onde se costuma dizer que ninguém quer ler. Que teoricamente não está interessado em ciência, literatura, política internacional, economia, ou uma série de outros assuntos considerados "difíceis". Interpretamos o êxito de REALIDADE como um voto de confiança do público leitor. E como um incentivo para continuar.[183]

É importante ressaltar que autores e editores sempre se guiam por representações do que sejam as expectativas e disposições do público que desejam atingir. No entanto, a pluralidade de competências, expectativas e disposições dos leitores sempre os leva a ter opiniões diversas de um mesmo texto. Mesmo assim, para o autor, sempre existe apenas uma leitura "correta" do que escreveu.

Pesquisas de opinião são ferramentas comuns usadas por revistas e jornais para saber como a publicação tem sido lida e, conseqüentemente, para definir formas de conduzir as leituras, caso estejam muito afastadas dos objetivos dos editores. Ajudam a definir as suas representações de público. Embora os jornalistas entrevistados afirmem que esta não era uma prática comum, pelo menos em dois momentos, a Editora Abril, por meio de pesquisas de opinião encomendadas a institutos especializados, preocupou-se em saber quem eram os leitores de *Realidade* e o que esperavam e pensavam da revista. As duas pesquisas estão arquivadas no Departamento de Documentação da Editora Abril (DEDOC).

Uma delas, datada de janeiro de 1966, preparada pelo INESE – Instituto de Estudos Sociais e Econômicos – tinha como objetivo saber a opinião dos leitores a respeito do número zero da revista, lançado em novembro de 1965 e distribuído a um seleto público amostra. A outra, datada de agosto de 1966, portanto quatro meses depois do lançamento, foi encomendada à Marplan – Pesquisas e Estudos de Mercado Ltda. São pesquisas que revelam a representação do público adotada pela direção da revista.

A primeira pesquisa, realizada antes mesmo da revista ser lançada no mercado apresenta de forma clara seus objetivos: "... a finalidade da pesquisa foi medir a receptividade ao número zero da revista, bem como determinar a preferência por assuntos para a orientação editorial".[184] Sobre o método diz que

> (...) a pesquisa foi realizada através de entrevistas pessoais realizadas em duas etapas: a primeira quando da entrega domiciliar do número zero de *Realidade*; a segunda, cerca de uma semana depois, quando foram colhidos comentários sobre a revista.

E quanto à amostra, "(...) foram realizadas 500 entrevistas em seis cidades – São Paulo, Juiz de Fora, Guanabara, São José do Rio Preto, Porto Alegre e Londrina – escolhidas de acordo com o Departamento de Distribuição da Editora Abril".[185]

Essa pesquisa dedicava-se fundamentalmente a determinar a preferência dos leitores pelos onze assuntos oferecidos no referido exemplar, aqui apresentados conforme a classificação de interesses por assunto obtida pela pesquisa:

1. Ciência e Progresso,
2. Grandes Problemas Brasileiros,
3. Assuntos relativos ao sexo e educação sexual,
4. Entrevistas com gente importante,
5. Economia, Finanças e Negócios,
6. Arte e Literatura,
7. Acontecimentos Internacionais,
8. Religião,
9. Viagens e Aventuras,
10. Política Nacional,
11. Astronáutica.

A pesquisa foi realizada em duas etapas. Na primeira, antes de receber a revista, foi solicitado aos entrevistados que classificassem os assuntos "que consideravam de maior interesse para os leitores de uma boa revista", dentro do seguinte escalograma de categorais:

• Muito interessante
• Mais ou menos interessante
• Pouco interessante

• Não é interessante

Entretanto a última categoria, "não é interessante", foi usada poucas vezes como extremo inferior do escalograma. Por isso a pesquisa decidiu reunir em apenas uma as categorias "pouco interessante" e "não é interessante" na hora de tabular as respostas. A explicação foi dada em nota de rodapé da seguinte forma:

> Por exemplo: é grande o número de respondentes que considera o assunto POLÍTICA NACIONAL de natureza "pouco interessante". Entretanto, *ninguém* respondeu que este assunto "não interessa" em uma boa revista. Isto se deve, presumivelmente, às pressões sociais em torno de atitudes "antipatrióticas", "desinteressadas", etc.[186]

A análise foi feita levando em conta a totalidade dos entrevistados, cujo resultado corresponde à lista de assuntos apresentada anteriormente, e considerando o sexo, a idade e a classe social dos entrevistados. Em relação à idade, foram organizados em grupos: de 18 a 24 anos, 25 a 34 anos, 35 a 44 anos, 45 a 54 anos e acima de 55. Quanto à classe social foram organizados em três grupos: classe rica ou "A", classe média ou "B" e classe pobre ou "C", mas não foram apresentados os critérios que definiram essas três categorias.

As principais conclusões dessa primeira etapa da pesquisa dizem que independentemente do sexo, idade ou classe social, temas ligados à ciência e progresso, grandes problemas brasileiros, e sexo e educação sexual estão sempre entre os assuntos de maior interesse para os leitores. Contudo, quando se leva em consideração o sexo dos leitores, há diferenças significativas quanto ao interesse por esportes, considerado "muito interessante" por 50% dos homens e 30% das mulheres, enquanto cinema foi considerado "muito interessante" por 50% das mulheres e 30% dos homens. Quanto mais velho o leitor, maior o interesse por assuntos de religião.

A partir da seção de cartas é difícil fazer avaliações como essas, sobre preferências por assunto. Não é possível acompanhar preferências pela ausência de dados precisos sobre idade dos missivistas, principalmente. Além disso, a própria a edição da seção confunde nesse sentido quando, por exemplo, na edição especial sobre mulheres publicam-se apenas cartas assinadas por elas, impedindo afirmações definitivas.

Na segunda etapa da pesquisa, foi analisada a apreciação da revista com base tanto nos que efetivamente leram a revista (90%) como nos que apenas folhearam (10%). Como principais resultados pode-se destacar o fato de cerca de 25% dos entrevistados qualificaram a revista com adjetivos como ótima, maravilhosa, espetacular, excelente, formidável. Entre os artigos mencionados espontaneamente "A vida antes de nascer"[187] foi lembrado por 46% dos entrevistados, dos quais apenas 1% o qualificaram negativamente como "muito forte"; 13% utilizaram os sinônimos instrutiva, educativa, etc. A pesquisa ainda destaca o fato de algumas mulheres de São Paulo e Guanabara referiram-se à revista como "atual e moderna" (3%), "diferente"(2%), "de nível sério, elevado, profundo"(4%).

Outras preocupações dessa pesquisa foram a comparação de *Realidade* com as demais revistas disponíveis no mercado: *O Cruzeiro, Manchete, Visão* e *Seleções* e a expectativa dos leitores quanto ao preço dos exemplares para avaliar as possibilidades de entrada e permanência da nova revista no mercado editorial pelo interesse dos leitores em ler a revista regularmente. A pesquisa ainda tentou traçar um perfil do provável leitor da revista através da opinião dos entrevistados, segundo os quais, "as pessoas que mais se interessarão pela revista podem ser de ambos os sexos (77%), serão de classe média (72%) e terão de 20-30 anos de idade (62%) ou de 30-40 (49%)".[188]

Se a primeira pesquisa tinha o objetivo de avaliar a fecundidade do projeto, a segunda, realizada quatro meses após o lançamento da revista, em agosto de 1966, foi feita para captar a receptividade da revista nos seus primeiros meses de circulação, a preocupação era saber quem comprava e lia *Realidade*. Com fins claramente comerciais, a pesquisa foi realizada apenas nas cidades de São Paulo e Rio de Janeiro. Baseada em amostra de 2.000 entrevistados, colheu dados sobre a revista para definir os seguintes itens, conforme apresentados na introdução documento:

1. Número médio de leitores por exemplar;
2. Índice de pessoas que pretendem colecionar a revista;
3. Pessoa da família que compra a revista;
4. Quem, da casa, é o primeiro a ler;
5. Índice de leitores de *Realidade* e de outras revistas que pretendem comprar ou trocar automóvel, nos próximos 12 meses;
6. Opiniões sobre qual a melhor revista do país, hoje;
7. Profissão dos leitores de *Realidade*.[189]

Perguntados sobre a melhor revista do Brasil hoje, *Realidade* ficou em primeiro lugar em São Paulo com 22%, seguida de *O Cruzeiro* (17%) e *Manchete* (15%). Mas no Rio de Janeiro, ficou em terceiro lugar (14%), perdendo para *O Cruzeiro* (23%) e *Manchete* (20%). As duas perguntas seguintes, sobre quem compra e quem lê primeiro a revista, indicou que tanto em São Paulo como no Rio de Janeiro, o chefe de família é a pessoa que compra *Realidade*. Em São Paulo também é o chefe de família o primeiro a ler. No Rio, há um empate: 27% dos primeiros a ler a revistas são os chefes de família ou outros adultos do sexo feminino.

O número médio de leitores por exemplar, a quarta pergunta, é quase o mesmo nas duas cidades: 3,2 em São Paulo e 3,3 no Rio. A quinta pergunta, sobre o interesse em colecionar a revista, mostrou que os leitores paulistanos têm mais intenção de colecionar *Realidade* do que os cariocas, sendo que essa pretensão é maior entre os leitores da classe B, de sexo feminino e entre os jovens até 29 anos; mostrou ainda que quanto mais jovem, maior o interesse em colecionar a revista.

Nesta, como na pesquisa do INESE apresentada anteriormente, as respostas dos leitores são classificadas de acordo com a classe socioeconômica a que pertence (A, B ou C), sexo e idade (15 a 19 anos, 20 a 29 anos, 30 a 49 anos e mais de 50 anos). Também como na pesquisa do INESE, não são apresentados os critérios que definiram as três classes econômicas.

Na resposta à sexta pergunta, quanto à profissão dos leitores, em São Paulo, estão empatados em primeiro lugar com 28% estudantes e donas de casa. Analisadas somente as respostas de leitoras, 50% delas são donas de casa. Já no Rio de Janeiro, embora as atividades principais exercidas pelos leitores da pesquisa sejam também as de dona de casa e estudante, aquelas estão em primeiro lugar com 30% enquanto os estudantes ficaram em segundo com 23% das respostas.

Embora a pesquisa não traga esta constatação como conclusão, é possível perceber, analisando seus resultados, que no Rio de Janeiro o interesse das mulheres por *Realidade* é um pouco mais acentuado que em São Paulo. Levantamento que realizei junto às cartas dos leitores aponta na mesma direção. Embora em termos absolutos, a presença das mulheres cariocas seja inferior à das paulistas na seção de cartas, em termos relativos, é ligeiramente superior: entre os 127 leitores cariocas presentes na seção, 32 são mulheres, o que equivale a 25%; entre os 294 paulistas, 66 são mulheres, o que representa 22,5%. Esses dados podem ser um indício de que as mulheres cariocas estariam mais atentas às mudanças de comportamento anunciadas pela revista do que as paulistas.[190]

Por fim, a sétima e última pergunta da pesquisa, sobre se os leitores de *Realidade* pretendem comprar ou trocar de carro nos próximos doze meses, a conclusão é que 63% deles não possui carro e não pretende comprar um; 70% dos que têm, não pretende trocar de carro.

Com essa pesquisa a revista pretendeu localizar seus leitores na sociedade, definir qual é a "comunidade de leitores" de *Realidade*. Ao mesmo tempo, procurou saber sobre os hábitos dos seus leitores: quem em cada domicílio compra, quem lê primeiro, quem tem intenção de colecionar. Com isso, a revista revela suas expectativas com relação aos leitores. Segundo Mário Erbolato:

Saber até que ponto um jornal está sendo bem recebido pelo público é a indagação constante de seus diretores e redatores. Não é preciso recorrer sempre às agências especializadas em pesquisas, mas existe um índice seguro que pode levar um órgão da imprensa a adotar alterações e a manter sua linha intelectual e seus padrões gráficos: *as cartas dos leitores*.[191]

Algumas dessas expectativas são confirmadas pelos leitores missivistas como, por exemplo, o fato de a leitura ser feita em casa. A revista fazia parte do cotidiano da família, que a lia durante semanas. Os leitores que queriam ver suas cartas publicadas na edição seguinte se apressavam em ler e escrever. Este missivista conta que considera "uma gostosura" a leitura da revista:

> Resposta a mil perguntas
> Sr. Diretor: Finalmente apareceu uma revista capaz de responder a mil perguntas dos milhões de brasileiros em todos os campos. Acabo de ler o número seis, que está uma gostosura. Especialmente o artigo assinado por Luiz Fernando Mercadante sob o título "Há liberdade no Brasil?".
> Raul Guilherme Urban, Joinvile – SC. (R007-L31)

Este outro leitor comparou seu prazer de ler a revista com o saborear de uma fruta:

> Sr. Diretor: REALIDADE é saborosa, suculenta. Sua *polpa* constitui alimento energético, regenerador (contém muita proteína).
> Hamilton Kress, Rio – GB. (R002-L20 – grifo original)

De qualquer forma, é comum os leitores se vincularem afetivamente à revista e, ao escrever, relacionarem as reportagens com suas experiências de vida, suas memórias. Pois, de acordo com Michel De Certeau, "os leitores são viajantes; circulam nas terras alheias, nômades caçando por conta própria através dos campos que não escreveram".[192] Este leitor comemora o nascimento de seu filho no mesmo dia do lançamento da revista:

Sr. Diretor: A sua nova revista nasceu no mesmo dia que meu filho. Espero garantir a ele o futuro que já é fácil divisar para REALIDADE.
Geraldo Guimarães, Revista Brasileira de Vendas. São Paulo – SP. (R002-L30)

Já esta leitora, ao ler a reportagem sobre o anti-semitismo, lembrou-se "do melhor Natal de sua vida" vivido ao lado de sua melhor amiga, uma judia:

> Sr. Diretor: Muito interessante o artigo sobre os judeus, principalmente a pesquisa. Minha melhor amiga é judia. Convivi com ela e seus pais, e depois com ela e o marido, durante anos. Esta família me deu o melhor Natal da minha vida. Num ano qualquer, chegara o Natal. E eu, para não ficar triste e fazer de conta que não era dia de festa, fui para a casa deles, judeus, e eles me haviam preparado uma pequenina árvore de Natal, e no meu prato havia presentes. Eles, judeus, comemoraram o Natal para mim! Chorei de felicidade e de emoção.
> Victória Nontseny, São Paulo – SP. (R026-L02)

Esta outra leitora também conta que chegou às lágrimas:

> Sr. Redator: Eu sempre me julguei uma pessoa sem preconceitos. E sempre me revoltei com o racismo. Li a fabulosa reportagem sobre o preconceito de cor no Brasil. E ela me fez ver o que é racismo e, que é pior, que somos racistas; e eu chorei.
> Verônica, Rio de Janeiro – GB. (R020-L01)

Diz Michel de Certeau que:

> Com efeito, a leitura não tem lugar: Barthes lê Proust no texto de Sthendal; o telespectador lê a paisagem de sua infância da reportagem da atualidade. A telespectadora que diz da emissão vista na véspera: "Era uma coisa idiota, mas eu não desligava", qual era o lugar que a prendia, que era e no entanto não era o da imagem vista? O mesmo se dá com o leitor: o seu lugar não é aqui

ou lá, um ou outro, mas nem um nem outro, simultaneamente dentro e fora, perdendo tanto um como o outro misturando-os, associando textos adormecidos mas que ele desperta e habita, não sendo nunca seu proprietário.[193]

As funções e usos que as famílias atribuem à revista são as mais variadas. Pode ser um pouco livro didático, ajudando os filhos na escola. Em alguns casos, são os próprios estudantes que escrevem para contar suas experiências:

> Sr: Diretor: Estou no 2º científico. Antes do mês de junho do ano passado eu era o pior aluno em português, em particular no que se refere às redações. Porém, depois que comecei a ler *Realidade* comecei a melhorar em tudo. As minhas redações ficavam melhores, mais completas, com assuntos mais desenvolvidos e os meus erros de grafia diminuíam constantemente. Mais para o fim do ano consegui tirar um ótimo em redação. Tudo isso devo à *Realidade*.
> Dilmar Devantes – 17 anos, Pelotas – RS. (R018-L15; grifo original)

> Sr. Diretor: Tenho 13 anos, e aprecio sua revista que acho a maior revista brasileira, tanto na parte cultural, fotográfica e informativa, como na coragem. Parabéns pelas brilhantes páginas ilustradas e pelo ótimo texto sobre o coração. Ajudou-me muito para a realização de um trabalho escolar.
> Luiz Antônio Gonçalves da Silva, São Gonçalo – RJ. (R022-L15)

Fora de casa, a revista também pode ajudar no trabalho:

> Sr. Diretor: Quero externar-lhe minha satisfação pela excelente exposição didática de Carlos Azevedo na reportagem "Parto sem Dor", que muito favorecerá meus alunos em aulas de psicologia pré-natal – posto que é bem acessível aos que só agora se familiarizam com os princípios gerais da teoria.
> Profa. Lannoy Dorin, Araçatuba – SP. (R016-L18)

Os leitores de *Realidade* também costumam relacionar os assuntos presentes na revista com outras leituras que realizaram. A se-

Caderno de Imagens

Revista Realidade

Figura 1

Figura 1 – Capa da Edição Especial comemorativa de 33 anos da revista, de agosto de 1999. A foto de Pelé é a mesma que foi capa da primeira edição.

Figura 2

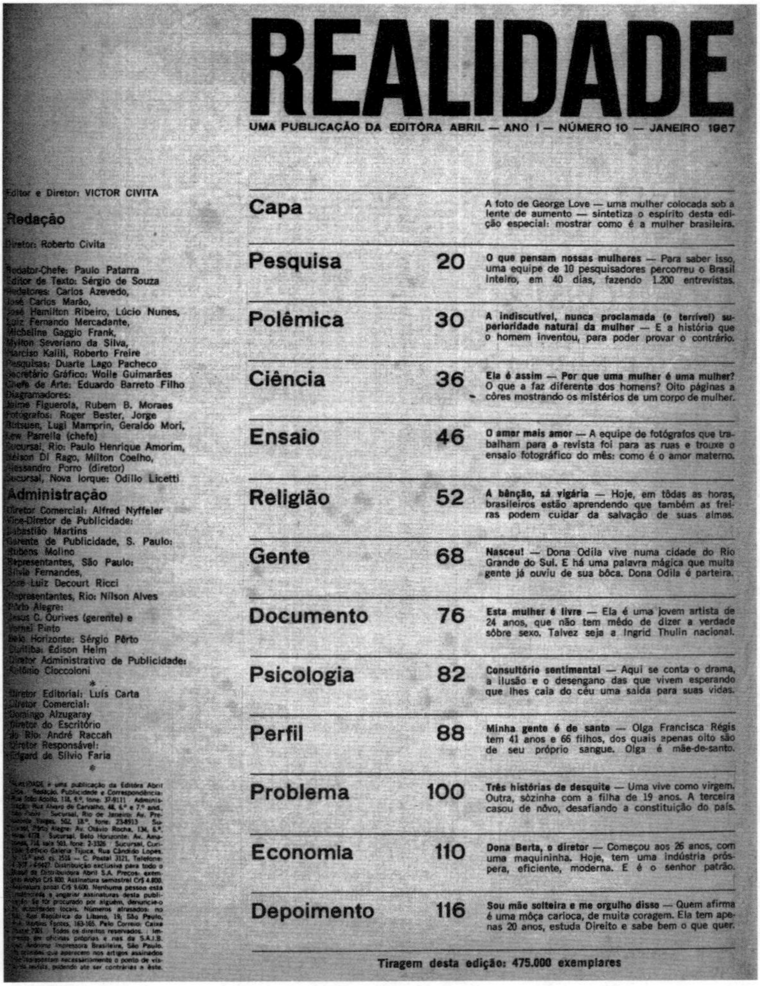

REALIDADE

UMA PUBLICAÇÃO DA EDITÔRA ABRIL — ANO I — NÚMERO 10 — JANEIRO 1967

Editor e Diretor: VICTOR CIVITA

Redação

Diretor: Roberto Civita

Redator-Chefe: Paulo Patarra
Editor de Texto: Sérgio de Souza
Redatores: Carlos Azevedo,
José Carlos Marão,
José Hamilton Ribeiro, Lúcio Nunes,
Luiz Fernando Mercadante,
Michellina Gaggio Frank,
Myltcn Severiano da Silva,
Narciso Kalili, Roberto Freire
Pesquisas: Duarte Lago Pacheco
Secretário Gráfico: Wolle Guimarães
Chefe de Arte: Eduardo Barreto Filho
Diagramadores:
Jaime Figuerola, Rubem B. Moraes
Fotógrafos: Roger Bester, Jorge
Butsuen, Luigi Mamprin, Geraldo Mori,
Lew Parrella (chefe)
Sucursal, Rio: Paulo Henrique Amorim,
Nélson Di Rago, Milton Coelho,
Alessandro Porro (diretor)
Sucursal, Nova Iorque: Odilio Licetti

Administração

Diretor Comercial: Alfred Nyffeler
Vice-Diretor de Publicidade:
Sebastião Martins
Gerente de Publicidade, S. Paulo:
Rubens Molino
Representantes, São Paulo:
Silvio Fernandes,
José Luiz Decourt Ricci
Representantes, Rio: Nilson Alves
Pôrto Alegre:
Jesus C. Ourives (gerente) e
Jornal Pinto
Belo Horizonte: Sérgio Pôrto
Curitiba: Edison Helm
Diretor Administrativo de Publicidade:
Antônio Cloccoloni

Diretor Editorial: Luís Carta
Diretor Comercial:
Domingo Alzugaray
Diretor do Escritório
do Rio: André Raccah
Diretor Responsável:
Edgard de Silvio Faria

Capa		A foto de George Love — uma mulher colocada sob a lente de aumento — sintetiza o espírito desta edição especial: mostrar como é a mulher brasileira.
Pesquisa	20	O que pensam nossas mulheres — Para saber isso, uma equipe de 10 pesquisadores percorreu o Brasil inteiro, em 40 dias, fazendo 1.200 entrevistas.
Polêmica	30	A indiscutível, nunca proclamada (e terrível) superioridade natural da mulher — E a história que o homem inventou, para poder provar o contrário.
Ciência	36	Ela é assim — Por que uma mulher é uma mulher? O que a faz diferente dos homens? Oito páginas a côres mostrando os mistérios de um corpo de mulher.
Ensaio	46	O amor mais amor — A equipe de fotógrafos que trabalham para a revista foi para as ruas e trouxe o ensaio fotográfico do mês: como é o amor materno.
Religião	52	A bênção, sá vigária — Hoje, em tôdas as horas, brasileiros estão aprendendo com as freiras podem cuidar da salvação de suas almas.
Gente	68	Nasceu! — Dona Odila vive numa cidade do Rio Grande do Sul. E há uma palavra mágica que muita gente já ouviu de sua bôca. Dona Odila é parteira.
Documento	76	Esta mulher é livre — Ela é uma jovem artista de 24 anos, que não tem mêdo de dizer a verdade sôbre sexo. Talvez seja a Ingrid Thulin nacional.
Psicologia	82	Consultório sentimental — Aqui se conta o drama, a ilusão e o desengano das que vivem esperando que lhes caia do céu uma saída para suas vidas.
Perfil	88	Minha gente é de santo — Olga Francisca Régis tem 41 anos e 66 filhos, dos quais apenas oito são de seu próprio sangue. Olga é mãe-de-santo.
Problema	100	Três histórias de desquite — Uma vive como virgem. Outra, sòzinha com a filha de 19 anos. A terceira casou de nôvo, desafiando a constituição do país.
Economia	110	Dona Berta, a diretor — Começou aos 26 anos, com uma maquininha. Hoje, tem uma indústria próspera, eficiente, moderna. E é o senhor patrão.
Depoimento	116	Sou mãe solteira e me orgulho disso — Quem afirma é uma môça carioca, de muita coragem. Ela tem apenas 20 anos, estuda Direito e sabe bem o que quer.

Tiragem desta edição: 475.000 exemplares

Figura 2 – Expediente mostra a equipe de jornalistas da revista, em janeiro de 1967.

Figura 3

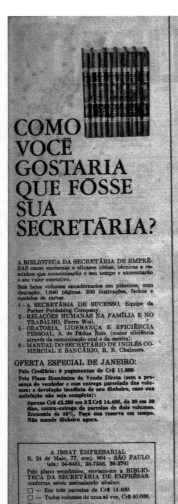

cartas

O medo da verdade

Sr. Diretor: Acho que REALIDADE é muito boa, mas li um artigo em um jornal de Juiz de Fora, comentando a pesquisa sobre o divórcio e dizendo que a revista estava interessada "em desagregar as fibras morais mais autênticas do nosso povo". Nós, os leitores de REALIDADE, não podemos deixar ser difamada uma obra que visa esclarecer os brasileiros sôbre problemas jamais abordados por outras publicações.

CELINA R. CARVALHO
Belo Horizonte — MG

REALIDADE atribui os ataques esporádicos que tem sofrido justamente ao fato de "esclarecer os brasileiros sôbre problemas jamais abordados por outras publicações". E continua acreditando que a única maneira do Brasil resolver os seus problemas é não temer enfrentá-los.

Deus está morrendo?

Sr. Diretor: Mexer com sexo, divórcio, padres, etc. ainda é aceitável, mas mexer com Deus, isto já é demais! Os senhores cometeram um crime, publicando o artigo "Deus está morrendo?"

LUCINHA LAURINDO SAMPAIO
São Paulo — SP

Sr. Diretor: Parabéns pela magnífica reportagem "Deus está morrendo?". Não é mais possível o antropomorfismo divino. Há três anos, fiz um verso dando meu conceito de Deus, dedicado ao Papa Paulo VI a quem o enviei. Recebi do Vaticano agradecimento e bênção papal.

DIANA FISCHER LINHARES
Rio de Janeiro — GB

Capa para encadernar

Sr. Diretor: Pretendo encadernar minha coleção da revista, mas antes quero saber se REALIDADE, como anunciou, colocará à venda capas para os colecionadores.

MARIA FANY SILVEIRA
Rio de Janeiro — GB

Foram lançadas em dezembro, sòmente em São Paulo, capas para encadernar os nove números de REALIDADE publicados em 1966. Se a experiência fôr bem aceita, as capas serão colocadas à venda no país inteiro.

São Paulo precisa parar

Sr. Diretor: Será que a jornalista Carmen da Silva sofre de algum complexo por não ser paulista? O artigo "São Paulo precisa parar" é uma ofensa para o laborioso povo paulista.

MARTA EUNICE PRADO
São Paulo — SP

Sr. Diretor: Congratulo-me com a senhora reportagem de Carmen da Silva, "São Paulo precisa parar".

MARIA JOSÉ DOS SANTOS
Santos — SP

Sou padre e quero casar

Sr. Diretor: Estou de acôrdo com o senhor Gustavo Corção com respeito ao padre que quer casar. O assunto pode ser resolvido fàcilmente: que abandone o sacerdócio.

LYGIA SIXTA NUNES
Jundiaí — SP

Sr. Diretor: Numa conferência em Fortaleza, o pe. Quintanilha, professor universitário de São Paulo, declarou que o artigo "Sou padre e quero casar" é matéria forjada por um jornalista norte-americano. Também, disse que a pesquisa "A juventude diante do sexo" não representa a opinião média da juventude brasileira, pois, a pesquisa foi feita sòmente entre jovens de São Paulo e Rio de Janeiro.

LUIZA MAFALDA JUNQUEIRA DE BARROS
Fortaleza — Ce

REALIDADE aguarda, para publicação, a prova que o pe. Quintanilha possa ter sôbre a não veracidade do depoimento do pe. Stephen Nash. E ao mesmo tempo coloca à sua disposição tôdas as centenas de cartas, escritas por rapazes e môças do país inteiro, tomando posição a favor da reportagem "A juventude diante do sexo".

Sr. Diretor: Gostaria de ler o artigo do pe. Stephen Nash no idioma original. Em que revista americana poderei encontrá-lo?

MARINA BLANK
Pôrto Alegre — RS

O depoimento do pe. Nash foi publicado por uma grande e responsável revista americana — o "Saturday Evening Post" — no número de 12 de março de 1966, sob o título original "I am a Priest, I want to marry".

A arte descobre a mulher

Sr. Diretor: Fiquei horrorizada vendo o artigo "A arte descobre a mulher". Qual é a intenção da revista ao exibir mulheres nuas?

JOHANNA HALTEN S. MATTOS
Uberaba — MG

Sr. Diretor: Lindas, formidáveis as reproduções de quadros no n.º 8 de REALIDADE. Oxalá voltem a publicar mais reportagens sôbre arte.

RAQUEL SAMPAIO BARBOSA
Maceió — Al

Figura 3 – Seção de Cartas da edição de janeiro/1967, dividia a página com pequenos anúncios.

Figura 4

O PRIMEIRO MOVIMENTO
É UM ALEGRO. O VIOLINO
INICIA, SEGUIDO DOS OBOÉS
E DO FAGOTE. A MÚSICA
CAMINHA PARA UM PONTO
CULMINANTE, EM QUE OS
INSTRUMENTOS SE UNEM
EM SONS QUASE DIVINOS.
MAS É PRECISO OUVI-LOS
EM SUA PLENITUDE NUM
ELETROFONE

PHILIPS

PARA SENTIR
TÔDA A SUBLIME
BELEZA DÊSSE
CONCÊRTO DE
BRANDENBURGO,
DE J. S. BACH.

Mod. NG-1130

Estereofônico. Amplificador
com 2 canais separados.
4 velocidades de rotação com
funcionamento automático
para 10 discos. Comando por
teclas. Fonocaptor especial com
2 agulhas de safira. Dois
alto-falantes de 18 cm, de cone
invertido, em caixas acústicas
separadas. Funcionamento em 110 ou
220 volts, de corrente alternada.
Não falha: é PHILIPS.

Conte com
PHILIPS
para viver melhor!

cartas

Sr. Diretor: Gostei da reportagem "A arte descobre a mulher", tanto pela magnífica apresentação, como pelo seu conteúdo artístico.
SILVANA J. MARQUES
Rio de Janeiro — GB

Sr. Diretor: Gosto de pintar e achei ótimo o artigo "A arte descobre a mulher", embora ouvisse algumas pessoas dizerem que as reproduções eram indecentes: isto me surpreendeu, pois em arte não existe indecência.
MARCELLE BLANCHON
São Paulo — SP

Números atrasados

Sr. Diretor: Como professôra de Língua Portuguêsa, vi em REALIDADE um conjunto de artigos verdadeiros que não nos devem escapar das mãos. Atualmente, possuidora apenas do n.º 1, presenteei os demais, desejo reavê-los.
PLÁCIDA APPARECIDA CAMPOS DE ASSIS
São José do Rio Prêto — SP

Os números 1, 2 e 3 estão esgotados. Os demais podem ser obtidos, adquirindo um cheque comprado ou visado no valor de Cr$ 843 (porte incluído) por exemplar. O cheque deve ser remetido à Distribuidora Abril S/A — Caixa Postal 7901 — São Paulo, SP., acompanhado de carta explicativa.

Sr. Diretor: Na edição n.º 8 de REALIDADE, li que a tiragem do primeiro número (abril de 1966), foi de 251.250 exemplares e a venda de 250.775. Onde estão os 475 exemplares restantes? Quis pedir o número atrasado, mas me responderam que estava esgotado.
ANTONINHA PINTO BARRETO
Aracajú — Se

E está mesmo. Os poucos exemplares que voltaram já foram remetidos para leitores que os solicitaram.

Brasileiros querem o divórcio

Sr. Diretor: Causa repulsa ao mais superficial observador o resultado publicado por REALIDADE sôbre o que pensam os brasileiros do divórcio. Responderam apenas 14.611 leitores dos quais 11.547 deram opinião favorável, e a revista publica em manchete "Brasileiros querem o divórcio". Conclusão correta está com as 1.042.359 assinaturas antidivorcistas recolhidas em 15 estados e no Distrito Federal pela Sociedade Brasileira de Defesa da Tradição, Família e Propriedade. Isto sim, louvado seja Deus, convence qualquer brasileiro que use a cabeça.
HAYDÉE GALLI
São Carlos — SP

Veja resultados da pesquisa nacional realizada pelo INESE e que publicamos a partir da página 18 desta edição: êles confirmam os totais colhidos na enquete de REALIDADE sôbre desquite e divórcio.

Sr. Diretor: Como advogada, acredito que um plebiscito seria o ideal para se saber o que os brasileiros pensam do divórcio. Porém não se deve olvidar que indecisos e inexperientes (não de casamento, mas de vivência) não ficariam imunes à campanha dos antidivorcistas. Melhor então a repetição de enquetes como esta, garantindo-se a **liberdade de opinião**, que, afinal, dariam ao legislador uma idéia do que pretende, neste sentido, a maioria dos brasileiros.
MARIALICE S.M. FIGUEIREDO
São Paulo — SP

Sr. Diretor: Nunca vi tanta falta de solidariedade feminina como a da senhora F.C., de Curitiba, que, na reportagem "O que os brasileiros pensam do divórcio", declara que as mulhéres desquitadas e divorciadas são volúveis e inconstantes. Há oito anos, fui abandonada por meu marido e há quatro anos que obtive o desquite: nem por isso deixei de ser uma mulher honesta e uma mãe digna que soube educar seus dois filhos.
VILMA S. DRACENAS
Brasília — DF

Revolução na Igreja

Sr. Diretor: Embora tudo tenda a se modernizar, não aprovo as teorias dos padres dominicanos. Por que não abandonam o sacerdócio e entram na política?
JANICE BIA LOUVEIRO
São Paulo — SP

Sr. Diretor: Não compreendo porque ainda existem católicos que combatem a renovação da Igreja ou falam mal de uma ordem — que talvez nem conhecem —, como a dos Dominicanos, que é a elite da Igreja.
LÚCIA CORDEIRO
São Paulo — SP

Sr. Diretor: Achei fabulosa a reportagem "Revolução na Igreja". Fico contente em saber que homens jovens de espírito lideram nossa religião.
MARIA IZALTINA BEZERRA NUNES
Santos — SP

Cartas

Sr. Diretor: Gosto de ler a seção "Cartas". Acho interessantes as polêmicas entre os leitores, mas uma professôra me disse que as cartas são inventadas.
PAULINA PRESET
São Paulo — SP

Tôdas as cartas publicadas nesta seção encontram-se arquivadas e estão à disposição de qualquer leitor.

Figura 5

CASAMENTO CONTINUAÇÃO

No desquite, a segunda mulher é concubina e não tem nenhum direito

Tentou, então, convencer Alexandre a aceitar um desquite amigável, mas êle achou que o amor ainda existia e queria continuar com ela.

O juiz determinou então ao marido que apresentasse sua defesa em 10 dias e marcou a audiência para as provas, que consistem em ouvir o marido, a mulher, as testemunhas, e, por fim, cada um dos advogados dos "cônjuges litigantes".

Alguns meses depois, o juiz julgou procedente a acusação de Míriam e decidiu que os quatro meninos ficariam com ela. Estabeleceu também quanto Alexandre deveria dar por mês à família, de pensão alimentícia, e que êle ia pagar as despesas do processo.

O sofrimento

Depois dos 10 meses que os dois passaram andando pelos corredores do Forum — e em que os filhos estiveram pràticamente abandonados, mas percebendo tudo — ficou dissolvida a sociedade conjugal, porém não o vínculo matrimonial. Nenhum dos dois pode casar de nôvo. Os filhos não terão mais o pai, nem um outro que possa, psicològicamente, substituí-lo.

E o sr. Alexandre, se seduzir outra inocente e unir-se com ela, não terá tanto trabalho, quando surgirem de nôvo as bebedeiras. Pois a segunda mulher, por ser **concubina** e não legítima espôsa, não tem os mesmos direitos que teve dona Míriam de ir até o juiz e reclamar.

O professor Ataliba Nogueira, um dos constituintes de 1945 que trabalhou para que o casamento fôsse indissolúvel por Constituição, tem opinião bastante clara sôbre o problema:

— Sou contra o divórcio, mas a favor do desquite, porque o desquite cria uma situação horrorosa para os dois. Então êles preferem continuar vivendo juntos, e fica salva a família, para bem dos filhos, que crescerão em presença dos pais.

Evidentemente, para o professor, o caso do casal Alexandre-Míriam é uma exceção, e as leis são feitas para atender primeiro o bem comum, depois o bem individual.

O segundo caminho

No dia em que sumiu o cachorro policial que a vigiava, dona Leonor não perdeu a oportunidade. Fugiu de casa e foi correndo para a delegacia, denunciar o marido e pedir proteção. E explicou:

— Depois de casado é que o Osvaldo mostrou o que é. Imagine, seu delegado, êle quer que eu faça coisas que mulher honesta não faz.

O Osvaldo tinha casado com a clara intenção, bem conhecida entre os amigos, de aumentar suas rendas, usando a beleza da mulher. Mas, apesar disso, a lei atual não permite que Leonor case de nôvo.

O projeto do nôvo Código, elaborado pelo jurista Orlando Gomes, poderá se fôr aprovado no Congresso Nacional, tornar anulável o casamento de Leonor e Osvaldo, por êrro essencial, isto é, êrro dela em não saber que Osvaldo tinha um passado de cáften e de pretender usá-la como prostituta.

O projeto do nôvo Código Civil diz, com relação a isso:

"Art. 126 — Êrro essencial — É também anulável o casamento quando um do cônjuges o houver contraído por êrro sôbre qualidades tão essenciais do outro, que o seu conhecimento posterior torne intolerável a vida em comum, tendo em vista as finalidades do matrimônio."

O atual Código diz:

"Art. 218 — É também anulável o casamento, se houve por parte de um dos nubentes, ao consentir, êrro essencial quanto a pessoa do outro.

"Art. 219 — Considera-se êrro essencial sôbre a pessoa do outro cônjuge:

I. O que diz respeito à identidade do outro cônjuge, sua honra e boa fama, sendo êsse êrro tal que seu conhecimento ulterior torne insuportável a vida em comum ao cônjuge enganado.

II. A ignorância de crime inafiançável, anterior ao casamento e definitivamente julgado por sentença condenatória.

III. A ignorância, anterior ao casamento, de defeito físico irremediável ou de moléstia grave e transmissível, por contágio ou herança, capaz de pôr em risco a saúde do outro cônjuge ou de sua descendência.

IV. O defloramento da mulher, ignorado pelo marido".

Não é divórcio

— Se vamos falar em Código Civil, não podemos falar em divórcio — diz o Deputado Nélson Carneiro, presidente da Comissão que examina o projeto — pois o Código está sujeito à Constituição, que proíbe o divórcio.

O nôvo Código Civil não trata de divórcio, mas sim amplia as possibilidades de anular casamentos. O divórcio, nos países onde existe, é concedido por motivos posteriores ao casamento, como o desquite no Brasil.

Padre Eugène Charbonneau.

Deputado Nélson Carneiro.

Professor Sílvio Rodrigues.

Figura 6

DIVÓRCIO CONTINUAÇÃO

Os velhos são mais favoráveis ao divórcio que os jovens

"Só existe um vínculo indissolúvel: o amor"

Mas o importante é que uma diminuição do número de solteiros não provocaria uma alteração fundamental nos resultados da pesquisa, já que os votos dos solteiros acompanharam de perto a votação geral. Poderia, isto sim, elevar um pouco a taxa dos que são favoráveis ao divórcio, pois os solteiros mostraram uma tendência: votar menos do que os outros no divórcio (ver Quadro 7).

Mais significativas parecem as percentagens desiguais por profissão e por residência. Sobretudo por residência, pois a distinção não é sequer por leitores das cidades e leitores do campo, mas leitores das capitais e leitores do interior. Mas, se essas limitações devem ser levadas em conta para a correta interpretação da pesquisa, não se pode deixar de notar que muitas de tais desigualdades equivalem a desigualdades na composição da própria população brasileira. Além disso, a votação por sexo, idade, estado civil, profissão, residência, como se pode ver adiante, apresenta sempre uma mesma tendência básica, de modo que não se pode supor que qualquer variação nas características dos leitores que responderam modificasse profundamente os resultados globais. Isto ainda se torna mais claro quando são comparados os Quadros 3 e 4: há uma superposição tão nítida entre os dois, que os resultados apurados podem ser considerados representativos da opinião geral em todos os setores e áreas abrangidos pela pesquisa.

Embora os homens e as mulheres tenham votado aproximadamente da mesma maneira, não se pode deixar de destacar que as mulheres são até mais favoráveis do que os homens ao divórcio, o que talvez seja surpreendente.

Também os resultados por idade podem surpreender. São os jovens os que mais se opõem ao divórcio e são ainda os jovens que mais se manifestam contra o divórcio e o desquite. A votação a favor do divórcio descreve uma curva, crescendo nas idades intermediárias e diminuindo nas extremidades. Porém diminui nas idades avançadas menos do que na juventude. Enquanto isso, a votação a favor do desquite vai caindo à medida que as idades sobem.

Quanto aos resultados por estado civil, os solteiros estão na frente: são êles os que mais reprovam o divórcio, os que votam mais contra o divórcio e o desquite ao mesmo tempo, e ainda os mais favoráveis ao desquite. Depois, vêm os casados. Um resultado que chama a atenção é o dos amasiados — nem todos são a favor do divórcio. Outro dado que se destaca: só 1% dos desquitados quer o desquite, mas 100% dos divorciados são a favor do divórcio.

Entre as profissões — tirando padres e pastôres — os maiores índices de oposição ao divórcio foram êstes, pela ordem: estudantes, trabalhadores braçais, operários especializados, fazendeiros e professôres. Enquanto os mais favoráveis ao divórcio são os que ocupam posições de alta chefia: os administradores, os gerentes de emprêsas, e os altos funcionários. Há variações entre os Estados e principalmente entre as capitais e o interior. O interior se mostra muito mais contrário ao divórcio, embora se manifeste também muito pouco pelo desquite. Mas as variações não são muito grandes e, de modo geral, se aproximam dos resultados globais. No conjunto, o resultado é ainda bastante favorável ao divórcio: 84% nas capitais e 70% no interior. E a maioria dos que não querem o divórcio não quer também o desquite. No interior, por exemplo, dos 30% que votaram contra o divórcio, 24% votaram também contra o desquite.

As razões

Por que 5% preferem o desquite ao divórcio? Há um argumento que se repete: "porque o desquite é um mal, mas é um mal menor". Ou então: "é um mal necessário". Para muitos outros, porém, o desquite é o mal maior. É o que pensa, por exemplo, G.F.S., industrial baiano, 54 anos, casado: "O desquite é a pior solução. Não resolve o problema da primeira espôsa, relega a segunda a uma condição de inferioridade, leva o marido a uma situação de constrangimento e para os filhos parece-me ainda mais catastrófico." A.D., de Guarabira, Paraíba, médico, viúvo, 52 anos, chama atenção para o fato de que "desquite é divórcio que permanece na metade da solução". Para N.R.T., professôra de 44 anos, São Paulo, "muito bem casada", "separação sem previsão de uma nova união é absurda. Será que algum legislador, ou guia religioso, supõe que uma pessoa desquitada renuncie para o resto da vida a filhos e ao poderoso e salutar impulso do sexo?" Daí, E.C., escritor de São Paulo, 55 anos e casado, considerar o desquite "um medievalismo e um convite ao concubinato". E o carioca C.S.A., casado, 40 anos, com sua "experiência de advogado militante há 15 anos", acha que existe "tanta imoralidade" justamente porque muitos, "valendo-se da proibição legal, debochadamente constituem uniões sucessivas, pois não estão obrigados a se vincular legalmente a nenhuma delas". Esta situação, porém, parece não preocupar A.M.P., de Canoas, RS, 21 anos, militar, que é contra o divórcio e o desquite e acha que "para os inconstantes existe certa situação que dá liberdade aos dois sem quebras de leis". Mas há os que se angustiam. A.P., motorista de São Paulo, 38 anos, solteiro: "O desquite está minando a sociedade". A.H.L., comerciante, São Paulo, 54 anos, casado: "O desquite é um destruidor da moral familiar. Dentro em breve o Brasil será o maior país do mundo em casais amigados, com prejuízo enorme para os filhos." Mas V.R., de Recife, estudante, solteira, 15 anos, acha que, "sendo o divórcio proibido pela Igreja", o desquite é a única situação possível "quando é impossível um casal continuar junto". A isso, E.H., de Petrópolis, RJ, contesta: "Proibindo o divórcio, o clero tinha o dever de proibir também o desquite. Será que o clero prefere ao divórcio essas uniões ilegais realizadas aos montes?"

Por várias dessas razões é que muitos preferem o divórcio ao desquite. E a resposta mais comum é curiosamente a mesma: "porque o divórcio é um mal menor". S.H., funcionário público, casado, 29 anos, da GB: "O divórcio não é um bem mas é uma solução menos pior do que o desquite". S.C., de Campinas, SP, pastor evangélico e casado, 29 anos, casado: "O divórcio é um mal, mas para corrigir um mal ainda maior: os casos de união insolúvel por outros métodos." J.S.M., da GB, contador, casado, 46 anos: "O divórcio é mal necessário. É como a Polícia, o Exército."

No entanto, P.T.S. de Cubatão, SP, médico, 29 anos, casado diz: "A porta aberta (divórcio) facilita a entrada do ladrão (infelicidade conjugal) e dificulta ou torna impossível sua captura (a reconciliação)". A.V.C., Barbacena, MG, professôra, casada, 24 anos, vê o problema da mesma forma: "Todo casal nos primeiros anos de vida conjugal atravessa um período difícil de adaptação, como aconteceu conosco. Hoje somos um casal feliz. Se

1 — RESULTADOS GERAIS

	NÚMEROS ABSOLUTOS
A favor do divórcio	11.547
A favor do desquite	716
Contra o divórcio e o desquite	2.348
TOTAL	14.611

Figura 7

AQUI ESTÃO OS JOVENS

Neste número tentamos mostrar como é, o que pensa e o que quer a juventude brasileira. Para isso, nossos repórteres foram ao encontro dos jovens em todos os campos de atividade: a fábrica, o escritório, o campo, a universidade, a administração de emprêsas. Fomos ver como vivem os jovens do interior. Procuramos os que estão fazendo coisas importantes em política, ciência, arte, negócios. E também aquêles que, não podendo entrar nas universidades, buscam e encontram outras carreiras e oportunidades de trabalho. Viajamos até um quartel na fronteira para ver o que acontece com o recruta, o jovem que vive uma experiência inesquecível. Uma psicóloga e jornalista escreve sôbre o conflito de gerações e uma fotógrafa apresenta um ensaio sôbre o primeiro amor. A jovem-guarda, a juventude iê-iê-iê, merece outro ensaio fotográfico e comentários de uma psicóloga e de um psicólogo.

Para completar essa tentativa de retratar nossa juventude, fizemos duas pesquisas: uma, através de emprêsa especializada; outra, por meio de questionário publicado no número de julho. Aquela — com seu rigor estatístico — e esta, na indagação direta aos leitores, apresentam resultados quase coincidentes, o que valoriza ainda mais os resultados e o retrato que apresentamos da juventude brasileira.

Três episódios apenas, no tumulto das mais de vinte mil respostas que nos chegaram. Um môço de Catende, em Pernambuco, imprimiu mais questionários, para que 21 amigos seus (que não tinham conseguido comprar a revista) também pudessem participar de nosso trabalho. Outro, de Salvador, tomou iniciativa idêntica: mimeografou formulários para seu grupo, eram 16 rapazes. Por fim, o Colégio Estadual Edmundo Bittencourt, de Teresópolis, Rio, enviou 161 cópias do questionário, que os alunos responderam, por iniciativa da própria direção da escola.

Ao mesmo tempo, chegavam cartas à redação, com sugestões, idéias, opiniões, críticas. REALIDADE agradece êsse entusiasmo, acredita na coragem e na sinceridade da juventude e participa do mesmo desafio: a construção de um país forte, desenvolvido, próspero e feliz.

guir, leitores observam elementos comuns entre outros jornais, de circulação nacional ou regional:

Muita coincidência

Sr. Diretor: Como é que REALIDADE e 'Manchete' aparecem nas bancas, numa mesma semana, com reportagens sobre o primeiro ano de vida do bebê?

Rosalina Machado, Rio – GB.

REALIDADE também estranhou a "coincidência". A reportagem "A vida começa aqui" foi realizada por Robert Freson, grande fotógrafo inglês, para quatro revistas: "The Sunday Times", de Londres, que a publicou em 6 de março; "Paris-Match", na França, em 7 de maio; REALIDADE, em 27 de maio; e "Look", nos Estados Unidos, em 31 de maio. É de se supor que a outra revista mencionada pela leitora tenha se "inspirado" no trabalho de Freson. (R004-L01)

Sr. Diretor: Acompanhando meu protesto achei por bem enviar-lhe o recorte do jornal *Tribuna do Norte*, de Natal, edição de 15 de janeiro de 1967, onde saiu um artigo do Padre José Luís, residente em Natal, que também protesta contra a apreensão da revista. O fato é digno de registro, por tratar-se de um sacerdote.

Ivan Melo, Natal – RN. (R012-L04)

Algumas cartas parecem confirmar o dado levantado pelo instituto de pesquisa de opinião a respeito de ser o chefe de família o encarregado de comprar a revista. É ele também, muitas vezes, o primeiro a ler, tomando para si o poder de determinar quais outros membros da casa estão autorizados a ler a revista. A repercussão da pesquisa "A juventude diante do sexo" e da ameaça de apreensão da segunda parte do trabalho, bem como a edição especial apreendida sobre a "Mulher brasileira, hoje" motivaram a publicação de muitas cartas que mostram acontecer o seguinte, no dizer de Michel de Certeau:

A leitura fica de certo modo obliterada por uma relação de forças (entre mestres e alunos, ou entre produtores e consumidores), das quais ela se torna o instrumento. A utilização do livro por pessoas privilegiadas o estabelece como um segredo do qual somente eles são os "verdadeiros" intérpretes (...). Deste ponto de vista, o sentido "literal" é o sinal e um efeito do poder social, o de uma elite. Oferecendo-se a uma leitura plural, o texto se torna uma arma cultural, uma reserva de caça, o pretexto de uma lei que legitima, como 'literal', a interpretação de profissionais e de clérigos *socialmente* autorizados.[194]

Este pai dá autoridade à revista para que continue tratando de assuntos polêmicos, como a sexualidade na juventude, ao mesmo tempo que questiona a autoridade de um juiz de menores que não sabe diferenciar, segundo o missivista, obscenidade, sociologia e educação sexual:

> Sr. Diretor: Escrevo-lhe cheio de profunda tristeza pela apreensão da edição de janeiro desta revista. Pretendia estender-me a respeito, porém acho mais eloqüente transcrever as palavras de um pai: meus filhos lêem comigo REALIDADE, pois creio que "meio conhecimento" em assuntos de educação sexual é o verdadeiro perigo. Autorizo a publicação desta e peço a Deus que esclareça as autoridades a respeito das diferenças entre obscenidade, sociologia e educação sexual. Pergunto ainda por que apreendem uma obra-prima e permitem a livre venda de livros pornográficos.
> Nicola Labate, São José dos Campos – SP. (R011-L03)

Estes pais revelam que usaram a pesquisa sobre juventude e sexualidade para conversar com seus filhos sobre o assunto. Acreditam que a revista colaborou para a aproximação entre pais e filhos:

> Sr. Diretor: Sua enquete "A juventude diante do sexo", para usar uma expressão popular, "me quebrou um galho imenso". Tenho uma filha de 17 anos e dois rapazes de 13 e 16 anos. Nunca consegui fazer-me entender com eles a respeito de problemas sexuais, pois tendo sido educado em meio aos tabus convencionais de nossa sociedade, nunca pude romper a barreira do acanhamento e abordar a questão como devia. Sua revista fez isso por mim. Todos leram e emitiram sua opinião. Fiquei sabendo o que meus filhos fazem e pensam a respeito do sexo.
> Isaltino Brigagão Netto, São Paulo – SP. (R008-L22)

> Sr. Diretor: Se o Juizado de Menores considera a mulher e o parto como coisas obscenas então não há qualificativo para defini-lo, pois homens que consideram a maneira como vieram ao mundo como coisa obscena, não devem sentir respeito por nenhuma mulher. Sou casado e tenho quatro filhos, sendo um deles menina quase moça e jamais deixei de levar REALIDADE para o meu próprio lar. Inclusive a edição de janeiro.
> Henrique Fernando S. Cruz, Rio de Janeiro – GB. (R011-L07)

Esta leitora não quer cometer o que considera "os erros de uma educação excessivamente controlada" com seus filhos, por isso coleciona a revista:

> Sr. Diretor: Como mulher atualizada – que sofreu os erros de uma educação excessivamente controlada, onde tudo era feio, e o "feio" não era explicado –, venho levantar o meu protesto pela maneira de pensar retrógrada dessas pessoas que fizeram arrancar das bancas um tão importante número de REALIDADE. Se existem pessoas de mentalidade tão atrasada, elas em absoluto não representam a maioria! Sou casada, mãe de quatro filhos, sendo a mais velha uma menina de sete anos; e foi exatamente pensando nos meus filhos, que resolvi colecionar esta revista. Por que achar o parto uma coisa imoral? O parto faz parte da criação humana e precisa ser visto como é, e nunca como uma ficção com histórias sem sentido e obsoletas, como é costume contar às crianças.
> Alda Mesquita Steinberger, Niterói – RJ. (R011-L17)

Para leitores como estes, a revista deve ser preservada, guardada, colecionada, tornando-se presença constante junto às famílias, fazendo parte de seu patrimônio; queriam estender a satisfação que encontravam na leitura e talvez dividi-las com os futuros leitores que têm em casa, como no caso das donas de casa que dizem querer colecionar a revista para que seus filhos possam lê-las. Desde o segundo número, cartas de leitores revelam sua intenção de colecionar a revista:

NÚMERO ZERO

Sr. Diretor: REALIDADE é revista para colecionar. Peço-lhe, portanto, enviar-me o exemplar número zero, a fim de que a minha futura coleção seja a mais completa.

Alfredo Gotta Neto, Campinas – SP.

Lamentamos não poder atender às centenas de leitores que solicitaram o número zero. Tanto este como o número 1 estão totalmente esgotados." (R002-L01)

Desde a primeira edição, em abril de 1966, os leitores eram incentivados a colecionar a revista, como mostra o anúncio publicado naquela edição, junto à seção "Cartas":

Infelizmente, esgotou-se o primeiro número de *Realidade*. É bem possível que isso aconteça, dentro de poucos dias. Portanto, depois de ler este exemplar, guarde-o com cuidado. E guarde os outros, de todos os meses, para formar a coleção de REALIDADE. Ou você ainda não havia pensado em colecionar a mais importante revista brasileira?

Ao receber as primeiras cartas revelando intenção de colecionar a revista, a editora provavelmente incluiu na pesquisa encomendada à Marplan, de agosto de 1966, a pergunta sobre o índice de pessoas que pretendia colecionar a revista. Provavelmente para saber se a fabricação de capas para colecionadores faria sucesso. A idéia foi lançada por um leitor cuja carta foi publicada na edição de junho de 1966, na seção de cartas:

GUARDAR E COLECIONAR

Sr. Diretor: Sugiro o lançamento de encadernação para que os leitores possam guardar melhor e colecionar os exemplares de REALIDADE.

Luís C. Wendeing, Petrópolis – RJ.

A fabricação de capas de couro para os colecionadores da revista já está sendo estudada. (R003-L06)

Leitores não esqueceram a promessa e cobraram:

> Capa para encadernar
> Sr. Diretor: Pretendo encadernar minha coleção da revista, mas antes quero saber se REALIDADE, como anunciou, colocará à venda capas para os colecionadores.
> Maria Fany Silveira, Rio de Janeiro – GB.
> *Foram lançadas em dezembro, somente em São Paulo, capas para encadernar os nove números de REALIDADE publicados em 1966. Se a experiência for bem aceita, as capas serão colocadas à venda no país inteiro.* (R010-L04)

A revista ganha dessa forma o caráter de livro, afirmado por leitores:

> Sr. Diretor: Em nome de centenas de jovens de São Bernardo, agradeço ao livro-revista REALIDADE, pela reportagem "A Juventude diante do sexo".
> Jorge Maranesi Júnior, São Bernardo do Campo –SP. (R006-L08)

O que para a revista é muito bom, segundo afirmação de Valdir Heitor Barzotto:

> Enquanto revista periódica, *Realidade* é recebida como objeto de manuseio e circulação dinâmica, mas, na medida em que nela se encontra determinado tipo de tema e de tratamento, passa a ser encarada como livro, material de arquivo e consulta.
> À revista interessa esse caráter de livro, desde que o veículo não se descaracterize enquanto revista. Que o leitor a considere como livro, é uma vantagem para a editora, uma vez que isso atesta o grau de importância da revista, que ultrapassaria o tempo vivido pelo leitor.[195]

A encadernação oferecida pela editora ajuda a dar à revista esse caráter de livro. O leitor revela seu desejo de preservar *Realidade* em sua materialidade. A edição da revista destaca o pedido do leitor fazendo menção, no subtítulo, à força da revista, que graças ao melhor papel e ao acabamento reforçado pode ser "aberta completamente, em qualquer página", em qualquer tempo.

> Revista mais forte
> Sr. Diretor: A revista é magnífica e o papel é ótimo, do melhor que se pode colocar em uma revista brasileira. Mas, ao invés de usarem cola para segurar as folhas, por que os senhores não usam grampos, para que REALIDADE possa suportar melhor o descuido dos que a tomam emprestada? REALIDADE é uma revista para se ler e depois guardar para toda a vida.
> Paulo Roberto Franco Andrade, Mesmer da Silva Ferreira, Pedro Alves de Souza, Pedro Alcântara. Aracaju – SE.
>
> *Está-se procurando reforçar a cola ainda mais, pois o acabamento sem grampos permite que a revista seja aberta completamente, em qualquer página. (R004-L11)*

Os pais que escreveram revelando-se contrários à publicação da segunda parte da pesquisa "A juventude diante do sexo", favoráveis portanto à decisão do juizado de menores, mostraram-se particularmente preocupados com a educação de suas filhas e noras:

> A juventude diante do sexo
> Sr. Diretor: Não posso deixar de reconhecer ao doutor Alberto Cavalcanti de Gusmão, Juiz de Menores da Guanabara, o direito que lhe assiste de impedir a publicação da segunda parte da reportagem "A juventude diante do sexo", em defesa do decoro da família brasileira. É de se notar que num lar qualquer, seja ele modesto ou luxuoso, nem todos são adultos, nem cultos: há crianças e há mocinhas.
> Paulo Sarto, Ribeirão Preto – SP. (R007-L01)

> Sr. Diretor: Confesso que fiquei profundamente chocado. Sou pai de quatro rapazes, um deles já casado. Embora meus filhos sejam homens, importo-me também com o comportamento das moças, pois não vou querer para nora moça que já sabe demais.
> Marinho Vidal, Belo Horizonte – MG. (R008-L20)

Como o objetivo deste trabalho é mostrar os diferentes usos da revista, há que se destacar a reação de leitores que desistiram de suas coleções. Isto porque a admiração do leitor pela revista num primeiro momento transforma-se em repúdio, decepcionado com a reportagem "A juventude diante do sexo", que teve sua segunda parte ameaçada de apreensão pelo Juizado de Menores da Guanabara.

> Sr. Diretor: Estava colecionando REALIDADE. Agora, porém, não mais me interessa e os exemplares que possuo irão para o fogo.
> R. Ferraz Sales, São Paulo – SP. (R007-L03)

O leitor, então, manifesta sua decepção prometendo praticar a censura contra a revista por meio de um gesto comum na Idade Média: a queima de livros proibidos. De fato, em nenhum momento esse leitor deixou de dar à revista o caráter de livro, uma vez que é a publicação livro e não revista periódica que se preserva no tempo. Quando coleciona ou queima a revista sua preocupação é a de promover ou interromper a disseminação das idéias tratadas na revista no tempo e no espaço, fazendo-a desaparecer. Talvez a carta deste outro leitor deixe isso mais claro:

> Sr. Diretor: Os senhores podem ficar esperando o prêmio que estão procurando, pois quem semeia a prostituição e o adultério nos seio das famílias honestas e no coração das mocinhas puras, terá de receber resposta à altura, e eu tenho certeza de que o povo brasileiro saberá separar o joio do trigo, para lançar tudo o que é repulsivo e imoral ao fogo sagrado da Justiça e da Verdade.
> Luiz Andrés Jr., São Paulo – SP. (R011-L01)

Se a revista, em diversos momentos, apresenta atitudes autoritárias ao defender sua representação de mundo como a melhor, contando muitas vezes com o apoio e o incentivo de vários de seus leitores, outros missivistas, por seu turno, também se mostram capazes de atos não menos autoritários, punindo autores e divulgadores do que considera "prostituição e adultério" entre as famílias brasileiras. Segundo Roger Chartier,

> A cultura escrita é inseparável dos gestos violentos que a reprimem. Antes mesmo que fosse reconhecido o direito do autor sobre sua obra, a primeira afirmação de sua identidade esteve ligada à censura e à interdição de textos tidos como subversivos pelas autoridades religiosas ou políticas. Esta "apropriação penal" dos discursos, segundo a expressão de Michel Foucault, justificou por muito tempo a destruição dos livros e a condenação de seus autores, editores ou leitores. (...) A fogueira em que são lançados os maus livros constitui a figura invertida da biblioteca encarregada de proteger e preservar o patrimônio textual.[196]

Assim, leitores que associam suas recordações de vida às reportagens da revista estão produzindo algo, uma "poética", no dizer de Certeau, a partir daquele produto e não apenas consumindo. Da mesma forma, os alunos e a professora que utilizam a revista em suas atividades diárias, os pais que guardam e preservam a revista, bem como os que a destroem, estão fazendo algo com aquele material ao dele se apropriarem. Segundo a definição de Roger Chartier, apropriações são

> usos diferentes de textos ou palavras que pretendem moldar os pensamentos e as condutas. As práticas que deles se apoderam são sempre criadoras de usos e representações que não são de forma alguma redutíveis à vontade dos produtores de discursos e de normas.[197]

Todas a manifestações de leitores estão sujeitas à intervenção dos editores da revista, segundo Certeau,

> Até os protestos contra a vulgarização/vulgaridade da mídia dependem geralmente de uma pretensão pedagógica análoga: levada a acreditar que seus próprios modelos culturais são necessários para o povo em vista de uma educação dos espíritos e de uma elevação dos corações, a elite impressionada com o "baixo nível" da imprensa marrom ou da televisão postulada sempre que o

público é modelado pelos produtos que lhe são impostos. Mas isto não capta devidamente o ato de "consumir". Supõe-se que "assimilar" significa necessariamente "tornar-se semelhante" àquilo que se absorve, e não "torná-lo semelhante" ao que se é, fazê-lo próprio, apropriar-se ou reapropriar-se dele.[198]

Assim, as cartas de leitores emergem como "bolhas que sobem do fundo d'água, os índices de uma poética *comum*"[199] reveladores de uma comunidade de leitores.

Os leitores missivistas são também assíduos leitores da seção de cartas. Muitas vezes, comentam opiniões dos outros leitores. Neste exemplo, têm opiniões divergentes sobre o perfil do ex-presidente Jânio Quadros, publicado no número 2, de maio de 1966:

> TEMPO PERDIDO
> Sr. Diretor: Meus pêsames. REALIDADE gastou tempo, bom papel e trabalho gráfico perfeito para tratar do mais pernicioso e nefasto demagogo que já tivemos. Que Jânio continue sua "vida ascética" em Guarujá e deixe o Brasil em paz.
> Aldo Machado, Limeira – SP. (R003-L02)
>
> Não é demagogo
> Sr. Diretor: Os leitores que qualificaram sr. Jânio Quadros – após reportagem publicada em REALIDADE – de "pernicioso e nefasto demagogo" devem ter sido, eles que perdoem, muito justamente castigados pelas vassouradas do ex-presidente.
> Paulo Lucena, Belém –PA. (R005-L13)

Neste outro exemplo de leitores que escrevem para criticar uns aos outro o assunto é a pesquisa "A juventude diante do sexo":

> Sr. Diretor: Ótimo o número de agosto, supervalorizado pela pesquisa "A juventude diante do sexo" e pela composição fotográfica de "Poemas para rezar". Como professor, faço votos de que a revista continue progredindo, como notável fator educativo de nosso povo.
> Antônio L. Gomes, São Paulo – SP. (R006-L04)

> Sr. Diretor: Não queria ser aluno do professor tão mal formado como o sr. Antônio L. Gomes que elogia as "pesquisas" despudoradas, e gosta de poemas para rezar ilustrados com mulheres desnudas. A única *realidade* é que os donos de REALIDADE querem enriquecer, mesmo sacrificando os mais sagrados valores da civilização. Só não o fazem quando seu lucro é ameaçado por algum juiz de menores cônscio de seu dever. Gostaríamos de ver esta carta publicada, mas não podemos acreditar que isto aconteça.
> João e Miguel Q. Barros, Santa Maria – RS. (R008-L21 – grifo original)

Cartas que desafiavam a revista, duvidando do interesse da redação da revista em publicá-las, eram muitas vezes levadas a público. Segundo Paulo Patarra, para "dar credibilidade à revista".[200]

Algumas leituras eram muito atentas. A carta que reproduzo a seguir foi escrita por um leitor que percebeu e não gostou das muitas estratégias da revista para definir para si um público seleto. Essas estratégias estavam tanto na "beleza das gravuras" como "no luxo comprovado nas suas páginas" e no preço da revista, e até mesmo na seção de cartas, quando o missivista mostra ter notado a preferência em publicar cartas de "sociólogos e professores", como declarou Woile Guimarães. Eis a carta do leitor:

> Sr. Diretor: Para que REALIDADE seja revista do povo, e não só de intelectuais, deve aparecer nas bancas por um preço à altura das posses do povo. Não interessa tanto a beleza das gravuras ou o luxo comprovado nas suas páginas, que já estão empestadas de propaganda. A maioria das cartas publicadas são de intelectuais, industriais, padres, governadores – em suma de *gentona*, para mostrar o gabarito da revista. E REALIDADE tem uma linha duvidosa, indefinida. Procura agradar o capitalismo e os contrários a ele. A verdade é a verdade mesmo. Não adianta querer tapear. REALIDADE não se define para poder ganhar mais. Por que não se definir? Vocês tem medo de quem ou do quê? Escrevi uma carta há três meses. Não a publicaram por não terem recebido, ou por que o conteúdo foi realista e crítico, ou tiveram medo de expor minhas opiniões?
> Afonso Barbosa de Carvalho, Recife – PE.

O número de reportagens permanece o mesmo, desde o primeiro número de REALIDADE. Convidamos os leitores a comparar, proporcionalmente, o espaço de anúncios de REALIDADE com o de qualquer outra revista brasileira. Não podemos publicar todas as cartas e nosso critério é o interesse que elas possam despertar nos leitores. REALIDADE definiu-se política e jornalisticamente quando apareceu ao público, e continua definindo-se – isto é, confirmando-se – a cada número que sai. (R016-L04 – grifo original)

Na verdade, *Realidade* vem a público, mas não responde o leitor. "Nosso critério é o interesse que elas possam despertar nos leitores." Como medem esse interesse? Sem dúvida que não há interesse da revista em publicar cartas que a desabonem. Definiu-se politicamente? Quando? Em que direção? E o que quer dizer definiu-se jornalisticamente? Recurso para falar sem dizer. A revista engasga na própria defesa: "continua definindo-se – isto é – confirmando-se a cada número que sai". A definição política de *Realidade*, aliás, é algo cobrado por alguns leitores desconfiados:

DISFARCE DE ESQUERDA
Sr. Diretor: Tenho a impressão que REALIDADE é francamente antiamericana e anti-religiosa, aparecendo em suas páginas os mesmos disfarces esquerdistas de todos os tempos.
Davi Carlos Reis, Rio – GB.
REALIDADE não é nem de esquerda, nem de direita. É pela democracia, pela livre iniciativa, por um Brasil mais próspero e mais feliz. (R003-L04)

Nestas cartas, *Realidade* deixa de responder diretamente às acusações do leitor. Usa o seu recurso de "jogar um leitor contra outro":

Pró-americanista, pró-cultura
Sr. Diretor: Tenho lido alguns artigos de REALIDADE, notei que a revista trai ideológicamente nossa pátria a favor de uma nação estrangeira, ajudando-a a conquistar o brasileiro e consequentemente o Brasil. Tenho certeza que todos os leitores dessa revista estão alertados das intenções de seus artigos e já lêem

com espírito crítico, e especialmente a juventude brasileira, que é o alvo principal desses artigos.
Clayton Robert Santos, Recife – PE. (R015-L16)

Sr. Diretor: Antes do surgimento de REALIDADE, notava-se que as demais revistas chegavam a menosprezar o público brasileiro, público este ávido de cultura. Depois de REALIDADE, porém, as coisas mudaram. É para nós grande satisfação cumprimentar a todos vocês da revista, que estão contribuindo para o desenvolvimento sócio-cultural do povo brasileiro.
Mário Silva, Curitiba – PR. (R015-L17)

É curioso notar que alguns leitores acusam Realidade de ser "francamente antiamericana" e "usar disfarces esquerdistas" enquanto outros a criticam por tomar partido oposto traindo "ideologicamente nossa pátria a favor de uma nação estrangeira", o que a própria revista traduziu como "pró-americanista". Na edição seguinte, o leitor pernambucano Afonso Barbosa de Carvalho, cuja carta foi reproduzida anteriormente (p. 136), acusa a revista de não se definir propositadamente, para "ganhar mais". Recebe uma resposta evasiva. A revista afirma que "definiu-se política e jornalisticamente quando apareceu ao público", mas não diz pelo que se definiu. Um jovem leitor, consciente do perigo que rondava a imprensa naquela época, aconselha *Realidade* a não se definir. Tão diferentes são as suas representações de mundo:

Sr. Diretor: A título de comentário, devo acrescentar que concordo com um leitor pernambucano que acha que REALIDADE não se definiu, e que procura agradar a gregos e troianos. Também acho isso, REALIDADE puxa para os dois lados. Se isso é necessário para a sobrevivência da revista, não o sei, nem me interessa saber. E, apesar dos pesares, aconselho a vocês continuarem assim mesmo, pois essa não definição é a maior garantia que nós, leitores, temos de poder ler REALIDADE por mais tempo.
Carlos Augusto Junqueira de Siqueira – 16 anos, São Paulo – SP. (R018-L16)

Essa indefinição talvez possa ser explicada por dois motivos. O primeiro, o interesse da revista em conquistar o maior número possível de leitores, ampliando ao máximo sua comunidade de leitores. De acordo com Paulo Patarra, a conquista dos leitores se daria incluindo

> na receita o máximo possível de ingredientes. Mas é necessário também dosar bem os temperos, dar de cada um a quantidade desejada, o suportável pela maioria. Com os assuntos difíceis, todo cuidado é pouco. Fundamental: que nenhum deles irrite uma parte dos leitores.[201]

O segundo, pelo fato de a revista ser dirigida pela dupla Paulo Patarra e Roberto Civita que, segundo os próprios jornalistas da revista, possuíam posições políticas e representações de mundo muito diferentes, mas que, nessa época, conviviam em harmonia. Era uma redação diferente da descrita por este leitor:

> Imprensa
> Sr. Diretor: "Nosso jornal está em perigo" encerra tão-somente uma dialética que procura justificar a velhice da imprensa brasileira. A sua afirmação de que "para vender, os jornais têm que se dirigir a um mercado capaz de consumi-lo", é verdadeira. Caberia nela, todavia, a complementação de que devem ser parcimoniosos na doutrinação de sua política administrativa e se preocupar em oferecer melhores atrativos aos seus leitores. O repórter brasileiro, via de regra, mal pago e sem personalidade, atrela-se, por necessidade de subsistência, à ganância de seus patrões e prepostos, transformando-se assim em joguete de suas paixões pessoais, dilacerando os resquícios de esperança que os leitores têm na nossa imprensa.
> Carlos Lúcio Menezes, Brasília – DF. (R017-L04)

O que mais uma vez demonstra que os leitores não recebem passivamente o que lêem e reclamam do que não lhes agrada ou dos pontos de vista com que não concordam. Esses exemplos mostram que interação leitores-editores/autores é constante e de mão dupla.

Em mais de uma oportunidade, *Realidade* publicou cartas de leitores enviadas por brasileiros residentes em outros países. Parentes e amigos enviavam a revista para que ficassem atualizados sobre os acontecimentos do Brasil. Eram cartas como estas:

> REALIDADE no exterior
> Sr. Diretor: Acabo de receber, enviado por parentes, o número de setembro de REALIDADE. Nessa revista, encontrei a resposta à minha procura de reportagens e notícias sobre a atualidade brasileira, tão difíceis de se conseguir por aqui. Gosto da linha clara, completa e imparcial adotada nos seus artigos.
> Nílton G. Gimenes, Chanute Air Force Base, Illions – USA. (R008-L07)

> Sr. Diretor: Minha senhora e eu, professores de Português em The American Institute for Foreign Trade, depois de cuidadosa pesquisa, decidimos que REALIDADE é a atual revista brasileira que melhor retrata e informa sobre a vida e o povo brasileiro em geral, de maneira objetiva, imparcial, esclarecida e construtiva.
> Dr. Guilherme de Castro e Silva, Phoenix, Arizona – USA". (R008-L08)

> Sr. Diretor: Um exemplar de sua magnífica revista chegou a minhas mãos, aqui, no Canadá. Formidável! Quero nesta breve mensagem expressar o meu contentamento ao ver que ainda há em meu país homens que se dedicam, sem temor, corajosamente, a combater a injustiça.
> Assis Lopes, Saint-Boniface, Manitoba – Canadá. (R008-L09)

O objetivo da publicação dessas cartas talvez fosse mostrar ao público quão abrangente poderia ser a sua comunidade de leitores. Contudo, sabendo dessa forma que a revista ultrapassara as fronteiras nacionais, outros leitores escreveram preocupados com a divulgação de certos problemas brasileiros, que poderiam criar uma imagem negativa do país "lá fora". Como a reportagem realizada por Roberto Freire sobre o matador Zé Crispim, envolvido com políticos do Nordeste. A reportagem foi publicada em março de 1968. Diz o leitor indignado:

Sr. Diretor: A reportagem sobre o pistoleiro Zé Crispim mais parece uma novela policial. Se é verdade mesmo tudo aquilo, o Brasil precisa de muitos e muitos anos para se tornar o que realmente deseja ser. É de se lamentar amargamente que regiões brasileiras vivam ainda em pleno século passado. Mas será bom que uma revista de quilate internacional mostre o lado imundo, sujo e podre do Brasil? Essa reportagem servirá acaso de atração turística? Servirá para o bem comum? Não. Só fará alimentar o comodismo brasileiro. REALIDADE, pensando em vender os seus exemplares, realiza reportagens brilhantes mas depois entra no rol dos acovardados, esquece tudo e só pensa nas suas rendas. Os homens públicos que na atualidade estão investidos de mandatos populares tomarão conhecimento da reportagem. Todavia, não vão fazer nada. Não lhes interessa fazer coisa alguma. E quem poderia fazer alguma coisa está fora do caldeirão. Esta realidade bastarda e podre, que envolve prefeitos, deputados vereadores, delegados, juízes etc., como mostra a reportagem em questão, não será motivo de chacota no exterior?
Eduardo Braga, São Paulo – SP. (R025-L01)

Entretanto, a revista invadiu fronteiras importantes em território nacional. Esta jovem leitora fugiu de todos os outros elementos definidores do "leitor padrão" da revista, ou seja, pertencente à classe média, universitário, homem...

Sr. Diretor: Moro numa favela e vejo a cada instante pessoas com as quais convivo se degradarem, não por falta de vergonha, mas por falta de educação sexual e intelectual. Não dêem ouvidos a comentários maldosos de que a revista tem cunho impudico. Se há tão grande número de mães solteiras aqui, é por falta de educação sexual. Continuem esclarecendo e educando o povo, por que é disso que o Brasil precisa.
Valdete B. Santos – 22 anos, Guanabara – GB. (R018-L09)

Também não imaginaram os editores que noviças teriam autorização da madre superiora para ler a revista, considerada muito instrutiva:

Sr. Diretor: Solicito números atrasados da revista, pois tenho uma irmã freira, e a Madre Geral do Convento achou REALIDADE muito instrutiva para as noviças.
Gilberto Caldeira, São Paulo – SP.
Infelizmente, os números 1, 2, 3 da revista estão esgotados. (R007-L29)

Este leitor, acreditava que a revista devia ser lida por todos:

Médicos e pedreiros
Sr. Diretor: Tenho em mãos em exemplar de REALIDADE, que me deixou fascinado: é uma revista para ser lida por médicos e pedreiros, advogados e empregadas domésticas, professores e alunos, jovens e velhos, engenheiros e agricultores.
Zeno Simm, Rolândia – PR. (R005-L16)

Alguns leitores queixam-se do preço alto da revista. Outros, embora afirmem ter que fazer sacrifício financeiro para comprá-la, consideram justo o preço da publicação pela qualidade do produto adquirido. O preço da revista pode ser um elemento de seleção do público, de definição da comunidade dos leitores.

Da mesma forma, *Realidade* poderia ser considerada uma revista elitista, por privilegiar, às vezes, cartas de leitores mais qualificados, entendendo com isso que as mudanças sociais, de costumes, que defende e divulga devem ser promovidas por esses setores melhor (in)formados da sociedade. Os próprios leitores, ainda que tenham opinião diversa da revista, muitas vezes parecem compartilhar dessa mesma idéia, ou seja, de que as mudanças devem vir "de cima para baixo" ou seja, deverá ser realizada pela elite intelectual brasileira. São os leitores que elogiam a revista por "melhorar o nível cultural do povo brasileiro". Entretanto, a pluralidade de práticas sociais ultrapassa barreiras de classes sociais definidas por poder aquisitivo, escolaridade etc.:

A história sociocultural aceitou durante muito tempo (pelo menos em França) uma definição redutora do social, confundido exclusivamente com a hierarquia das fortunas e das condições, esquecendo que outras diferenças, fundadas nas pertenças sexuais, territoriais ou religiosas eram também plenamente sociais e suscetíveis de explicar, tanto ou melhor a oposição entre dominantes e dominados, a pluralidade das práticas sociais.[202]

Então, o paradigma de leitura válido para os leitores de *Realidade* considerando sua comunidade de leitores, no momento e no lugar em que acontecem essas leituras, envolve tantas "realidades" diferentes, levando em consideração os múltiplos modos possíveis de relação mantidos pelos leitores com o mundo social. Tantas *realidades* quantas diferentes "apropriações" são possíveis. Pois segundo Michel de Certeau,

> A autonomia do leitor depende de uma transformação das relações sociais que sobredeterminam a sua relação com os textos. Tarefa necessária. Mas esta revolução seria de novo o totalitarismo de uma elite com pretensão de criar, ela mesma, condutas diferentes e capazes de substituir uma Educação anterior por outra normativa também, se não pudesse contar com o fato de já existir, multiforme embora sub-reptícia ou reprimida, uma outra experiência que não é a da passividade.[203]

Estratégia & tática, revista & leitores

Para este trabalho, defini como critério de seleção de reportagens analisadas apenas aquelas que tiveram mais que dez comentários na seção de cartas dos leitores. Dessa forma, depois da leitura e fichamento de todas elas, separei, dentre as 138 reportagens comentadas pelos leitores nos três primeiros anos da revista, onze que foram objeto de análise.

São reportagens que mostram os assuntos de maior interesse para os leitores. Mas, revelam também os assuntos para os quais a revista queria dar repercussão, como explicou Woile Guimarães, ex-secretário de redação da revista.[204] Por isso, talvez, haja tanta diferença entre os temas mais presentes na seção de cartas e os resultado da primeira pesquisa encomendada pela Editora Abril para saber os assuntos de interesse dos leitores. Se classificarmos as onze reportagens que analisei de acordo com os onze assuntos propostos pela pesquisa, teremos o seguinte:

1. Assuntos relativos ao sexo e à educação sexual:
- "As suecas amam por amor", nº 01
- "Desquite ou divórcio", nº 04
- "A juventude diante do sexo", nº 05
- "A mulher brasileira, hoje", edição especial nº 10
- "Homossexualismo, nº 26

2. Grandes problemas brasileiros:
- "O Piauí existe", nº 13
- "A juventude brasileira, hoje", nº 18
- "Existe preconceito de cor no Brasil", nº 19
- "O excepcional", nº 21

3. Religião
• "Sou padre e quero casar", nº 06
• "Eis as provas do preconceito", nº 25 (sobre o anti-semitismo)

O tema "assuntos relativos ao sexo e à educação sexual" ficaram em terceiro lugar no interesse do leitor, segundo a pesquisa realizada pelo INESE por encomenda da Abril; os outros temas "Grandes problemas brasileiros" e "Religião" ficaram em segundo e oitavo lugar, respectivamente.

Nossos dados mostram que uma das causas mais defendidas pela revista e para a qual esta lutou incansavelmente a fim de conquistar adeptos é a transformação de costumes. Pensando a questão de acordo com o conceito de representação de Roger Chartier, pode-se dizer que uma das principais lutas da revista foi a transformação da prática de vivência da sexualidade, o que exigia que se transformasse antes a representação consagrada do que é e de como deve ser vivida a sexualidade. O que conduziria a uma conseqüente redefinição do papel da mulher na sociedade.

Essa transformação de costumes, que na revista é chamada de "revolução moral", seria o caminho para o "futuro melhor", de que falou Victor Civita, na edição de lançamento. O leitor era convidado a tomar posição a partir destes pares de opostos, que constatamos serem os mais presentes nas reportagens analisadas:

Coragem x medo
Enfrentar x fugir
Verdade x mentira
Progresso x atraso
Liberdade x recalque (estar preso a velhos conceitos morais)

O que se nota nas reportagens, sobretudo nas que tratam das mudanças de comportamento, são tentativas de provocar a identificação do leitor com o lado "positivo", segundo a representação da revista, dessas duplas de opostos, ou seja, que ele deve ter coragem para enfrentar a verdade (de que o mundo mudou/está mudando), e assim desfrutar do progresso com o qual pode ser mais livre para viver suas experiências pessoais e, portanto, mais feliz. Isso era ser inteligente e moderno.

Entretanto, ao contrário do que a revista almejava, muitos leitores revelaram-se contrários às mudanças defendidas pela revista. Entre os que a apoiaram, há os que elogiam o trabalho jornalístico por sua capacidade de "melhorar o nível cultural do povo brasileiro". Os leitores contrários às mudanças sociais apresentadas nessas reportagens, em geral, acusavam-na de prejudicar a ordem estabelecida e da "dissolução da família brasileira".

Entendo a prática jornalística como uma forma de apreender o mundo, ou seja, uma representação, que conduz a uma prática, a uma ação, segundo a definição de Roger Chartier:

> (...) O que leva a considerar estas representações como matrizes de discursos e de práticas diferenciadas – "mesmo as representações coletivas mais elevadas só têm uma existência, isto é, só o são verdadeiramente a partir do momento em que comandam atos" – que têm por objetivo a construção do mundo social, e como tal a definição contraditória das identidades – tanto a dos outros como a sua.[205]

De acordo com esse autor,

> a noção de representação ser pode construída a partir das acepções antigas. Ela é um dos conceitos mais importantes utilizados pelos homens do Antigo Regime, quando pretendem compreender o funcionamento da sua sociedade ou definir as operações intelectuais que lhes permitem apreender o mundo.[206]

Da mesma forma, a prática de leitura, captada por meio do registro que dela é feito, ou seja, das cartas dos leitores, também pode ser considerada uma construção, pois revela os diferentes modos de apreensão da sociedade, ou seja, as diferentes representações que ora se afastam, ora se aproximam da representação de mundo apresentada pela revista *Realidade*, ficando assim constituída uma verdadeira luta de representações. Ainda de acordo com Chartier, as lutas de representações têm tanta importância como as lutas econômicas para compreender os mecanismos pelos quais um grupo impõe, ou tenta impor, a sua concepção do mundo social, os valores que são os seus, e o seu domínio.[207]

Especificamente sobre a questão da receptividade, o autor diz que

> A problemática do "mundo como representação", moldado através das séries de discursos que o apreendem e o estruturam, conduz obrigatoriamente a uma reflexão sobre o modo como uma figuração desse tipo pode ser apropriada pelos leitores dos textos (ou das imagens) que dão a ver e a pensar o real. (...) No ponto de articulação entre o mundo do texto e o mundo do sujeito coloca-se necessariamente uma teoria da leitura capaz de compreender a apropriação dos discursos, isto é, a maneira como estes afetam o leitor e o conduzem a uma nova norma de compreensão de si próprio e do mundo.[208]

Representações de mundo muito diferentes conviveram na seção de cartas: leitores, jornalistas e editores. A partir delas foi possível observar como se deu, em *Realidade*, a "tensão fundamental" entre a revista e os leitores, aquela tentando impor uma "justa compreensão" de seus textos à "irredutível liberdade" dos leitores, segundo a definição de Chartier.[209]

Os recursos utilizados por *Realidade* e os leitores que pretende conquistar podem ser melhor percebidos através das reportagens apresentadas a seguir. Organizei-as em grupos definidos por características que me pareceram merecer destaque pelo modo como procuram atingir, alcançar o leitor. São quatro esses grupos: 1) das que trazem ao leitor a "revolução moral" proposta pela revista, discutindo o papel da mulher na sociedade; 2) das reportagens baseadas em pesquisas de opinião junto aos leitores; 3) das reportagens de "vivência", em que o repórter transforma-se em personagem da história que narra; e, finalmente, 4) das que reportam a situação dos marginalizados.

Revolução moral

Parece de extrema relevância dentro da proposta de revista mostrar que havia uma "revolução moral" em andamento e que, para chegar aos ideais almejados de liberdade, fazia-se necessária uma transformação do papel desempenhado pela mulher na sociedade.

Oriana Fallaci, a reconhecida jornalista italiana, teve suas entrevistas publicadas em *Realidade* em diversas oportunidades.

O propósito de mudanças de comportamento já estava anunciado na edição de lançamento da revista, com a reportagem "As suecas amam por amor", em que a jornalista italiana Oriana Fallaci entrevista a atriz sueca Ingrid Thulin, um exemplo de mulher moderna por suas "opiniões revolucionárias que, na Suécia, estão abalando a velha moral".[210]

São algumas dessas idéias: a não necessidade da mulher casar-se virgem, a não necessidade do próprio casamento formal, com "papel passado", a importância da mulher trabalhar e ganhar seu próprio sustento, deixando assim de depender economicamente do marido, a importância da mulher ajudar a pagar o orçamento da casa, a sua luta pelo direito das mulheres poderem tornar-se sacerdotes. Dizia a atriz, apresentada na reportagem como "a mulher mais moderna da Europa":

> Não entendo como uma mulher pode escolher um homem sem haver conhecido outro. Nunca entendi como uma mulher pode casar-se virgem e como pode um homem casar com uma virgem. Ora, é desonesto um homem casar sem ter estado antes com a mulher. O casamento é uma coisa séria que se supõe deva durar para sempre. E o que se pode fazer depois de casada se percebe não existir, sexualmente, acordo com o homem?[211]

A repórter Oriana Fallaci afirma nesta reportagem, quando apresenta a entrevistada, que "a moral sueca é hoje a mais controvertida e observada. Dois jornalistas americanos, definiram-na como uma espécie de laboratório onde se prova um sistema de vida, pelo qual deverá passar a civilização de amanhã".[212]

Dessa vez, vem da Europa o exemplo que pode levar o Brasil à modernidade, ao futuro.

Apesar da ênfase na importância da mudança da função feminina na sociedade, é na entrevista com a atriz sueca que fica destacada a relevância da mudança de mentalidade masculina. Ingrid Thulin não aceita a postura de alguns homens, geralmente estrangeiros em visita à Suécia, que ainda não entenderam o novo papel social da mulher. Naquele país, segundo a atriz, os homens suecos já entenderam as mudanças. Ilustrada com fotografias de *closes* da atriz, a reportagem convida o leitor a examinar de perto o que ela tem a dizer. Diz ela:

> Uma vez me diverti assistindo ao encontro de uma jovem sueca com um arquiteto francês. Viram-se num restaurante. Ela lhe sorriu primeiro. Porque tinha vontade de sorrir ou, não sei, porque o homem lhe agradava. Ele tomou aquilo como uma promessa e, quando ela virou as costas, ficou louco de raiva. (...) Os nossos homens sabem disso e não lhes passa pela cabeça que uísque deve ser pago com uma noite de amor. Sair com eles não é uma promessa.[213]

Segundo Ingrid Thulin, "o mito que faz da Suécia o país do pecado deve ser desfeito, como o mito que pinta as jovens suecas sempre dispostas a oferecer noites supereróticas ao primeiro estrangeiro que pise Estocolmo".[214]

Esse "sistema de vida pelo qual deverá passar a civilização de amanhã" apresentado por Oriana Fallaci e Ingrid Thulin revelam uma construção realizada pela revista das suas representações do mundo social que, segundo Chartier, "à revelia dos atores sociais, traduzem as suas posições e interesses objetivamente confrontados e que, paralelamente, descrevem a sociedade tal como pensam que ela é, ou como gostariam que fosse".[215]

Ainda de acordo com o autor,

> as representações do mundo social assim construídas, embora aspirem à universalidade de um diagnóstico fundado na razão, são sempre determinadas pelos interesses do grupo que as forjam. Daí, para cada caso, o ne-

cessário relacionamento dos discursos proferidos com a posição de quem os utiliza.[216]

Sobre a reportagem a respeito da moral sueca, é importante considerar o destaque dado pela revista à carta desta leitora por meio da qual tenta mostrar universalidade do tema, reiterando sua representação de mundo:

> Sr. Diretor: Como uma jovem normal, que trabalha, estuda e luta em pé de igualdade com os homens, achei excelente a reportagem sobre o problema sexual na Suécia. É um crime e uma farsa, nos países latinos, a maneira como este problema é encarado. Por favor, continuem abordando este tema. Com este pedido estou expressando o pensamento de talvez 90% das jovens brasileiras, embora muitas não tenham coragem de demonstrar o que sentem.
> Ângela Fernandes, Rio – GB. (R003-L14)

Na edição nº 4 *Realidade* abriu espaço para publicar apenas a repercussão da carta da leitora Ângela Fernandes entre os leitores, com o subtítulo "Liberdade sexual":

> Sr. Diretor: A leitora Ângela Fernandes fez uma acertada previsão, ao afirmar que 90% das jovens, embora muitas não tenham coragem de se manifestar, são favoráveis à igualdade com os homens e à liberdade sexual.
> C. A. de Araújo, Brasília – DF. (R004-L06)

> Sr. Diretor: A afirmação da leitora Ângela Fernandes foi gratuita e dogmática. Tenho certeza de que são mais de 10% as jovens brasileiras que pensam que a chamada liberdade sexual não passa de uma inversão de valores e um desamor, em lugar de amor.
> A. L. de Oliveira. São Paulo – SP. (R004-L07)

São cartas que ressaltam questões como a igualdade entre homens e mulheres, a falsidade com que o tema é tratado em países como o Brasil porque as pessoas têm medo de mostrar o que sentem e pensam. Não é à toa que a revista dá amplo destaque à carta da leitora Ângela Fernandes, pois ela assume como uma realidade sua, ou seja, brasileira, aquela representação. A atitude da leitora é mesmo muito próxima da atriz sueca: fala com "franqueza e coragem", como ressaltou a revista na chamada da matéria, à página 5 daquela edição: "a atriz Ingrid Thulin fala com franqueza e coragem de liberdade, sexo, amor e igualdade entre homem e a mulher de hoje". Pois para falar com franqueza sobre esses temas é preciso ter coragem. O que talvez tenha faltado aos dois leitores que repercutiram a opinião de Ângela Fernandes, pois não assinaram seus nomes, não se mostraram completamente.

Estas duas cartas, que apresentam as opiniões de leitores sobre a entrevista da atriz sueca Ingrid Thulin à jornalista italiana Oriana Fallaci, são divergentes:

> Sr. Diretor: As 7 páginas da sueca são o único grave senão de REALIDADE. Se a revista foi criada para merecer franca receptividade da família brasileira, francamente lhe digo, com todo o brio dos meus 62 janeiros: não será apresentando coisas assim nauseantes que o conseguirão.
> Gilberto A. Domingues, Salvador – BA. (R002-L10)

> Sr. Diretor: Gostei muito da entrevista com Ingrid Thulin, "As suecas amam por amor", do número 1 de REALIDADE. Ela está certíssima. Mas digna de nota mesmo é a carta de protesto do leitor Gilberto A. Domingues, publicada no número 2. Ela reflete bem como são estúpidos, retrógrados, injustos e inflexíveis os conceitos de nossa sociedade sobre o sexo.
> João Carlos Reis, Rio – GB. (R003-L15)

Nas cartas estão presentes os principais pontos de discordância e de identificação manifestadas por outros leitores. Os leitores que se manifestam contrariamente às opiniões da atriz discordam abertamente dos princípios morais defendidos pela entrevistada, ou seja, discordam da representação de mundo da revista, como mostram as cartas destas leitoras:

> Sr. Diretor: Na qualidade de mulher e médica faço ressalvas ao artigo sobre o amor na Suécia. Sinceramente, não sei porque o brasileiro tem a mania de confundir realidade com imoralidade e usar o sexo como assunto de cartaz.
> Maria de Lourdes Morais, Santos – SP. (R003-L12)

> Sr. Diretor: Em nome da mulher paranaense e cristã, vimos protestar contra a reportagem sobre uma cínica atriz sueca.
> Maria Helena L. Ribeiro, Dalila da Castro Lacerda, Gláucia M. Pimentel. Curitiba – PR. (R003-L13)

Com relação à revista, discutem a decisão de publicar a entrevista, ou seja, desaprovam a presença do tema. Mas separam essa matéria do resto da revista, como fez o leitor Gilberto A. Domingues: "as 7 páginas da sueca são o único grave senão de REALIDADE".

Esta leitora indica qual seria o lugar certo para tratar de problemas relativos à sexualidade: os livros de educação sexual. Indignada, recomenda-os inclusive à Ingrid Thulin:

> Sr. Diretor: Qualquer livro sobre educação sexual para principiantes poderia ter evitado tanto "trabalho de pesquisa" pré-conjugal à atriz Ingrid Thulin. Protesto, como jornalista, mulher, esposa, mãe e avó, contra a reportagem "As suecas amam por amor.
> Giselda Moura Ferreira, Rio – GB. (R003-L11)

Essa questão dos assuntos lícitos de serem tratados em uma revista de grande circulação e dos lugares adequados para cada um deles é uma constante nas cartas dos leitores que escrevem sobre as reportagens, principalmente aquelas sobre comportamento.

Por fim, embora a revista não apresente esta carta de leitor publicada na edição nº 5 como "direito de resposta", é o que de fato ela é. O subtítulo "De novo, as suecas" mostra que a revista preferia já ter encerrado o assunto na seção de cartas:

> Sr. Diretor: A respeito da reportagem "As suecas amam por amor", publicada no primeiro número de REALIDADE, nossa igreja enviou-lhe correspondência que foi transcrita na seção "Cartas". Quero esclarecer que o sermão que na ocasião proferi não era favorável à atitude da atriz Ingrid Thulin. É bem diferente a ética no Novo Testamento, tido por nós como palavra de Deus.
> Pastor Roberto V.C.T. Lessa, Primeira Igreja Presbiteriana Independente. Curitiba – PR. (R005-L12)

Esta retifica carta anterior, publicada entre as cartas submetidas ao subtítulo "A favor das suecas":

> Sr. Diretor: Com a presente, vimos nos congratular com REALIDADE. A reportagem "As suecas amam por amor" foi amplamente discutida pelos jovens desta igreja, motivando ainda sermão do nosso pastor.
> Dátames A. Egg, Primeira Igreja Presbiteriana Independente. Curitiba – PR. (R003-L17)

A revista voltaria a repercutir os assuntos abordados na entrevista de Oriana Fallaci com Ingrid Thulin na edição especial sobre a "A mulher brasileira, hoje", publicada na edição nº 10, de janeiro de 1967, para a qual parece ter servido de roteiro. A edição foi apreendida pelos juízes de menores de São Paulo e Rio de Janeiro que a consideraram "obscena" e "ofensiva à dignidade de mulher".

Enquanto os leitores ainda escreviam para a redação comentando a entrevista de Ingrid Thulin, a revista já começava a preparar a edição especial sobre as mulheres brasileiras, para mostrar como tais assuntos estavam sendo vividos no Brasil. A edição foi apresentada por Roberto Civita, diretor da revista, num editorial entitulado "O trabalho que elas deram":

> Seis meses atrás, em longa conversa ao pé da lareira, numa noite de inverno, começamos a discutir a posição e a importância da mulher em nosso país. Falamos da revolução tranqüila e necessária – mas nem por isso menos dramática – que a mulher brasileira estava realizando. E decidimos dedicar

uma edição especial de REALIDADE ao que ela é, ao que faz, a que pensa e ao que quer.[217]

E lendo as reportagens é possível perceber que a "revolução tranqüila e necessária" de que fala Roberto Civita passa por uma verdadeira transformação moral. Essa é a ênfase das principais reportagens publicadas na edição especial sobre as mulheres, apreendida assim que chegou às bancas.

Há, nesse número, referências a outras reportagens publicadas anteriormente. Por exemplo, a entrevista com a atriz Ítala Nandi, apresentada como a Ingrid Thulin brasileira, a matéria sobre a mulher que dirige uma fábrica de calças femininas e as freiras que dirigem uma paróquia são matérias que trazem temas já abordados em "As suecas amam por amor". "Três histórias de desquite" mostra como vivem e os problemas que enfrentam três mulheres desquitadas; é quase uma continuidade de "Desquite ou divórcio", publicada em julho de 1966. A reportagem sobre a jovem mãe solteira faz referências que remetem às questões abordadas em "A juventude diante do sexo", publicada em agosto de 1966, e "Deus está morrendo", de dezembro daquele ano.

Como a entrevista com Ingrid Thulin, a de Ítala Nandi também foi ilustrada com fotos coloridas revelando, em *closes*, o sorriso da atriz brasileira. Ao contrário, nas reportagens sobre as desquitadas e a mãe solteira foram utilizados recursos como sombras e nomes falsos para as personagens da história, ao mesmo tempo expondo suas histórias e escondendo seus rostos, certamente menos sorridentes do que o de Ítala Nandi. Embora, na maioria das cartas publicadas, os leitores comentassem a apreensão da edição, alguns escreveram sobre matérias específicas daquele número, como esta sobre a mãe solteira:

> Sr. Diretor: Fui assistente social durante quatro anos e, mais de uma vez, nos Juizados de Menores, vi criancinhas recém-nascidas abandonadas por mães solteiras (nem sempre pobres), que não tinham coragem de enfrentar

a sociedade. Quem é mais digna? Aquela que luta contra tudo e todos para criar seu filho ou aquela que é capaz de praticar o crime do abandono para salvaguardar as aparências?
    Aurélia B. Sivo, São Paulo – SP. (R011-L12)

Como todas as edições, esta também teve doze reportagens. A primeira, "O que pensam nossas mulheres"; resultado de uma pesquisa sobre como pensam as mulheres a respeito dos homens, parentes, religião, política, dinheiro, esporte e diversões, moral e sobre seus ideais.

A grande pesquisa que abre a edição foi realizada para saber o que pensavam as mulheres. As perguntas versavam sobre os seguintes temas, conforme destaque da revista: "mulher e os homens", "a mulher e os parentes", "a mulher e a religião", "a mulher a política", "a mulher e o dinheiro", "a mulher, os esportes e a diversão", "a mulher e a moral". Sendo que este último teve número de perguntas muito superior aos demais assuntos: 32 perguntas, enquanto os demais assuntos não tiveram mais do que oito.

Quase todas as perguntas procuravam medir a autonomia das mulheres, se pensavam por si mesmas ou eram influenciadas pelo marido, ou outros parentes. Por exemplo: "a senhora vota em quem seu marido indica?" ou "Seus pais têm muita influência em sua vida?". Outras procuram avaliar o quanto as mulheres estão envolvidas com os problemas nacionais: "A senhora acha que vivemos numa democracia?" ou então "a senhora acha que a inflação está diminuindo?". Mas são mesmo as perguntas sobre a moral que procuram mostrar as mudanças de comportamento das mulheres em relação ao sexo, que deve ser a primeiro passo na conquista da igualdade com os homens, depois da independência financeira. E as respostas procuram mostrar que a maioria das mulheres pensa de forma diferente, como mostram as respostas a esta pergunta:

Uma mulher decente pode gostar de sexo?
Cem por cento das mulheres que fizeram universidade responderam sim, mas apenas a metade das analfabetas concorda com elas. Quanto à classe social, o sim foi de 92% entre as ricas e 58% entre as pobres. E quanto à religião, de 78% entre as protestantes contra 68% entre as católicas. Resultado final: 70% das mulheres brasileiras concordam que uma mulher decente pode gostar de sexo. Em compensação, quase uma em cada três mulheres continua sofrendo de complexos – ou vivendo as conseqüências de uma situação inadequada – nesta área tão importante. Exemplo: 81% das analfabetas entrevistadas acham que o sexo é uma coisa importante na relação homem-mulher, mas apenas 50% são de opinião que mulher decente pode gostar de sexo.[218]

Os números são semelhantes nas respostas a esta outra pergunta:

O papel da mulher nas relações sexuais é somente satisfazer o marido?
Pouco mais de um quarto das entrevistadas ainda pensa que sim. Mas 97% das universitárias discordam disso. E é bastante significativo que as mais jovens (77%) tenham uma concepção muito menos passiva do papel sexual da mulher do que as mais velhas (58%). Outro dado: apenas 18% das solteiras (contra 31% das casadas) concordam que a função da mulher é somente satisfazer o marido.[219]

Como se pode ver nestas respostas, as universitárias ou as que têm nível universitário são as que melhor aceitam as mudanças de comportamento da mulher que a levam a assumir nova posição social. E isto é perceptível também nas respostas a outros assuntos:

A senhora vota em quem seu marido indica?
Exatamente um terço das entrevistadas segue as instruções do marido no terreno político. De forma geral, quanto mais jovem a esposa, mais ela aceita ser guiada (38% das mulheres entre 25 e 34 anos aceitam a indicação "dele", enquanto a porcentagem desce para 26% nas mulheres acima de 50 anos). E, como era de se esperar, quanto maior a instrução, maior a independência: 65% das com curso primário votam por conta própria, ao passo que 83% das

mulheres de nível universitário escolhem os seus próprios candidatos. Assim mesmo, o fato de uma em cada três eleitoras brasileiras votar em candidatos indicados pelos maridos, demonstra claramente que a luta pela independência ainda não acabou.[220]

A estratégia de mostrar as informações por meio de pesquisas de opinião é muito utilizada pela revista. Como *Realidade* quer tratar de assuntos polêmicos, procura apresentá-los de forma a mostrar de antemão que a "maioria", sem dúvida, discutível, está do seu lado. Dessa forma, legitima e fundamenta os temas que pretende reportar.

As outras reportagens presentes da edição especial sobre a mulher brasileira são: "A indiscutível, nunca proclamada (e terrível) superioridade natural das mulheres", descontraída reportagem que tenta mostrar que a mulher é superior ao homem; "Ela é assim – Por que uma mulher é uma mulher?", abordagem científica sobre como é e como funciona o corpo feminino; "O amor mais amor", ensaio fotográfico sobre o amor materno; "A benção, sá vigária", sobre freiras, no Nordeste brasileiro, que cuidam de uma paróquia que não tem padres; "Nasceu!", história de uma parteira de Bento Gonçalves (RS) que insiste em cultivar uma tradição e enfrenta o progresso trazido por médicos e hospitais; "Esta mulher é livre", entrevista de Ítala Nandi; "Consultório sentimental", nesse texto Carmen da Silva discute o formato das seções de revistas femininas para as quais as leitoras escrevem pedindo conselhos para solucionar seus problemas mais íntimos;[221] "Minha gente é de santo", história de uma mãe de santo, "Três histórias de desquite"; "Dona Berta, o diretor", exemplo de mulher independente e bem-sucedida profissionalmente e "sou mãe solteira e me orgulho disso".

Elementos inerentes às mulheres, como o corpo feminino e a beleza do amor materno, são exaltados nas reportagens. Algumas tradições relacionadas às mulheres merecem ser sempre preservadas: o trabalho da parteira é apresentado como uma delas. Por outro lado, preconceitos contra mulheres desquitadas, como Ítala Nandi e as três anônimas que deram seus depoimentos em outra reportagem ou contra as mães solteiras devem ser combatidos, segundo a revista, assim como a pretensa superioridade masculina que subestima e subjuga.

A nova mulher brasileira, fruto dessa revolução anunciada, deve ser moderna, ou seja, inteligente como Ítala Nandi, independente como dona Berta, corajosa e verdadeira como a mãe solteira. E deve atuar em áreas tradicionalmente exclusivas dos homens, como a Igreja.

Nas edições seguintes, *Realidade* publicou 31 cartas sobre a edição apreendida, dentre as quais apenas quatro leitores se mostraram favoráveis à apreensão do exemplar. No número 11, o principal argumento dos descontentes era, mais uma vez, a defesa da família brasileira e da moral tradicional:

> Sr. Diretor: Estão vendendo pornografia, mas isto vai acabar. Palmas para os srs. juízes de Menores que saíram em defesa da Moral brasileira.
> Clementina Soares Mintori, São Paulo – SP. (R011-L02)

Leitores favoráveis à revista argumentam no sentido da objetividade da revista, baseando-se em critérios científicos. Foram publicadas possivelmente porque traduzem como a revista *queria ser lida*:

> Sr. Diretor: Com satisfação, li num jornal desta Capital, que o nº 10 de REALIDADE foi lido num colégio de freiras com o consentimento da Madre Superiora. Estabelecer o diálogo é coisa importantíssima na educação da juventude e qualquer assunto, sem exceção, deve ser discutido e esclarecido para que as gerações de amanhã possam conduzir o Brasil para um futuro mais feliz.
> Hernâni L. Furtado, São Paulo – SP. (R011-L05)

> Sr. Diretor: A revista REALIDADE é, sem favor algum, a melhor revista brasileira. Na condição de assíduos leitores e admiradores incondicionais deste magnífico trabalho, tanto jornalístico quanto humano, sentimo-nos no direito de fazer algumas observações: acreditamos que a intenção dos senhores foi

criar uma revista capaz de despertar o pensamento dos brasileiros, abordando com honestidade assuntos de vital interesse e norteando-se sempre por critérios científicos. Isto, dentro da estrutura arcaica em que vivemos, é um avanço considerável. Assim, é com pesar que afirmamos, como meros observadores, que os objetivos de vanguarda a que esta revista se propõe atingir, tais como esclarecer, educar o orientar o leitor, estão, infelizmente, sendo mal compreendidos por alguns juízes de Menores. Há ainda neste país pessoas que sentem duramente atingidas pela verdade, porque toda sua personalidade se baseia em valores estéreis de uma fictícia moral, impregnada de ódio e intolerância. Sabemos que REALIDADE, se quiser continuar nos mesmos moldes que até agora manteve, terá caminhos espinhosos e repletos de incompreensão. Congratulamo-nos com os senhores, que souberam manter bem alto o nome da revista, não transigindo diante das dificuldades e ameaças.

Osmar Sette, Sátiro Ito, Adelaide Umebayashi, Roberto de Almeida, Alzira Silva, Walkiria Piaseck, São Paulo – SP. (R011-L06)

A revista ainda voltaria ao tema, mesmo após a apreensão, numa reportagem de tema aparentemente diverso "A dor do parto não existe", publicada no nº 15, maio de 1967. Essa reportagem ocupava-se em mostrar os benefícios do método do parto sem dor e desmistificar o parto como experiência dolorosa, castigo necessário imposto desde a Bíblia. O método é baseado nas observações de um médico inglês (Read) e nos estudos de cientistas russos sobre a teoria dos reflexos condicionados de Pavlov. Diz a reportagem que meninas são educadas para temer o parto, o que deixa

profundas marcas inconscientes, acabam por significar para ela uma triste fatalidade que marca o destino das mulheres como o de um ser humano secundário.

Às deformações, se acrescentam ainda, as mais nebulosas informações sobre sexo, a noção do pecado e necessidade de um castigo através do sofrimento (...).

As proibições do sexo ligadas intimamente à moral religiosa (o pecado) e ao medo de gravidez durante as relações sexuais desenvolvem um sistema refinado de autopunição que normalmente terminam numa gestação cheia de sofrimentos (rejeição ao filho) e num parto doloroso.[222]

Por si, o método do parto sem dor exige uma mudança de mentalidade que prevê a mudança de posição da mulher na sociedade e como conseqüência a transformação do olhar da sociedade sobre a mulher. As mulheres que vivenciaram a experiência do parto sem dor conseguiram revolucionar sua visão de mundo de forma que, segundo a reportagem:

> questões como a da virgindade, relações pré-matrinoniais, a situação subalterna da mulher na sociedade vão sendo discutidas até determinar em alguns casos uma nova posição diante da vida. Depois do parto bem realizado à custa de seu próprio esforço (freqüentemente sua primeira realização integral na vida) muitas mulheres procuram trabalhar, pois estão determinadas a participar mais de sua sociedade.[223]

"Revolução moral" era expressão usada pela revista para a defesa da liberdade sexual, que tinha como foco principal a liberação da mulher, entendido como o lado mais reprimido socialmente no que se refere à sexualidade. Foi o que mostrou a análise dessas reportagens.

Pesquisas de opinião

Uma característica importante de *Realidade* é a presença do leitor em suas páginas. A seção de cartas é um espaço privilegiado e definido *a priori*, mas havia outros. Na seção "Brasil Pergunta", por exemplo, a pergunta de um leitor era respondida por duas personalidades que sustentavam opiniões opostas sobre o assunto da pergunta. Publicada na última página de cada edição, a seção era apresentada desta forma: "BRASIL PERGUNTA. Esta última página é de debate. Aqui, respondendo aos leitores, personalidades entram em choque, discutindo problemas nacionais".

Os chamados problemas nacionais, na maior parte das perguntas, estavam relacionados à política: "Eleições indiretas são democráticas?", publicada no primeiro número da revista é um exemplo. São outros: "O governo, afinal, vai conter o custo de vida?", publicada no segundo número, "Acabou o arrocho salarial?". Questões sociais também preencheram a seção com perguntas como esta "Devemos limitar a natalidade?", presente no número seis. Os temas discutidos na seção "Brasil Pergunta" eram temas recorrentes na revista. Os que ainda não tinham sido assunto de reportagem, viriam a ser, como a pergunta: "Existe racismo no Brasil?", publicada na edição número 15. Quatro meses depois, na edição 19, a revista publicaria reportagem sobre o assunto. Na edição 10, especial sobre as mulheres brasileiras, a pergunta era: "A mulher deve ser virgem ao casar?". O que mostra que, como na seção de cartas, os assuntos presentes em "Brasil Pergunta" eram cuidadosamente escolhidos para dar destaque e continuidade aos temas que a revista queria manter vivos e presentes no pensamento de seus leitores.

Algumas questões presentes na seção "Brasil Pergunta" tiveram repercussão na seção de cartas dos leitores. São ótimos exemplos de quão diferentes podem ser as interpretações dadas a um mesmo texto.

COM IPM NÃO PODE

Sr. Diretor: Peço-lhes que tenham o mais absoluto critério na escolha de seus colaboradores. O deputado César Prieto (que respondeu ao "Brasil Pergunta" do número 2) está indiciado em IPM.

L. Bealdnil, São Paulo – SP.

As questões da seção "Brasil Pergunta" não são respondidas por colaboradores, mas sim por duas personalidades com pontos de vista claros e contrastantes. Uma das questões fundamentais da democracia é a sua disposição de ouvir todas as opiniões.(R003-L08)

Controle de natalidade

Sr. Diretor: A resposta do Sr. Glycon de Paiva, à pergunta "devemos limitar a natalidade?", bem demonstra o tipo de economista que é. Sua fórmula é simples e eficiente: matemos os pobres e o Brasil será um país de ricos.

Walter Campagnollo, Campo Mourão – PR. (R008-L11)

Sr. Diretor: Como médico, felicito a extraordinária, objetiva e patriótica resposta dada pelo sr. Glycon de Paiva a favor do controle da natalidade. O Brasil não deve mesmo "preencher espaços vazios com estômagos vazios".
Dr. Sidnei Pereira Lucas, São Carlos – SC. (R008-L12)

Arrocho ou afrouxo?

Sr. Diretor: A propósito do "Brasil Pergunta" de REALIDADE de junho, tenho a acrescer o seguinte: A pergunta que REALIDADE pretendia que eu respondesse – segundo o repórter que me entrevistou – era: "O abono é o início do arrocho salarial?". Preparei a resposta para essa pergunta, mas surpreendentemente, o título que encimou a minha resposta na revista foi bem outro: "Acabou o arrocho salarial?" Ficou então prejudicada a resposta e não corresponde à verdade que eu comungo com aqueles que entendem estar longe o fim do arrocho.
Alceu Porto Cardoso, Presidente Nacional dos Trabalhadores em Comunicações e Publicidade, Rio de Janeiro – GB.
A pergunta que o repórter fez foi: "acabou o arrocho salarial?". (R031-L12)

Contudo, a participação do leitor, mais do que consentida, estimulada pelos editores da revista se deu por meio das pesquisas de opinião promovidas pela revista. A primeira delas foi apresentada em julho de 1966, na quarta edição, junto com a reportagem "Desquite ou divórcio". Assinada por José Carlos Marão, a reportagem procurava apresentar e debater o que fazer quando o casamento fracassa. Para tanto convidou os leitores a darem suas opiniões respondendo à pergunta "qual a melhor solução para o casamento irremediavelmente fracassado?".

A reportagem focaliza o projeto de lei em tramitação no Congresso Nacional que, em seu texto, não considerava a legalização do divórcio, mas apenas ampliava as possibilidades de anulação de casamentos. Contudo, o debate sobre o divórcio é apresentado pela revista como central desde o título da matéria até à pesquisa de opinião com que chama a participação do leitor no debate. Mesmo assim, atribui a outra entidade, a Sociedade Brasileira da Defesa da Tradição, Família e Propriedade, a responsabilidade pelo início do debate sobre o divórcio:

O novo Código Civil não trata de divórcio, mas amplia as possibilidades de anular casamentos. O divórcio, nos países onde existe, é concedido por motivos posteriores ao casamento, como o desquite no Brasil.

Mas as anulações previstas pelo novo código continuam sendo baseadas exclusivamente em motivos anteriores ao casamento, que um dos esposos desconhecesse.

Mesmo assim, um grupo de pessoas está dando um passo à frente do projeto, afirmando que ele institui o divórcio. Esse grupo é liderado pela Sociedade de Defesa da Tradição, Família e Propriedade, entidade com sede em São Paulo e mais ou menos dois mil sócios por todo o Brasil. É uma rica agremiação de homens – na sua grande maioria jovens congregados marianos – que, durante o mês de junho, saíram pelas ruas das principais capitais do Brasil coletando assinaturas "contra o divórcio". Afirmam eles que, durante essa coleta, conseguiram mais de 400 mil assinaturas.

Quem passasse pela rua, nos dias da campanha ouviria:
– O senhor quer assinar? É contra o divórcio.

Na verdade, o texto do abaixo-assinado dirigido ao Presidente Castelo Branco é contra o novo Código Civil, falando apenas em "introdução virtual do divórcio", e lembrando que o projeto foi elaborado por uma Comissão constituída em 1963.

O presidente desta sociedade é o professor Plínio Correia de Oliveira, catedrático de História da Faculdade de Filosofia da Universidade Católica em São Paulo, co-autor do livro *Reforma Agrária, Questão de Consciência* e autor de obras de interesse ideológico e religioso.[224]

O travessão introduzido logo após a apresentação do presidente da sociedade, dá a impressão de que estamos lendo suas palavras, porém: "– Entendo que o divórcio não seja um bem de boca cheia – diz Nélson Carneiro, deputado divorcista – mas é uma solução menos pior que o desquite e mais humana, no meu modo de ver".[225]

A revista procura, dessa forma, desprestigiar e enfraquecer a iniciativa da Sociedade Brasileira da Defesa da Tradição, Família e Propriedade, explicitamente contrária ao divórcio. Dizer que tem dois mil sócios em todo o Brasil, um país com cerca de 90 milhões de habitantes naqueles anos é dizer que ela é pouco representativa, assim como dizer "afirmam eles", os responsáveis pela iniciativa, e, portanto uma fonte de avaliação parcial, que o número de assinaturas coletadas foi da ordem de 400 mil, tenta por em dúvida esse número. A revista tenta ainda sugerir que a Sociedade TFP agiu de má fé na coleta das assinaturas, dizendo que era contra o divórcio, quando na verdade era contra o novo Código Civil. E, por fim confunde a opinião do presidente da TFP com a do deputado divorcista.

Convidar os leitores a participarem do debate sobre o divórcio, como faz *Realidade* ao final dessa reportagem, também é uma forma de dividir a responsabilidade sobre o assunto e, ao mesmo tempo, conquistar adeptos para uma causa, qual seja, a legalização do divórcio e não apenas a ampliação das possibilidades de anulação de casamento, que seria, como a revista afirma, o assunto em debate, o que propõe o projeto de lei. O convite ao leitor é feito num quadro no canto superior direito da última página da reportagem:

> Qual a sua opinião?
>
> Há um novo projeto de Código Civil, fala-se muito em divórcio, os juristas lutam entre si, a Igreja manifesta-se, alguns grupos tomam posições radicais, mas até agora, ninguém ouviu a opinião pública. REALIDADE, pela primeira vez, dá a oportunidade aos seus leitores de manifestar seu pensamento sobre um assunto da atualidade.
>
> Para mandar sua opinião, o leitor precisa apenas preencher o cartão ao lado, recortá-lo e colocar no correio. O endereço já está no verso e o sêlo será pago pela Editôra Abril.
>
> Numa próxima edição, REALIDADE apresentará os resultados desta pesquisa, analisando não apenas a votação, mas também as opiniões manifestadas pelos leitores.[226]

A questão foi tratada em termos do que seria justo. "No Brasil, quem se desquita nunca mais pode casar legalmente. É justo? Quem responderá é o leitor, numa grande pesquisa."

Assim, ao mesmo tempo que a revista procura formar a opinião de seus leitores favoravelmente à legalização do divórcio, colocam-nos na condição, eles sim, de "formadores de opinião". Embora procure manter uma aparência de que o que chama de "opinião pública" será "isenta", várias são as formas de sugerir ao leitor a melhor opinião e obter um resultado almejado. Para poder dizer que não é defensora do divórcio, mas que apenas se coloca como porta-voz da "opinião pública", é preciso que o resultado dessa pesquisa indique o divórcio como "a melhor solução para o casamento irremediavelmente fracassado" e que essa votação seja expressiva para fortalecer o resultado. Nesse convite ao leitor, está dito que essa é uma "oportunidade" (ou transferência de parte do poder de decisão) para os leitores manifestarem seu pensamento sobre um "assunto da atualidade", ou seja, quem não responder estará de fora, excluído, pois "fala-se em divórcio". Com isso, tenta-se convencer o leitor a escrever e aumentar os números da votação. Mesma função tem a iniciativa de selar e endereçar o cartão-resposta, facilitar ao máximo o trabalho do leitor.

Já na seção de cartas daquele número foi publicada carta de leitor sugerindo o tema e a abordagem (favorável ao divórcio) a ser adotada, quando menciona a "intolerável situação dos casais desquitados no Brasil". Importante ressaltar que o missivista não menciona a palavra "divórcio", que aparece no subtítulo, criado pela revista numa tentativa clara de condução da leitura:

> Divórcio
> Sr. Diretor: Gostaria que REALIDADE abordasse, com a clareza e dignidade que lhe são peculiares, o problema do lar desfeito e a intolerável situação dos casais desquitados no Brasil.
> Sérgio de Azevedo, Belo Horizonte – MG.
> *Veja a página 27 e opine também: "Desquite ou Divórcio?". (R004-L12)*

A finalidade dessa carta talvez seja a de justificar a presença do tema através do interesse manifestado pelos leitores, ressaltando assim sua importância. Essa estratégia reforça também a idéia apresentada no começo da reportagem de que não é a revista a responsável pelo surgimento do assunto, pois ele já estaria aí, na campanha da TFP ou entre as preocupações dos seus leitores.

Contudo, outros recursos foram utilizados pela revista para levar o leitor a concluir que "o divórcio é a melhor solução para o casamento irremediavelmente fracassado", pergunta que a revista dirige aos seus leitores ao final da reportagem. A primeira parte da matéria reúne diversas histórias de casamentos que sofrem as limitações impostas pela legislação brasileira para sensibilizar os leitores sobre a necessária, segundo a revista, mudança na legislação.

São contadas histórias de casamentos como as de dona Iracema e Chico Soldado e dona Iolanda e sr. Luciano, nos quais o marido vive sua segunda união. Nesses casos, a mulher, por não ser a "legítima esposa" não tem direito à pensão alimentícia, nem de herança se for abandonada pelo marido, como aconteceu com dona Iracema, e/ou ficar viúva, como na história de dona Iolanda, cujo filho, ao menos pôde ser registrado porque o sr. Luciano era desquitado, mas Chico Soldado não, e por isso seus filhos com dona Iracema eram considerados adulterinos. "E o filho adulterino não pode ser reconhecido no registro civil, por mais que o pai jure que o filho é seu. É o artigo 358 do Código Civil."[227]

Para mostrar outras abordagens do problema, a revista também narra casamentos perfeitamente legalizados em que os cônjuges enfrentam outras dificuldades. Como é o caso de Sílvio e Lurdinha, cuja história é contada da seguinte forma:

> Sílvio, de 19 anos, andava namorando Lurdinha, só de 15, mas muito namoradeira. Namoro vai, namoro vem, a menina apareceu grávida. Para Sílvio, de duas uma: ou casa ou vai para a cadeia. Casa. Lurdinha, para "não ficar desonrada", também concorda. E, se não concordasse, o pai a obrigaria, de qualquer modo.
>
> A Lurdinha chegou aos 20 anos, já tinha seus amantes. Sílvio já não suportava a mulher, praticamente desde que casou, e não parava em casa. O

resultado foi o desquite, com um filho que ficou sem pai, nem mãe, embora a lei garanta sua "legitimidade".[228]

Na segunda parte da reportagem, convidados da revista dão seu depoimento sobre o divórcio e as mudanças no Código Civil. Todos falam de lugares sociais muito bem determinados que lhes asseguram a autoridade de suas afirmações. E são sempre identificados como divorcistas e não-divorcistas.

No trecho da reportagem que tem o sugestivo subtítulo "O sofrimento" aparece a primeira opinião claramente contrária ao divórcio. O trecho começa falando do fim do processo de desquite de Míriam e Alexandre "depois dos 10 meses que os dois passaram andando pelos corredores do Fórum" e repete que ambos não poderão casar-se novamente. Na seqüência, expõe uma fala do professor Ataliba Nogueira, assim introduzida:

> O professor Ataliba Nogueira, um dos constituintes de 1945 que trabalhou para que o casamento fosse indissolúvel por Constituição, tem opinião bastante clara sobre o problema:
> – Sou contra o divórcio, mas a favor do desquite, porque o desquite cria uma situação horrorosa para os dois. Então eles preferem continuar vivendo juntos, e fica salva a família, para bem dos filhos, que crescerão em presença dos pais.[229]

O padre Paul-Eugène Charbonneau, "especialista em reconciliar casais que ameaçam separar-se", em momento anterior da reportagem teve sua opinião citada a respeito de mulheres que se casam grávidas: "Eu prefiro que haja um filho natural, que será amparado de alguma maneira, que um mau casamento. A assistência à mãe solteira deve ser básica, nos países adiantados".[230]

O que fez com que sua opinião contrária ao divórcio fosse apresentada desta forma:

O padre Charbonneau, apesar de outras posições avançadas, é categórico em relação ao divórcio:

– Em se tratando de divórcio deve-se olhar a necessidade da nação. Com os dados sociológicos que temos hoje em dia (por exemplo, o índice de delinqüência juvenil nos Estados Unidos) eu acho que dificilmente se poderia considerar o divórcio um bem. A legislação não deve partir das exceções, mas do bem comum, que ninguém pode duvidar, é representado pela manutenção da dignidade da família.

Mas, levantada a hipótese de permissão de divórcio só para casais que não tivessem filhos, Charbonneau disse que "toparia um estudo sobre o assunto".[231]

O que situa no tempo o debate sobre o divórcio. Pois aprovar a legalização do divórcio significa um avanço, um passo para o "futuro melhor" defendido pela revista em seu número de lançamento. Deixando, assim, para trás, no passado, o atraso que representa tanto o desquite como a falta de proteção à mãe solteira.

Mas a reportagem procura também situar no espaço a questão do divórcio. Depois de uma breve explicação histórica sobre o assunto para dizer que "hoje, a maioria dos países do mundo adota o divórcio" é que são apresentadas as opiniões do deputado divorcista Nélson Carneiro, presidente da Comissão que examina o projeto de mudança no Código Civil, talvez para mostrar que ele está informado sobre as tendências mundiais, pois ser moderno é olhar além das fronteiras:

O Deputado explica a razão do trabalho de toda sua vida:
O ideal é a felicidade conjugal, mas essa o legislador não pode decretar. Só pode fazer leis que a facilitem, conservem e estimulem. Mas a família também sofre de incompreensões, de dissídios, que tornam impossíveis a manutenção da vida em comum. E surge o dilema do desquite ou divórcio. Quase todos os países civilizados já optaram pelo divórcio. Inclusive alguns marcadamente católicos, como França, México e Peru. Quanto a mim, advogo o divórcio porque atende, melhor que o desquite, à defesa da mulher e dos filhos. E por-

que abre novas perspectivas de legalização a centenas de milhares de famílias que florescem sobre escombros de lares destruídos.[232]

A conclusão da reportagem aproxima as opiniões de divorcistas e indissolubilistas dizendo que ambos querem "em essência, segundo sua argumentação, preservar a família, unidade da sociedade". E com base no depoimento de dois psicanalistas, Roberto Freire e Ângelo Gaiarsa, que têm posições diferentes sobre o assunto, mostra duas soluções para a questão. Roberto Freire, apresentado como católico e defensor da família, afirma, entretanto, que:

> Seria necessária uma abertura em relação às leis, que permitisse a formação de outra família, quando o amor deixou de existir na primeira. Porque sem amor, a família como unidade perde qualquer sentido social. Para um casal que não se entende e para seus filhos, é mais caridoso separá-los que mantê-los unidos.[233]

Opinião diversa tem

> Ângelo Gaiarsa, outro psicanalista, é contra as separações, quando há filhos, pois considera que, como não há boas instituições pedagógicas para educá-los, o casal deve continuar junto, mas mantendo, um em relação ao outro, uma atitude de independência em atividades e interesses.[234]

E a conclusão da revista:

> O realmente bom seria – conforme concordam divorcistas e antidivorcistas – que o amor entre os casais continuasse sempre. Mas às vezes isto é impossível. O problema então é decidir se essas pessoas devem ser castigadas pelo desquite ou ajudadas pelo divórcio.
> Só não se deve fazer como o Chico Soldado: sair para comprar café e fugir do problema que deve ser enfrentado.[235]

Enfrentar o problema torna-se o argumento principal da revista para a participação do leitor na pesquisa sobre o divórcio, cujo convite é impresso logo após estas frases finais. A mesma mensagem é transmitida na reportagem de outras formas. Na página 30, na parte inferior da página, a reportagem é ilustrada com fotos de busto de três personalidades presentes no texto: o deputado Nélson Carneiro ao centro, o padre Paul-Eugène Charbonneau à esquerda e o professor Sílvio Rodrigues à direita. Estes últimos estão de perfil nas fotos e ambos "olham" para o deputado Nélson Carneiro, o único que olha para frente. O deputado é também o único entre os três favorável à legalização do divórcio, ou seja, o único que enfrentou (olhou de frente) o problema. O leitor é convidado a fazer o mesmo. (Figura 5)

Na edição seguinte, foram publicadas nove cartas de leitores sobre a reportagem. As duas primeiras ganharam o subtítulo "Divórcio: prazo e anonimato". Publicadas juntas, tinham dois objetivos: o primeiro, incentivar aqueles que ainda não tinham enviado sua opinião a fazê-lo:

> Sr. Diretor: Comprei REALIDADE no fim do mês e estou me apressando em lhe enviar minha resposta à pesquisa sobre o divórcio. Espero que ainda esteja em tempo, pois acho o assunto muito importante.
> S. J. Fernandes, Rio – GB. (R005-L02)

O segundo, era encorajar os que ainda não tinham escrito por não "querer dar seu nome e endereço", garantindo-lhe o anonimato. Em contrapartida, os editores pedem que outros dados sejam fornecidos:

> Sr. Diretor: Envio anexa a minha resposta sobre a pesquisa "Desquite ou divórcio?". Aposto, porém, que vocês vão receber pouquíssimos cartões, pois ninguém vai querer dar seu nome e endereço.
> Solange Pacheco, Araçatuba – SP.
> REALIDADE, até o momento, já recebeu milhares de cartões de todos os cantos do País. O prazo final para o recebimento das respostas é 31 de agosto.

Não é necessário fornecer nome e endereço: bastam os dados referentes à idade, sexo, estado civil, profissão, cidade e Estado. (R005-L03)

A seguir foram agrupadas três cartas com manifestações "contra o divórcio" opostas a outras três "a favor do divórcio". Nas primeiras edições as cartas eram dispostas em números iguais de favoráveis e contrárias, sendo que estas invariavelmente eram apresentadas primeiro ao leitor. De qualquer forma, observei que a revista procurou mostrar que, entre os de opinião oposta sobre a legalização do divórcio, há uma boa vontade comum em resolver o problema central em debate que seria a dificuldade dos casais em viver conjugalmente. Para tanto, apresentam suas sugestões de solução:

> Sr. Diretor: A sociedade já enfrenta muitos obstáculos para obter a paz social. O divórcio iria ser mais um problema a ser enfrentado. É melhor pensar em instrução obrigatória para os noivos, com atestados de freqüência que deveriam ser apresentados na hora do casamento.
> Felisberto Troaskaitis, comerciário. São Caetano do Sul – SP. (R005-L04)

> Sr. Diretor: Sou a favor do casamento experimental, por dois anos, sem filhos, que seria a fase de melhor conhecimento e adaptação do casal. Quem vai casar *imagina* o que é o casamento, mas só depois de casado é que vê o que é. Mesmo assim, passado este estágio, seria justo conceder o divórcio, após um ano de separação do casal.
> Y. Mendes, professora, São Paulo – SP. (R005-L09 – grifo original)

Entre os de opinião contrária ao divórcio, um justifica sua posição por considerá-lo um retrocesso e por trazer prejuízo à família brasileira. O outro, que parece ser contra o desquite também, alega que não há cura para o mal que é a separação conjugal, que compara a uma doença incurável:

> Sr. Diretor: Tanto o divórcio quanto o desquite não representam um amadurecimento cultural. Pelo contrário, são a marcha à ré para o abismo. Tudo

não passa de pretexto para destruir a família brasileira e deixar crianças no abandono.
Diva R. Arruda, escriturária, Jundiaí – SP. (R005-L05)

Sr. Diretor: A separação conjugal é um câncer, que não pode ser curado e só prevenido. Quem casa deve estar ciente de que recebeu um sacramento indissolúvel.
Eduardo F. Breda, postalista, São Paulo – SP. (R005-L06)

Já os favoráveis à legalização do divórcio no Brasil justificam sua opinião tanto com base em argumentos religiosos, como em termos racionais ou legais:

Sr. Diretor: Sou a favor do divórcio, porque um casamento fracassado já não é mais casamento como Deus o deseja.
Ulrich Feisher, pastor, São Paulo – SP. (R005-L07)

Sr. Diretor: Quando o casamento fracassa, rui por terra, só o divórcio é solução racional, moral e lógica. O desquite, como a lei brasileira faculta, é uma imoralidade, um erro grosseiro de direito.
Lauro de Queiroz, funcionário público aposentado, Curitiba – PR. (R005-L08)

Por último, a revista saciou a curiosidade dos leitores sobre o andamento da votação por ela proposta ao mesmo tempo em que afirmou ter elementos que provam não ser tão equilibradas as opiniões contrárias e favoráveis ao divórcio, como acabara de mostrar:

Sr. Diretor: Gostaria de saber logo como anda a votação da pesquisa sobre o desquite?
Luísa Azevedo, Cuiabá – MT.
As respostas ainda não foram tabuladas. Até o momento de fecharmos esta edição, entretanto, os votos favoráveis ao divórcio apareciam em grande maioria. (R005-L10)

Quatro meses mais tarde, na edição de novembro 1966, número 8, a revista publicou os resultados da pesquisa na matéria "O que os brasileiros pensam do divórcio". No cartão resposta, que serviu de base para a pesquisa, os leitores deveriam escolher uma opção e justificá-la. A revista pedia o seguinte:

> O que você pensa do divórcio?
> Para votar, basta preencher este cartão e depositá-lo no correio. Não é preciso selar.
> 1) Sou a favor do divórcio
> 2) Sou a favor apenas do desquite
> 3) Sou contra o desquite e o divórcio
> Por quê?_____
> Nome:
> Endereço:
> Cidade: Estado:
> Profissão: Estado Civil:
> Idade: Sexo:

Contudo, a revista procurou ressaltar que a participação dos leitores foi além do proposto por ela; e quiseram mostrar à revista e aos outros leitores, pois certamente visavam a publicação, o que produziram a partir do convite da revista. Apesar do pouco espaço para tantas e tão diferentes produções, estas produções ficaram registradas de alguma forma:

> As respostas chegaram aos milhares. De todas as parte do Brasil, e até de brasileiros que moram no exterior. (...) Um grande número de leitores não se contentou com o cartão-resposta e mandou artigos, cartas, pareceres, poesias, chegou até um folheto impresso, com "os argumentos de um divorcista anônimo". J. S., solteiro, 24 anos, estudante de Belo Horizonte, confessou que não se conteve – enviou um conto: "O Amor Verdadeiro e o Divórcio".[236]

Mencionar o envolvimento dos leitores, e dizer o quanto produziram a partir da questão trazida pela revista, é uma forma de pedir desculpa por não publicar os seus trabalhos. Entretanto, o texto da matéria procurou dar publicidade ao maior número possível de opiniões enviadas pelos leitores nos cartões.

Das 14.611 respostas que recebeu, 79% eram favoráveis ao divórcio, 16% adotaram posição contrária tanto em relação ao divórcio como em relação ao desquite e apenas 5% se manifestaram favoravelmente ao desquite. Antes, porém, de avançar mostrando as opiniões e os resultados parciais (por sexo, idade, estado civil etc.) a revista se antecipa a um questionamento: "Pode-se tirar deste resultado a média da opinião geral no Brasil? Os leitores que responderam à pesquisa não seriam, por exemplo, todos muito jovens ou todos desquitados?".

Ao que a revista responde positivamente, no sentido de que os resultados colhidos correspondem, sim, à opinião média dos brasileiros alegando que, se há maior número de jovens entre os respondentes, também a população brasileira é preponderantemente jovem:

> (...) a votação por sexo, idade, estado civil, profissão, residência, como se pode ver adiante, apresenta sempre uma mesma tendência básica, de modo que não se pode supor que qualquer variação nas características dos leitores que responderam modificasse profundamente os resultados globais.[237]

Na apresentação dos resultados, a revista usou como recurso de destaque a simbologia da algema aberta de um lado, no centro da qual inseriu imagem representativa dos favoráveis à legalização do divórcio. Do outro lado, os de opinião diversa são representados pela algema fechada. As legendas para esses grafismos são "Os velhos são mais favoráveis ao divórcio que os jovens"; "79% dos homens e 80% das mulheres votaram a favor do divórcio"; "Os leitores das capitais são muito mais favoráveis ao divórcio que os do interior". (Figura 6)

Brasileiros querem o divórcio

Sr. Diretor: Causa repulsa ao mais superficial observador o resultado publicado por REALIDADE sobre o que pensam os brasileiros sobre o divórcio. Responderam apenas 14.611 leitores dos quais 11.547 deram opinião favorável, e a revista publica em manchete "Brasileiros querem o divórcio". Conclusão correta está com as 1.042.395 assinaturas antidivorcistas recolhidas em 15 estados e no Distrito Federal pela Sociedade Brasileira de Defesa da Tradição, Família e Propriedade. Isto sim, louvado seja Deus, convence qualquer cidadão brasileiro que use a cabeça.

Haydée Galli, São Carlos – SP.

Veja resultados da pesquisa nacional realizada pelo INESE e que publicamos a partir da página 18 desta edição: eles confirmam os totais colhidos na enquete de REALIDADE sobre desquite e divórcio. (R010-L16)

Sr. Diretor: Como advogada, acredito que um plebiscito seria o ideal para se saber o que os brasileiros pensam do divórcio. Porém não se deve olvidar que indecisos e inexperientes (não de casamento, mas de vivência) não ficariam imunes à campanha dos antidivorcistas. Melhor então as enquetes como esta, garantindo-se a liberdade de opinião, que, afinal, dariam ao legislador uma idéia do que pretende, neste sentido, a maioria dos brasileiros.

Marialice S. M. Figueiredo, São Paulo –SP. (R010-L17)

Sr. Diretor: Nunca vi tanta falta de solidariedade feminina como a da senhora F. C., de Curitiba, que, na reportagem "O que os brasileiros pensam do divórcio", declara que as mulheres desquitadas e divorciadas são volúveis e inconstantes. Há oito anos fui abandonada por meu marido e há quatro anos que obtive o desquite: nem por isso deixei de ser uma mulher honesta e mãe digna que soube educar seus dois filhos.

Vilma S. Dracenas, Brasília – DF. (R010-L18)

Enquanto os leitores respondiam os questionários com suas opiniões sobre a legalização do divórcio no país, *Realidade* colhia os resultados de uma outra pesquisa que seria publicada na edição seguinte, de agosto de 1966, sobre a "A juventude diante do sexo". Escrita por Duarte Pacheco, a reportagem é introduzida pela seguinte frase: "No mundo inteiro, a juventude está revendo seus comportamentos e atitudes diante de todos os problemas da existência humana". Com essa afirmação a revista procura colocar o Brasil, também no que diz respeito à sexualidade da juventude, em equivalência com outros países do mundo, que devem ser o espelho, o guia para se chegar ao Brasil do futuro. Além disso, procura criar um fato para contextualizar a pesquisa que realizou com os jovens brasileiros, justificando e apresentando sua importância. Tudo isso reforça a imagem de uma revista atual, atenta ao que está acontecendo.

Com o mesmo objetivo, de ressaltar a relevância da sua iniciativa, a revista apresenta uma série de depoimentos começando pelo frei dominicano Francisco Araújo, de São Paulo, sobre como se deve encarar o sexo. Segundo ele, só a coragem (ou a superação do medo e da insegurança) pode levar ao progresso:

> Não devemos temer o homem, nem as grandes realizações da vida humana. O medo revela insegurança, e esta jamais poderá servir de base para um progresso humano. Creio que o mais importante é descobrir-se, hoje, uma significação para sexo, no conteúdo global da condição humana, assumindo a vida sexual como que um valor a ser integrado num conjunto de outros valores.[238]

Outros depoimentos, de representantes de diversos setores da sociedade, foram publicados para transmitir uma idéia de unanimidade sobre a iniciativa da revista de trazer a público "pela primeira vez no Brasil – o retrato autêntico do que rapazes e moças, do Rio e de São Paulo, conhecem, falam e fazem a respeito dos problemas sexuais".[239]

São depoimentos do grão-rabino Henrique Lemle, do Rio: "O problema sexual não deve ser escondido e sim encarado com responsabilidade"; do professor Manuel Diegues, apresentado como diretor do Centro Latino-Americano de Pesquisas em Ciências, que diz sobre as dúvidas a respeito do que pensam os jovens brasileiros: "É importante proporcionar um autêntico conhecimento do problema, na essencialidade social". Na ordem dada pela revista, a opinião seguinte é a do psiquiatra Maurício Schueler: "A desorientação e a má informação sobre sexo geram personalidades doentias. É preciso corrigir essa distorção, alterando a escala de valores que coloca o sexo como tabu". E a última opinião apresentada é a do juiz de menores de São Paulo, Pedro Wilson Torres: "Os próprios jovens estão mal informados. Muitos interpretam como licenciosidade o simples fato de encarar de frente as questões sexuais".[240]

A autoridade desses entrevistados é construída pela revista quando diz que "muitos educadores, sociólogos, sacerdotes, médicos e pais pedem informações, querem conhecer dados, procuram saber em números o que está acontecendo com o comportamento sexual da mocidade brasileira".

Ao que a revista responde com a pesquisa que preparou e cujo "resultado está aí: sem retoques nem hipocrisias, eis a primeira parte da descrição do comportamento e da atitude da juventude urbana brasileira".[241] *Realidade* se apresenta como a corajosa combatente da má informação e do desconhecimento, preparada para mostrar a verdade sobre o comportamento da juventude.

A insistência da revista em mostrar ao leitor, por meio de tantos depoimentos tão cuidadosamente selecionados, que o assunto deve ser encarado com naturalidade, deve-se ao fato de saber tratar-se de tema polêmico, longe de ser unânime. Dessa forma, tenta conduzir a leitura convidando os leitores a fazerem o mesmo, ou seja, enfrentar o assunto. Apesar da segurança que procura transmitir através de seus entrevistados, *Realidade* acaba precisando pedir, de alguma forma, a seus leitores que considerem o que ela tem a dizer "antes que se condene ou aprove a incômoda e nunca estudada revolução sexual da juventude".[242]

A reportagem apresenta e interpreta o resultado da pesquisa realizada com mil jovens de São Paulo e Rio de Janeiro, de idade entre 18 e 21 anos, alunos de colégios pré-vestibulares, ou seja, filhos das classes média e alta. Essa é juventude responsável por realizar a "revolução sexual", mostrada pela revista, que viria começando pela derrubada da moral da época, considerada uma "falsa moral" e substituí-la por uma nova moral, esta sim, verdadeira. Diz a reportagem:

> Mas o que é uma falsa moral para estes jovens? É uma moral de fachada, de aparência e fingimento. (...) Pois, para estes jovens, é falsa a moral que se impõe por pressão social e por tradição, e não por convicção pessoal e interior. Por isso mesmo eles não acreditam numa moral de soluções prontas, de normas gerais e absolutas, que não se preocupe com a realidade concreta da vida, sempre relativa e particular.[243]

A mudança dos valores atuais sobre sexo viria por meio de uma verdadeira revolução sexual.

Para enfatizar a inevitabilidade das transformações, a revista escolheu como universo para sua pesquisa mil jovens moradores dos dois principais centros urbanos do país e tradicionalmente irradiadores de mudanças, além de serem jovens bem formados, todos alunos de colégios pré-vestibular, ou seja, preparam-se para ingressar em curso superior a fim de ser tornarem ainda mais esclarecidos. Deles, pelo seu potencial de críticos da sociedade, a revista esperava ouvir estarem prontos para desencadear a tal "revolução moral", anunciada desde o primeiro número da revista, com a entrevista da atriz sueca Ingrid Thulin.

Os resultados da pesquisa são apresentados em cinco quadros temáticos. O primeiro, "Informação Científica", avaliava os conhecimentos dos jovens a respeito de menstruação, ereção, fecundação. No segundo, as perguntas eram sobre "Educação Sexual". Os jovens foram questionados a respeito de quem lhes dera as noções que possuíam, em que idade as receberam e como pretendiam orientar seus filhos. O terceiro quadro, sobre "Namoro", investigava as experiências sexuais que os jovens pudessem ter vivido com namorados(as). Questões sobre casamento, fidelidade conjugal, divórcio foram apresentadas no quarto quadro intitulado "Casamento". O quinto e último quadro apresentava as questões sobre "A Nova Moral". Aqui os jovens responderam perguntas como: "Você acha que os credos religiosos têm direito de ditar normas sexuais?" ou ainda "Tem alguma amiga ou conhecida que seja amante de homem casado?", "Você é ou foi amante de alguma mulher casada?", para citar alguns exemplos.

No entanto, o repórter revela surpresa com alguns resultados obtidos. Sem nunca deixar de enfatizar uma "revolução moral", se não concreta, iminente, diz o repórter: "fica a impressão final de que enquanto muitos desses jovens já modificaram profundamente os padrões de namoro, uma parte considerável observa ainda os limites tradicionais".[244]

Em outro momento, ao falar sobre o que pensam os jovens entrevistados a respeito do casamento, comenta:

> Para começar, 54,8% deles acham que o casamento monogâmico e indissolúvel é uma solução satisfatória. Não andam os jovens, portanto, tão revolucionários, como se imagina. Pelo menos em matéria de casamento.

O mesmo acontece sobre a fidelidade no casamento: "Mas estes rapazes e moças estão longe de desprezar a fidelidade matrimonial".[245] A começar perdendo o medo de saber a verdade, e assim alcançar o progresso. O psicanalista José Ângelo Gaiarsa foi o autor das perguntas que geraram a pesquisa. Contudo, no mês anterior, na reportagem sobre o divórcio, declarou-se contrário à definitiva separação conjugal. Ele mesmo, como se mostrou na revista, não era tão revolucionário assim.

Se o juiz de menores de São Paulo deu seu depoimento à revista, o juiz de menores da Guanabara, determinou que a edição seguinte fosse apreendida, caso a prometida segunda parte da pesquisa sobre a juventude fosse publicada. No mês seguinte, em editorial, a revista comunicava os leitores a ausência da segunda parte da pesquisa. Na seção de cartas, as selecionadas para publicação mostravam o interesse do público pelo assunto. Entre os doze trechos de cartas publicados no número 6, apenas o de um leitor revelava descontentamento com a pesquisa junto à juventude. Foi a primeira a ser publicada sobre o assunto, a segunda daquela seção de cartas:

> Sr. Diretor: Sua revista vem pregando a dissolução da família brasileira com seus artigos amorais. Porém o número de agosto, com o artigo sobre a juventude, é o pior: não deveria circular, pois é caso de polícia.
> H. Barroto, Rio de Janeiro – GB. (R006-L02)

As demais ressaltavam a importância do tema e diziam esperar a segunda parte da pesquisa, que não viria:

> Sr. Diretor: A reportagem sobre os jovens de São Paulo e Rio foi simplesmente fabulosa. Estou aguardando ansiosamente a continuação.
> Colmara N. R. Rios, Ribeirão Preto – SP. (R006-L03)

> Sr. Diretor: Aguardo com grande interesse a segunda parte da reportagem sobre juventude e sexo.
> Hélio Munhoz Carrenho, São Paulo – SP. (R006-L09)

> Sr. Diretor: Considero "A juventude diante do sexo" a reportagem mais importante do momento.
> Raimundo Martins Guerreiro, Brasília – DF. (R006-L13)

Na edição seguinte, de outubro de 1966, foram publicadas mais 18 cartas de leitores, dessa vez comentando a ameaça de apreensão feita pelo juiz de menores da Guanabara. Dentre as missivas, apenas as cinco primeiras eram contrárias à revista ou à decisão do juiz. Em novembro, a revista continuou repercutindo o assunto e publicou mais nove cartas sobre o assunto; apenas duas negativas. O principal argumento dos leitores contrários à publicação do tema é a defesa da família brasileira e o desrespeito à Igreja:

> Sr. Diretor: Consideramos um artigo desse quilate como ultraje ao pudor e um desrespeito à Igreja.
> Antônio Carvalho, Alto Paraguai – MT.(R007-L02)

Muitos dos leitores favoráveis defendem e estimulam a revista a continuar tratando desses temas. Um deles diz que a família brasileira passa por transformações:

> Sr. Diretor: Faz-se mister uma grande revolução nas relações sociais entre pais e filhos. Considero um insulto pessoal a proibição do artigo de REALIDADE. Não devemos querer que nossos filhos se assemelhem às crianças da Idade Média. Será que o sr. Juiz de Menores da Guanabara esqueceu-se das suas próprias interrogações de jovem?
> Senhora Capitão Nonato dos Reis, Rio – GB. (R007-L10)

Enquanto outros revelam indignação diante das reações de outros leitores, contrários à revista:

> Sr. Diretor: Com pesar, vi, à porta de uma igreja católica – religião que eu pratico – uma coleta de assinaturas de protesto contra a reportagem de REALIDADE sobre o comportamento sexual da juventude. Se não fosse o alto valor do trabalho, nada teria a objetar. Mas o que a sua revista vem fazendo é dar verdadeiras aulas, demonstrando a exclusiva intenção de auxiliar e esclarecer os leitores. Talvez queiram, os patrocinadores do mencionado protesto, que permaneçamos todos em estado de indefinível ignorância.
> Scobar Neto, Londrina – PR. (R007-L07)

> Sr. Diretor: Felizmente, pude notar que o senhor H. Barroto – que deveria chamar-se H. Barroco, pelo atraso de suas idéias – ficou só, quando opinava que REALIDADE de agosto "não deveria mesmo circular, pois é caso de polícia". Faço votos para que a sua revista consiga derrotar aqueles que, imbuídos de preconceitos mesquinhos – e às vezes fazendo uso da prepotência – tentam impedir seu esforço para esclarecer o povo deste País.
> Edílson Limeira Ribeiro, São Paulo – SP. (R007-L06)

Um ano depois, em setembro de 1967, a juventude novamente foi assunto de *Realidade*, dessa vez em uma edição especial totalmente dedicada a ela: "A juventude brasileira, hoje". Dois meses antes, na edição de número 16, em uma nota da redação publicada na página 4, a revista fazia um "Convite ao leitor":

> Na página 7 deste número, publicamos um questionário dirigido à juventude brasileira. As respostas servirão para orientar a edição especial sobre nossa juventude, que *Realidade* está preparando para setembro. Quanto maior o número de respostas, melhores as possibilidades de descobrirmos o que *realmente* pensam e querem os jovens de hoje em todos os cantos do país. Assim, se você tem entre 15 e 25 anos, não deixe de preencher o questionário e devolve-lo para a redação tão logo for possível.[246]

Mas o convite é estendido a todos os leitores, pedindo sugestões de matérias para a edição especial:

> Mas seja qual for a sua idade, gostaríamos de receber uma carta sua com sugestões para a nossa edição especial. Quem são os jovens da sua cidade que estão fazendo coisas importantes? Qual é o problema principal que a juventude brasileira deve enfrentar e resolver? Conhece alguém que esteja ajudando jovens a se prepararem para as grandes tarefas de amanhã? Quem são os jovens que você mais admira? Entre seus amigos jovens há alguém que tenha construído uma empresa, inventado uma máquina, descoberto um remédio, fundado um jornal ou contribuído decisivamente para o bem-estar de sua comunidade? Você freqüentou ou está freqüentando uma escola excepcionalmente boa? Enfim, o que é que *você* gostaria de ver focalizado na edição especial do mês de setembro?
>
> REALIDADE aguarda com entusiasmo – e agradece desde já – a participação ativa de seus leitores neste importante empreendimento.[247]

Na edição seguinte, outra nota da redação, dessa vez para agradecer a participação do público. Essa nota reforça e amplia a finalidade da anterior ao aumentar a expectativa do leitor sobre a edição que viria. Pois todo leitor que escreveu – milhares, segundo a revista – espera ver publicada sua contribuição, sua atuação como editor. Diz a nota:

> Quando decidimos colocar um questionário para a juventude na edição do mês passado, acreditávamos na participação dos nossos jovens leitores. Mas confessamos que não esperávamos tanto entusiasmo, nem milhares de respostas em tão pouco tempo. São surpresas como estas que nos animam e nos encorajam a continuar fazendo uma revista participante, honesta, inteligente. Assim, agradecemos duplamente aos nossos leitores que enviaram suas opiniões e sugestões: por mais uma demonstração de compreensão e entusiasmo, e pela importante contribuição que deram ao próximo número que será dedicado com carinho a um estudo amplo e minucioso de nossa juventude, hoje.[248]

A edição se propunha a mostrar "como é, o que pensa e o que quer a juventude brasileira".[249] Para isso foram apresentadas duas longas pesquisas, uma feita por agência especializada (Marplan) e outra feita pela própria revista, a partir de questionários distribuídos a leitores da revista, encartados na edição de julho. As perguntas abordaram questões como divórcio, virgindade da mulher, planejamento familiar, existência de Deus e outras mais específicas sobre juventude: como vê os pais, a mini-saia das moças, o cabelo comprido dos rapazes etc.

Convidar o leitor a fazer parte da edição da revista é uma forma de satisfazer "a impaciência" do leitor em manifestar seus interesses, segundo a expressão do escritor russo Sergei Tetriakov, citado por Walter Benjamim:

> o fato de que nada prende tanto o leitor a seu jornal como essa impaciência, que exige uma alimentação diária, foi há muito utilizado pelos redatores, que abrem continuamente novas seções, para satisfazer suas perguntas opiniões e protestos.[250]

Os leitores tornam-se, assim, colaboradores.

Em editorial é feito um agradecimento a todos os leitores que enviaram cartas à redação da revista:

> (...) chegavam cartas à redação com sugestões, idéias, opiniões, críticas. *Realidade* agradece esse entusiasmo, acredita na coragem e na sinceridade da juventude e participa do mesmo desafio: a construção de um país desenvolvido, próspero e feliz.[251]

Esse texto é ilustrado com uma foto de uma moça, provavelmente uma secretária de redação, sentada diante de uma máquina de escrever e cercada de pilhas imensas de papel, espalhadas pela mesa e no chão ao seu redor, que, supomos, sejam as respostas dos leitores ao questionário elaborado pela revista. (Figura 7)

Os resultados das pesquisas realizadas pela e revista e pela Marplan, foram resumidos dessa forma, na abertura da matéria:

> Os jovens acreditam ao mesmo tempo em Deus e no socialismo, *não pensam em revolução*, acham que há muita coisa errada no Brasil, mas a maioria prefere não protestar contra os abusos e erros. Julgam que seu papel é estudar, trabalhar e preparar-se para o futuro. Estão mais a favor do que contra o governo, embora muitos nem se preocupem com isso. Pregam a fidelidade para marido e mulher, os rapazes exigem a virgindade feminina, e muitas moças a masculina. Muitos defendem o controle da natalidade e se inclinam pela separação quando o casamento fracassa.[252]

O diálogo entre a revista e seus leitores, observado em reportagens como essas, expõe a construção de uma *representação conjunta* que se dá entre "estratégias" e "táticas", conforme as expressões de Michel de Certeau:

> Chamo de "estratégia" o cálculo das relações de forças que torna possível a partir do momento em que um sujeito de querer e poder é isolável de um "ambiente". Ela postula um lugar capaz de ser circunscrito como um *próprio* e portanto capaz de servir de base a uma gestão de suas relações com uma

exterioridade distinta. A nacionalidade política, econômica ou científica foi construída segundo esse modelo estratégico.[253]

As páginas de *Realidade* seriam, portanto, o lugar onde autores e editores, "sujeitos de querer e poder", dão forma à sua representação de mundo ("informam" seus receptores). A prática da leitura constitui uma "tática", segundo Certeau:

> Denomino, ao contrário, "tática" um cálculo que não pode contar com um próprio, nem portanto com uma fronteira que distingue o outro como totalidade visível. A tática só tem por lugar o do outro. Aí ela se insinua, fragmentariamente, sem apreende-lo por inteiro, sem poder retê-lo à distância. Ela não dispõe de base onde capitalizar os seus proveitos, preparar suas expansões e assegurar uma independência em face das circunstâncias. (...) Tem constantemente que jogar com os acontecimentos para os transformar em "ocasiões". Sem cessar, o fraco deve tirar partido de forças que lhe são estranhas.[254]

A seção de cartas da edição especial trouxe 19 cartas, todas de jovens entre 16 e 25 anos, que aproveitaram a ocasião para expor muitas de suas insatisfações. São cartas de jovens que responderam ao pedido da revista e escreveram contando o que pensam e querem. Essa seção de cartas foi aberta com as seguintes palavras:

> Quando decidimos fazer um número especial para a juventude, tínhamos certeza de que receberíamos muitas cartas. Agora, já com a revista fechada, elas continuam a chegar diariamente, às centenas. Nada mais justo então que esta seção também pertencesse aos jovens. Aqui eles falam da revista, de ensino, religião, política, deles mesmos e de seus problemas.
>
> Esta juventude tem consciência
> Sr. Diretor: Há tempos que eu queria uma oportunidade dessas: pôr aos ventos o meu protesto. Acusam as estatísticas que apenas 1% das crianças que se matriculam no curso primário chegam às Universidades. Sabem por quê? Eu sei, pois estou incluído nos 99% que não chegam a elas, apesar de

ter científico completo. Não posso contar com auxílio financeiro e os bancos só financiam casas, carros, mas não podem atender os estudantes. Bolsas de estudo no Brasil é "manga de colete". Mas ainda assim não perco as esperanças: talvez eu chegue a ver meu país como eu sonho, que não dependa só de futebol e dos cafezinhos tomados no mundo.
J.B. – 19 anos, Caçador – SC. (R018-L11)

Queremos compreensão e auxílio
Sr. Diretor: Não somos e nem pretendemos ser hostis à "velha guarda": sabemos respeitar as cãs, sem dúvida. Mas estamos firmes em nossos ideais, que se resumem nestas palavras: participar ativamente da vida de nosso país. Não queremos ir de encontro a tradições, mas temos a audácia suficiente para lutar contra os obstáculos que se nos antepõem, como temos coragem de ir às ruas, denunciar os erros, os abusos e os "acordos educacionais", tão perigosos quanto a ameaça vermelha. A compreensão e auxílio é que solucionarão os problemas dos jovens.
Luiz Ismaelino Valente – 19 anos, Belém – PA. (R018-L01)

Sr. Diretor: Ao responder o questionário, deu-me uma vontade louca de colocar meu sobrenome, para que vocês ficassem certos de que *existo*, que sou jovem e penso assim (contrariando meio mundo de coroas), mas depois pensei: papai é um deles, mamãe, outra... e fiquei pela metade; tive medo que vocês publicassem meu nome completo e eles tivessem uma síncope. Porém, uma coisa lhes garanto: como eu, há centenas de jovens nordestinos que vivem revoltados com esta situação brasileira. Onde irá parar tudo isso? Quem será que vai dirigir o Brasil daqui 16 ou 20 anos? Será que ainda serão os mesmos de hoje? Ou será esta juventude que estuda, mas não tem direito de participar da vida sócio-política do meu Brasil?
Sônia Maria – 18 anos, Recife – PE. (R018-L07 – grifo original)

Sr. Diretor: Sou estudante, prestes a findar o curso universitário: portanto pertenço a uma classe que, segundo os fatos, se assemelha aos párias indianos. Por que, ao invés de aplicar recursos estratégicos e financeiros contra estudantes, as autoridades não aplicam sua pouca visão em facilitar o ensino no

Brasil? *Realidade* retrata a realidade verdadeira ou a pseudo-realidade, forjada por pressões de autoridades tacanhas, medievais? Pois vai aí mais uma sugestão, em forma de desafio: retratem os massacres estudantis no Brasil sem temer a "gestapo" brasileira – a DOPS.
Magnus Machado – 23 anos, Itajubá – MG. (R018-L13)

Sr. Diretor: Agora, de nós só se ouvem palavras. Mas muitos ainda verão o que nós faremos para que o Brasil seja muito mais Brasil do que hoje ele é.
José Carlos de Souza – 17 anos, São Paulo – SP. (R018-L05)

Outros jovens, contudo, se mostraram bem comportados e pouco inclinados a fazer "revoluções":

Sr. Diretor: A juventude de Ibitinga é vítima, pois na maioria é acomodada. Os jovens desta cidade têm planos, mas estão sós na luta. A esperança é que, um dia, jovens e adultos se entendam. Aqueles, tomando consciência da sua posição na luta por dias melhores; estes, compreendendo e dando condições aos jovens.
Luís Augusto Milanesi – 19 anos, Ibitinga – SP.(R018-L03)

Sr. Diretor: Eu lhe pediria apenas que através das páginas maravilhosas de sua revista o senhor ajudasse o jovem a chegar mais perto de seu Criador. Não é só de calças justas e modernas, cabelos bem penteados, guitarras eletrizantes e canções excitantes que o jovem necessita: o jovem brasileiro precisa procurar Deus para erguer seu país, pois só Ele poderá fazer isso.
Maria Rita Munhós – 19 anos, São Paulo – SP. (R018-L04)

Sr. Diretor: Não é entregando-se a festas e excessos de qualquer natureza, às greves e passeatas que conseguiremos vencer os problemas que nos afligem. Por quê? A resposta aí está: essa tática de passeatas e greves não nos parece nova. E qual os resultados? Somos duramente castigados e criticados. O tempo que passamos presos poderíamos aproveitar melhor se estivéssemos nos colégios e universidades, estudando.
Luís Eugênio Fonseca Miranda – 17 anos, Salvador – BA. (R018-L06)

Sr. Diretor: É preciso que se demonstre ao governo, aos pais, aos mestres, ao povo em geral, que nem todos os jovens são delinqüentes, que a maioria trabalha, estuda, colabora com a grandeza do gigante adormecido há 400 anos. Esta juventude tem consciência.
Renato Freire – 25 anos, São Paulo – SP. (R018-L12)

Além das pesquisas, cujo objetivo era mostrar como pensam os jovens, a edição "A juventude brasileira hoje" trouxe mais doze reportagens. Entre elas, "Eis o mundo deles", uma reportagem com muitas fotos e pouco texto, escrito por Mylton Severiano da Silva, para mostrar como são os jovens, como mostram sua rebeldia. E "O conflito de gerações", um artigo de Carmen da Silva.

Em seguida há um grupo de reportagens nos quais os repórteres vivem as experiências dos jovens em diferentes ambientes sociais. Estas reportagens de vivência foram apresentadas no índice da seguinte forma:

"Eu fui um simples operário" – Hamilton Ribeiro foi trabalhar numa fábrica e morar numa velha pensão;

"Eu aprendi a dirigir uma grande empresa" – Henrique Caban viu como são os futuros administradores;

"Eu vivi numa república de estudantes" – Alberto Libânio conviveu com universitários em Minas Gerias;

"Eu entrei na turma" – Luiz Fernando Mercadante andou trinta dias com jovens de cidades do interior;

"Eu encontrei um mundo bem comportado" – Lana Novikow foi recepcionista de um banco em São Paulo;

"Eu senti a dura vida do campo" – Narciso Kalili foi trabalhar com camponeses numa fazenda da Bahia.

As outras reportagens mostram os jovens que prestam o serviço militar obrigatório "O recruta", "Estes são os fazedores", de Norma Freire: jovens pesquisadores que contribuem para o progresso do país; "Primeiro amor" é um ensaio fotográfico de Cláudia Andujar e, finalmente, em "O que você quer ser?" Eurico Andrade escreveu sobre os jovens que não podem cursar universidade e precisam trabalhar. Questões voltadas para o debate sobre a sexualidade não marcam essa edição especial que privilegiou outras dificuldades enfrentadas pelos jovens para alcançarem um "futuro melhor": os jovens que precisam trabalhar para sobreviver e, muitas vezes, não podem estudar; a dificuldade de ingresso na universidade, o conflito de gerações etc. Problemas que os jovens apontaram como suas principais preocupações no questionário distribuído pela revista.

Na seção de cartas da edição seguinte, nº 19, a revista publicou a recepção da edição especial procurando equilibrar apreciações favoráveis e contrárias, apresentando-as intercaladamente:

> Sr. Diretor: Em relação ao número de setembro, há muito que esperava um número que fosse dedicado à "Juventude Brasileira", mas, para ser franco, não gostei do referido número. Achei-o fraco, não correspondeu às minhas perspectivas e não atinge nem aborda a realidade da nossa juventude. Está muita aquém do que esperávamos.
> Audálio Brasiliense Filho, Rio de Janeiro – GB. (R019-L01)

> Sr. Diretor: REALIDADE focalizou o mundo jovem. Inflado de incertezas e irrealidades. Meus 20 anos tristes saúdam o vosso otimismo. O artigo do repórter Luiz Fernando Mercadante: o melhor. Natural e formidável. Carmen da Silva: a própria arte de ser mulher... inteligente. Excelentes as fotografias – Primeiro Amor: 1º lugar. Os desenhos – artigos da Carmen – deliciosos, oportunos, bem captados. Sinceramente à flor dos olhos. Seriedade palavra por palavra, um sopro de poesia suave e penetrante nos pontos vitais da revista. E Vinícius, Vinícius... Nos meus 20 anos prolongados e gloriosos, até que a morte o arrebate e o Brasil e o mundo reconheçam de vez o grande homem e o belo rapaz, juntos no imenso poeta.
> José Alexandre Correa, Belo Horizonte – MG. (R019-L02)

> Sr. Diretor: Sou jovem, mas estou sumamente decepcionada com a juventude brasileira. Através da pesquisa empreendida por REALIDADE, constatei que esta juventude não fará o Brasil despertar do seu sono de 400 anos. Achei lastimáveis os resultados. É triste ver que os moços não vibram: acham que tudo está bom, que a única coisa a fazer "é estudar e se preparar para o futuro".
> Cláudia Marcela M. Fraga, Salvador – BA. (R019-L03)

Sr. Diretor: Noto que REALIDADE procura ajudar a mocidade a tornar os pais mais compreensivos para com os problemas dos filhos.
Albérico Oliveira, Rio – GB. (R019-L04)

Sr. Diretor: REALIDADE se distancia bastante da autêntica realidade brasileira. É uma revista destinada à pequena e alta burguesia, cuja finalidade é modernizá-la, sem, entretanto, conscientizá-la dos verdadeiros problemas da nossa pátria, que se fundamentam na sua arcaica estrutura sócio-econômica.
Eloá Jane Rubim Batista, Volta Redonda – RJ. (R019-L05)

Sr. Diretor: Apenas a título de colaboração a seu trabalho, sou partidário, como a maioria dos jovens paranaenses do interior, da luta pacífica pelo progresso do país, sem os extremismos da "esquerda festiva", tão proliferada em nosso meio. Defendo os rapazes que combatem a UNE, pseudo-órgão representante da nossa classe estudantil.
Manoel Francisco Moreira, Curitiba – PR. (R019-L06)

A carta desse jovem leitor que não se vê representado pela entidade estudantil, evidencia a impossibilidade de caracterizar a juventude brasileira, pois toda generalização deixa de lado muitas nuances.

Outra grande pesquisa de opinião realizada por *Realidade* foi publicada na matéria "Eis as provas do preconceito", em abril de 1968. Toda a reportagem consiste na apresentação dos resultados de uma pesquisa realizada pelo INESE – Instituto de Estudos Sociais e Econômicos – para saber se existe preconceito contra os judeus. Na apresentação da matéria, a revista reitera o propósito apontado na "Carta do Editor", de Victor Civita, publicada na edição nº 1 da revista: "Publicando a pesquisa, *Realidade*, como sempre, só tem um objetivo – perseguir a verdade, pois é através dela que se pode saber como enfrentar e resolver cada problema".[255]

No entanto, a reportagem não oferece nenhuma solução para o problema que apresentou. Diz apenas, ao final da reportagem:

> Como conclusão final, é possível aventar que conhecimento real (convivência maior, caso de Porto Alegre) e o grau de instrução (foi entre os entrevistados com curso secundário e universitário que, em geral, o anti-semitismo menos apareceu) tendem a diminuir os preconceitos. O que sugere uma política a adotar, um caminho a seguir.[256]

A pesquisa é apresentada da seguinte forma: são reproduzidas as perguntas na ordem em que foram feitas aos entrevistados, com as respectivas respostas tabuladas. Seguindo cada pergunta, há um comentário a respeito das respostas que foram ouvidas. Assim é feita a "interpretação" dos dados obtidos.

Foram entrevistados mil indivíduos, todos não-judeus, em três capitais: São Paulo, Rio de Janeiro e Porto Alegre. A primeira pergunta feita ao entrevistado era "O senhor é judeu?". Caso a resposta fosse afirmativa, a entrevista parava aí. Seguiram perguntas sobre o preconceito contra judeus, se estes poderiam votar e ser votados, se casariam com um judeu, se seriam amigos e/ou freqüentariam o mesmo clube que eles, se acham que os judeus deveriam voltar para Israel. Algumas perguntas propõem uma "afirmação propositadamente preconceituosa", como esta: "O senhor (ou a senhora) concorda com esta frase: 'A principal razão de Hitler ter perseguido os judeus é que alguns judeus tinham poder e estavam ricos demais?'".[257]

Na seção de cartas, é marcante a reação negativa despertada pela reportagem junto ao público judeu. A revista publicou intercaladamente 16 cartas, oito contrárias e oito favoráveis. Apesar de numericamente igual, as reações contrárias ocuparam mais espaço na seção porque eram significativamente mais longas. Essas cartas de leitores descontentes com os resultados da pesquisa eram muito parecidas, pois, em geral, foram escritas por judeus ou vêm de comunidades israelitas e questionam a técnica empregada de lançar aos entrevistadas perguntas propositalmente tendenciosas e preconceituosas *a priori*. Segundo eles, isso desqualifica seus resultados:

Sr. Diretor: "Eis as provas do preconceito" é uma reportagem incompatível com a linha de neutralidade e bons propósitos que até aqui vinham sendo seguidos por REALIDADE.
Paulo Stangieri, Rio de Janeiro – GB. (R026-L01)

Sr. Diretor: Sentimo-nos obrigados a transmitir-lhes a insatisfação causada à comunidade israelita de São Paulo pelo tratamento dado à reportagem "Judeus – o anti-semitismo no Brasil", que envolve conteúdo sumamente delicado. Se, de um lado, a publicação é omissa quanto a vários aspectos da participação judaica na vida brasileira, de outro, a pesquisa, realizada com o propósito de encontrar o anti-semitismo, peca pelo teor das indagações, algumas delas discriminatórias em si mesmas. Lamentamos que REALIDADE haja abordado o tema a que se propôs, na busca deliberada do anti-semitismo, o que, se nos desagrada como judeus, muito mais nos constrange como brasileiros.
Marcos Firer, Presidente da Federação Israelita do Estado de São Paulo – SP. (R026-L03)

Sr. Diretor: A comunidade israelita do Brasil, que, entre outros, congrega também milhares de sobreviventes dos campos de concentração nazistas e, tantos, profundamente marcados pela perseguição e pela intolerância que caracterizaram todo um período amargo do mundo civilizado, recebeu surpresa e chocada o trabalho que REALIDADE publicou sob o título "Judeus – o anti-semitismo no Brasil". Os quesitos da pesquisa, notadamente, são passíveis de dúvidas e fundadas críticas, quer quanto à técnica de sua elaboração, quer quanto ao critério que os norteou. São anti-semitas na formulação. Qualquer órgão de imprensa preconceituoso – antijudaico –, o que não é o caso de REALIDADE, não faria melhor. Integrados na coletividade brasileira, os judeus, não obstante as críticas a que estão sujeitos, como qualquer agrupamento humano, rejeitam o "achado", intensa e cuidadosamente procurado, de uma discriminação que não sentiram, nem sentem, na ampla, aberta e fraterna comunhão nacional.
Benno Milnitzky, Presidente da Confederação Israelita do Brasil, São Paulo – SP.(R026-L05)

Sem dúvida, esse é um exemplo de como a revista *não* queria ser lida. A reação negativa das comunidades judaicas foi tão grande que a seção abriu espaço de direito de resposta para a responsável pela elaboração das perguntas utilizadas na pesquisa:

> Sr. Diretor: A propósito de críticas feitas através de cartas a essa sessão à pesquisa que acompanha a reportagem sobre os judeus, de REALIDADE de abril, quero esclarecer o seguinte: a forma de apresentação de algumas questões foi escolhido em vista de o preconceito anti-semita ser difícil de apreender através de formulários de opinião porque é um fato infeliz, que contraria os princípios da sociedade democrática. As frases feitas procuravam antecipar as racionalizações que comumente ocultam o preconceito. Não há dúvida que a pesquisa tem inúmeras limitações, mas está baseada na posição que assumimos de que o objetivo de atingir uma convivência humana plenamente democrática entre as pessoas é facilitado pelo conhecimento e visualização dos defeitos presentes atualmente. Esse ideal compromete todos os cidadãos, mas, no que toca o anti-semitismo, as opiniões dos judeus possuem inquestionável autoridade, pelo pesado tributo que pagaram à irracionalidade do preconceito. Caso o trabalho publicado na revista tenha efeitos negativos para o aperfeiçoamento das relações entre judeus e não-judeus, queremos assegurar que constituiria um lamentável engano.
> Vera Lúcia Brisola, São Paulo – SP. (R027-L05)

Alguns leitores, contudo, escreveram cartas em que revelam sua profunda admiração e respeito pelo povo judeu. São cartas, como as destes leitores, que corroboram o resultado da pesquisa de *Realidade*. Um exemplo de como a revista queria ser lida.

> Sr. Diretor: Fiquei feliz em ver em *Realidade* uma reportagem tão esclarecedora sobre os judeus. Ficou bem claro que o anti-semitismo existe e eu mesmo já o constatei várias vezes. Quero aqui também expressar minha admiração por esse povo.
> Samuel de Pádua Ribeiro, Valinhos – SP. (R026-L04)

Sr. Diretor: Admirei muitíssimo a reportagem sobre os judeus, pelo senso de justiça que norteou o enfoque do problema. Sou brasileira, de origem árabe, o que não impede que eu olhe com enorme simpatia as vitórias excepcionais do povo judeu.
Cecília Mahamed, São Paulo – SP. (R026-L07)

Deixei a matéria "Sou padre e quero casar" por último porque esta pretendeu ser um início de debate entre os leitores, o que não aconteceu nem imediatamente, nem na forma de pesquisa de opinião. A matéria é a tradução do depoimento angustiado de um padre norte-americano publicado pela primeira vez na revista *The Saturday Evening Post*. Com a sua publicação, *Realidade* mais uma vez pretendeu abrir um debate nacional, colocando dessa forma o Brasil a par do que acontece no mundo. O exterior é colocado como referência a ser seguida. A intenção da revista com essa matéria foi apresentada com as seguinte palavras:

> Stephen Nash é o pseudônimo de um padre norte-americano, católico, de 39 anos de idade. Seu dramático depoimento sobre o celibato religioso – publicado recentemente nos Estados Unidos – provocou críticas violentas e aplausos entusiasmados. *Realidade* julgou-o tão importante e atual que resolveu ouvir vários padres brasileiros a esse respeito. Mas todos foram unânimes em achar que, para iniciar o debate, nada melhor que publicar o próprio artigo do sacerdote americano.[258]

A maioria dos leitores que tiveram cartas publicadas eram padres (ou ex-padres), muitos deles interessados no debate proposto.

Sr. Diretor: Li o artigo do sacerdote americano que abre o debate sobre o celibato sacerdotal. Julgo, eu que já ouvi de dezenas de colegas depoimentos tão dramáticos como o de Stephen Nash, que o tema tem nuances jamais suspeitadas. O mundo de hoje é diferente do mundo em que os Papas proibiram os padres de amar. REALIDADE deveria voltar ao assunto.
Padre André Navarro Xavier, São Paulo – SP. (R007-L22)

O debate, contudo, não aconteceu logo. O assunto só retorna às páginas da revista quase dois anos depois, em outubro de 1968, na reportagem entitulada "O celibato", para a qual a revista entrevistou vários padres brasileiros.

Como em todas as reportagens, a tom central mostra um mundo em transformações do qual o Brasil não pode estar de fora. É a modernidade que chega. A revista traz o tema dos Estados Unidos para o Brasil, ouve padres brasileiros e publica o artigo por considerá-lo "atual". Essa idéia do passado atrasado e do futuro novo é reforçado no artigo, quando o padre Nash diz: "Os padres de cabelo branco dirão que sou fraco e indigno de minha vocação. Poderão até dizer eles que venceram as tempestades. Curvo-me diante deles, sinceramente, em admiração. Mas sou um padre de hoje ...".[259]

Uma tradição sem sentido nos dias de hoje. É assim que o padre Stephen Nash critica a obrigatoriedade do celibato imposta pela Igreja, defendendo que seja uma escolha e não uma imposição. Diz o padre em outro trecho do seu depoimento:

> Eu escolhi o sacerdócio. Não escolhi o celibato. Este eu não entendo. Não estou dizendo que todo padre deva ser casado. O celibato está ligado a uma das mais sagradas tradições da Igreja. (...) Escolhi a sacerdócio e terminei compreendendo que as cadeias do meu celibato não ligam a Deus, mas são um elo amargo e doloroso que liga à solidão, à autocompaixão e a uma vida humana diminuída (...). "Não existe nenhuma necessidade teológica, nem razão doutrinária, nem exigência espiritual para o celibato.[260]

Critica a Igreja por tal exigência, responsabilizando-a por essa insistência, pelo seu afastamento da sociedade: "Foi o celibato, alimentado por uma perspectiva errada do sexo, que isolou a padre da realidade. Foi o celibato que criou uma Igreja capaz de muitas vezes abandonar o povo".[261]

O tom do depoimento revela a angústia vivida pelo padre, um homem dividido entre a vocação do sacerdócio e o desejo de conhecer a forma do amor que une homens e mulheres pelo casamento. Amor este que, segundo o padre também é divino:

> Procuro uma mulher que queira partilhar sua visão da vida comigo. Procuro minha outra metade enquanto ando por aí como metade de um homem. Quero conhecer Deus da forma como só o amor humano pessoal permite conhecê-lo. E depois quero voltar a meu povo como padre, mas já com a revelação do mistério da vida – a contribuição de minha esposa a meu próprio ensinamento de mensagem de Deus. Quero ser um homem inteiro, a fim de que Deus seja para mim um Deus inteiro, e não uma luz distante.[262]

Em vários momentos, o padre defende seu ponto de vista derrubando argumentos que certamente já ouviu contra si em outras oportunidades. Um deles é o de que seria um fracassado em sua condição de padre, ao que rebate dizendo: "Não falo a partir de um fracasso em suportar as imposições de minha vida sacerdotal. Sou um *bom* padre".[263]

Outro contra-argumento diz respeito à possível visão adolescente do casamento alimentada pelo padre, ao que responde: "de forma alguma eu construí uma imagem de adolescente do matrimônio. E mais, não ignoro o preço do amor conjugal".[264]

O texto ainda retoma assuntos tratados em outros momentos: mãe solteira, divórcio, controle de natalidade etc. que é algo muito usual nas reportagens de *Realidade*. No caso dessa matéria, esses assuntos surgem quando o padre revela algumas de suas discordâncias com posturas adotadas pela Igreja:

> Não simpatizo muito com a posição da Igreja no que diz respeito a controle de natalidade, divórcio e obediência religiosa, e desprezo a pompa das cerimônias litúrgicas com suas sedas e rendas de outros tempos, mas tenho mantido minhas opiniões em razoável sigilo. Nunca liderei cruzadas, nem pretendo liderar nenhuma.[265]

Observando essas reiterações é possível listar os temas sobre os quais a revista queria falar. O depoimento do padre Nash, por exemplo, é a primeira vez que a revista traz o assunto das transformações em setores tradicionais, como a Igreja. Nesse artigo estão sementes de discussões cultivadas em outros trabalhos publicados em edições posteriores. As matérias "Deus está morrendo", publicada no número 9, de dezembro de 1966, e "Quem era o homem Jesus", publicada no número 12, de março de 1967, publicadas respectivamente em época de Natal e Páscoa, procuram enfatizar a necessidade da transformação da representação tradicional de Deus, afastado dos homens. Essa reportagem diz:

> não se trata, evidentemente de uma morte física de Deus. Para alguns teólogos quem está morto é o Deus de uma tradição envelhecida. E sustentam que a grande tarefa da teologia, hoje, é encontrar uma concepção e uma imagem de Deus que falem mais diretamente à inteligência e à sensibilidade do homem moderno.[266]

Não é outra a queixa do padre Stephen Nash quando diz que sente Deus como "uma luz distante".

Contudo, antes do assunto retornar às páginas de *Realidade*, foi tema de artigo publicado no jornal *O Estado de S. Paulo*, de autoria de Gustavo Corção. Na seção de correspondência, o depoimento do padre causou identificação de uns:

> Sr. Diretor: Por um imperativo de consciência, tive a coragem de romper conceitos e leis já ultrapassadas e abandonar as fileiras do sacerdócio. Gostei de ver REALIDADE abrir o diálogo sobre o assunto.
> Prof. João Carlos Villela, Varginha – MG. (R007-L25)

Tristeza e desconfiança em outros:

> Sr. Diretor: O caso *particular* do padre Stephen Nash, se é real (pois soa a coisa forjada!), é para entristecer. Por que não aconselham esse padre torturado a deixar o ofício e se casar, se tamanha é a ânsia?
> Joel Rolim, Fortaleza – CE. (R008-L13 – grifo original)

Sr. Diretor: Aprovo em tudo e por tudo os conceitos e expressões do Gustavo Corção, no seu artigo publicado no jornal "O Estado de São Paulo", quando condena e protesta contra o depoimento do inventado padre Stephen Nash. Por que os senhores não mencionam o nome da revista norte-americana em que tal artigo foi publicado?
Pe. Clóvis M. Render, Campinas – SP.
O depoimento do padre Nash saiu, pela primeira vez, na revista The Saturday Evening Post. *(R008-L14)*

E alegria e admiração:

Sr. Diretor: O artigo "Sou padre e quero casar" causou-me admiração e alegria pela sinceridade e seriedade manifestadas. Graças a Deus que já temos sacerdotes sinceros sobre este assunto. A maioria dos meus paroquianos gostaram do artigo. Sugiro seja realizado um inquérito sobre o celibato eclesiástico entre sacerdotes e fiéis de boa vontade. Como sacerdote, me realizo e amo plenamente minha vocação, mas sinto, segundo ensina a Palavra de Deus, que "a Verdade nos fará livres" e sinto profundamente "o medo" que alguns parecem ter sobre certas "realidades verdadeiras".
Pe. Henry Silveira, Sete Lagoas – MG. (R008-L17)

Vivência

São reportagens em que o repórter transforma-se em personagem da história que narra e procura transmitir ao leitor as emoções por que passou. Na maioria das vezes são narradas em primeira pessoa. Apela, dessa forma, à sensibilidade do leitor procurando atingi-lo por um viés emocional, fazendo-o sentir o que repórter viveu. São as que mais se aproximariam do conceito do *new journalism*, apresentado anteriormente.

Uma delas, que teve muita repercussão na sessão de cartas, é a reportagem "Existe preconceito de cor no Brasil" faz parte de um trabalho mais longo realizado por *Realidade* para retratar o preconceito racial nos Estados Unidos e no Brasil, publicado no nº 19, de outubro de 1967. Um texto de Odylo Costa Filho, substituto de Roberto Civita a partir desta edição como diretor de redação, anuncia o "problema" do racismo e apresenta as reportagens: uma realizada por Carlos Azevedo sobre o racismo nos EUA, e outra realizada por Narciso Kalili, com a participação de Odacir de Mattos, que mostra as muitas formas como o preconceito de cor se manifesta em seis capitais do Brasil: Belém, Recife, Salvador, São Paulo, Rio de Janeiro e Porto Alegre. Os comentários dos leitores se concentram nessa última reportagem.

Com narrativa em primeira pessoa do repórter Narciso Kalili, trata-se de uma reportagem de "vivência" em que o repórter, simulando situações reais, pretendeu mostrar que o preconceito de cor existe no Brasil. Odacir de Mattos, negro, foi convidado para, ao lado do repórter, branco, vivenciar diversas situações cotidianas nas quais brancos e negros são tratados de modo diferente, sendo o branco sempre o privilegiado em detrimento do negro. Nas seis cidades em que estiveram (Belém, Recife, Salvador, São Paulo, Rio de Janeiro e Porto Alegre) Narciso e Odacir observaram como eram recebidos nos hotéis e restaurantes, conversaram com jovens estudantes brancos e negros para saber o que pensavam sobre o racismo. Passearam pelas ruas das cidades, simulando namoro, com moças brancas ao lado de Odacir e negras ao lado de Narciso para ver a reação da população. Em São Paulo, Lana Navicow participou da reportagem: "às vezes até posava para fotos como na reportagem sobre preconceito racial, quando andei pela cidade fingindo que era namorada do Odacir de Mattos, revisor da revista, um negro. Um escândalo!".[267]

Também fingiram passar mal nas ruas pelo mesmo motivo. Tentaram matricular supostos filhos nas escolas de cidade e tornarem-se sócios dos clubes locais. Freqüentaram bares e boates em bairros ricos e pobres. Ao longo do texto, Narciso também descrevia suas impressões pessoais sobre as experiências muitas vezes reveladoras de um preconceito notável, apesar de velado:

> De SP não precisávamos saber mais nada. Nem testar outras coisas. Como paulista, estava envergonhado. Como branco, triste. Como ser humano, irri-

tado e odiando tudo o que levava ao preconceito. Na semi-obscuridade do avião que nos levava ao RJ (...) olhava os rostos dos poucos passageiros me perguntando se eles sabiam de tudo que eu já estava sabendo. Se em suas vidas eles percebiam toda vez que agrediam e feriam os negros.[268]

Quadros intercalados com o texto fazem o contraponto. O primeiro oferece dados sobre a população negra no Brasil desde o início da colonização portuguesa. O segundo transcreve a Lei Afonso Arinos que pune a discriminação racial no Brasil. No terceiro quadro o próprio Afonso Arinos faz uma apreciação da lei que leva seu nome dizendo que é conhecida e elogiada em outros países. A referida lei poderia ser o aspecto positivo da questão, se esta fosse simples: discriminação racial a ser considerada crime, como se isso a fizesse deixar de existir. No entanto, a reportagem mostra que o preconceito de cor no Brasil não deixou de existir porque a Lei Afonso Arinos passou a vigorar a partir de 1951.

O quarto focaliza um documento da UNESCO que diz não existir raça pura nem raça inferior. O penúltimo quadro fala sobre uma exceção: um médico negro rico e culto que por isso não sofre preconceito em seu país: EUA. O último fala de Raimundo de Souza Dantas, sergipano autodidata que virou embaixador, provavelmente também negro.

O repórter conclui a reportagem sem muitas esperanças de ver tal situação mudada. Pela primeira vez, entre as reportagens que analisei, o desfecho dessa reportagem não é tão otimista como costumam ser as reportagens de *Realidade*. Narciso Kalili revela descrença numa mudança de situação com relação ao preconceito racial no Brasil. Diz ao encerrar a reportagem:

> No aeroporto despedi-me de Odacir. No fim de tudo eu estava triste e quase concordando com os muitos que nos aconselharam a desistir da reportagem. É tudo tão vergonhoso que melhor seria calar. Mas e os negros? Apanhei um taxi e fiquei olhando para trás. Odacir entrava em outro carro. Ouviria novamente o que o motorista morador na Bela Vista nos dissera? E seu filho,

encontraria também uma dona Maria que o xingaria de "negrinho atrevido"? Eu estou certo que sim. Ele também.[269]

Na seção de cartas, a reportagem gerou "ondas" de direito de resposta, principalmente de escolas que teriam se recusado a matricular o suposto filho negro de Odacir de Matos. Reproduzo a cartas de um ex-professor do jornalista:

> Sr. Diretor: Leitor assíduo que sou de REALIDADE, surpreendi-me com a leitura de referência ao meu Colégio, inserta na página 39 de número de outubro dessa conceituadíssima revista que V. Sa. dirige. Da leitura em referência conclui-se que Odacir freqüentou o Colégio Castro Alves, desta Capital, no terceiro ano básico, e que eu, dissertando em classe sobre democracia, depois das palavras iniciais, olhando-o fixamente, teria dito que "não pode haver exageros. A democracia é boa, mas está havendo uma mistura no Brasil que ninguém mais entende. Ninguém mais reconhece seu lugar e todos querem ser doutores". Liminarmente, entendo, salvo melhor juízo, que afirmar que "está havendo uma mistura no Brasil" não quer dizer que esteja existindo mistura racial. Principalmente tendo-se em conta que teria me referido à mistura que não sabe distinguir seu lugar no grupo social, mistura que não sabe escolher uma profissão técnica, ambicionando ser bacharel. Inferir-se daí que eu, por olhar fixamente para o Odacir – o que recebo apenas para argumentar, sem aceitar –, tivesse querido insinuar que me referia aos negros, é ilação absolutamente gratuita, reveladora de lastimável complexo. Ao depois, nunca, ao falar sobre democracia, eu fixei alunos pretos com intenção de feri-los. Isso porque não tenho preconceito racial; porque no meu Colégio estão e sempre estiveram matriculados muitos alunos de cor; porque nunca os fixei para insinuar o que quer que fora para humilhá-los; porque recebi e continuo a receber elementos de cor. Nem poderia ser outra a atitude de um colégio cujo patrono é Castro Alves! Finalmente, desejo colocar à disposição V. Sa. o Colégio Castro Alves, de dia ou de noite, a fim de que o visite e corrobore "de visu" o que aqui se lhe afirma. Há vinte e oito anos, mantendo aquela linha de conduta, aquela filosofia da educação que não permite discriminação racial, chocou-me profundamente a inverdade – perdoe-me a franqueza – contida na prestigiosa publicação que

V. Sa. dirige, eis que feriu meus princípios de educador e de cristão, irritou os alunos de todos os cursos, e os pais, e os ex-alunos, de que Odacir é triste e isolada exceção, improcedente que foi sua afirmação, lançada em revista de tanta respeitabilidade e prestígio. Espero merecer de V. Sa. a publicação desta missiva, a bem do direito e da verdade, eis que lhe conheço a formação democrática e cristã, e desde já, renovando-lhe o convite para visitar o Colégio Castro Alves, apresento-lhe os protestos de minha mais distinta consideração.

Castorino França – Diretor Fundador do Colégio Castro Alves, São Paulo – SP. (R021-L02)

Mais uma vez, a reação dos leitores é múltipla e surpreendente. A reportagem levou os leitores a refletirem sobre o assunto, alguns até assumiram serem preconceituosos:

Sr. Redator: Creio que nenhum benefício trouxe sua reportagem. Veio revelar o óbvio. A mistura em nosso país vai continuar. Conheci muitos italianos casados com negro (negro que toca sanfona tem branca segura, na zona rural...). E, quanto ao mais, é uma questão de desajuste físico. Sinto-me mal ao lado de certos negros, embora admire as qualidades morais de muitos deles, que enchem de vergonha minhas deficiências.

Olavo Terra, Pindamonhangaba – SP. (R020-L02)

Sr. Redator: Como branco e universitário, quero cumprimentá-lo por desnudar o problema do racismo brasileiro. Depois de ler a reportagem, considero válida, ainda mais, uma frase que guardo há anos: "Não sou racista, mas às vezes não suporto a presença de um branco".

Nélson Savioli, São Caetano do Sul – SP. (R020-L07)

Sr. Redator: Eu era uma dessas pessoas que no fundo são um pouco racistas mas que não tem coragem de confessar.

Marilda Braz, Rio de Janeiro – GB. (R020-L09)

Sr. Redator: Gostei muito da experiência feita pelos jornalistas preto e branco, mas os problemas encontrados por eles continuarão sem solução, talvez por muitos e muitos anos, pois preto é como padre: basta um torto para estragar a raça toda.

Abner Ferraz de Campos, São Paulo – SP. (R020-L10)

Sr. Redator: Discordei totalmente do artigo sobre o racismo. Saibam vocês que existe também hora e tempo pra dizer a verdade. Em que país não existe um pouquinho de preconceito?

Ademir C.P., Belo Horizonte – MG. (R020-L14)

Leitores também partilham com a revista suas próprias vivências:

Sr. Redator: Não só em Belém, como em todo o Brasil, existem níveis de classes sociais diferentes, que julgam as pessoas não pela cor da pele, mas pelo que possuem, pela maneira de vestir-se, pela formação cultural, principalmente. Não somente no Brasil, como também no mundo inteiro, todos nós sentimos desagrado e mal-estar, quando viajamos em qualquer veículo fechado e se o nosso companheiro é um indivíduo pouco asseado, seja ele branco ou preto.

Mário Bignami, São Paulo – SP. (R020-L17)

Sr. Diretor: Sempre entendi que o preconceito racial existe, senão na forma violenta das discriminações ostensivas, pelo menos na oposição velada, nem por isso menos agressiva, a todo progresso social e cultural dos negros. Eles ficam relegados ao exercício das profissões baixas. Mesmo quando atingem níveis superiores de educação, sofrem as conseqüências do preconceito racial. Minha avó pernambucana, Alexandrina de Azevedo Nacre, contava residir em Recife, no seu tempo, um médico negro, cirurgião de talento, que certa vez, indo socorrer uma mulher branca, notou um gesto de repugnância de sua parte quando quis lhe tocar na pele. Então, parece que estava avisado, calçou por isso imaculadas luvas de pelica e, ao sair, do quarto, as sacudiu em silêncio no vaso de detritos.

Osias Gomes, João Pessoa – Paraíba. (R021-L04)

Outra reportagem de vivência com importante repercussão na seção de cartas, é "Homossexualismo", publicada no nº 26, de maio de 1968. O repórter Hamilton Almeida passou uma noite num bar para mostrar o mundo do homossexualismo. A reportagem revela preconceitos dos autores ao tentar retratar como vivem os homossexuais no Brasil. Ao contrário de todas as reportagens de *Realidade*, esta não é ilustrada. A apreciação que o repórter deixa transparecer sobre o assunto não é positiva: a reportagem, logo na apresentação refere-se ao "mundo triste e desumano dos homens que negam sua condição de homens". Talvez, tenham querido evitar a repetição dessa apreciação pelas fotos. Talvez ainda, pelo tema ser delicado, não quiseram mostrar imagens eventualmente caricatas sobre os homossexuais. Só há fotos dos convidados que dão seu parecer sobre o assunto ao final da reportagem: uma pedagoga, um professor de Teologia Moral, um rabino e um sociólogo da USP.

Nessa reportagem, ao contrário das outras sobre comportamento sexual, o "problema" abordado seria o homossexualismo em si e não o preconceito que os homossexuais enfrentam. Não há clareza quanto à solução desse "problema": se integrando os homossexuais à sociedade ou se acabando com ele, talvez pela cura dessa "doença psíquica".

Na seção de cartas, essa reportagem é uma exceção: é a única com cartas contrárias em número maior que as favoráveis. Foram dez contrárias para quatro favoráveis. A maioria de homossexuais, ao menos é o que se presume pelo texto, sentindo-se vítima do preconceito da revista. Os leitores que defendem a reportagem também se manifestam preconceituosamente com relação aos homossexuais. Dois exemplos:

> Sr. Diretor: É profundamente lamentável que REALIDADE divulgue erroneamente o sentido do homossexualismo. O assunto, considerado por muitos um tabu, ressurge camuflado e irreal, pois é falso comparar o homossexual em seu verdadeiro sentido com a "boneca deslumbrada".
> Lauferson Souza, São Paulo – SP. (R027-L02)

> Sr. Diretor: Triste papel desempenha em nossa sociedade o homossexual. É como uma doença contagiosa que dia a dia se propaga de maneira assustadora.
> Cleto Bernardes de Souza, Sorocaba – SP. (R028-L03)

Ao contrário das outras reportagens da revista, os elementos que a compõe são dispostos de forma mais difusa. O repórter passou uma noite em um bar que serve como ponto de encontro dos homossexuais para tentar captar um pouco de sua realidade, observando a dinâmica do bar e conversando com muitos deles. Textos mais analíticos, em itálico, são intercalados com a reportagem. Seu propósito parece ser o de explicar as impressões e os eventos observados pelo repórter durante sua permanência no bar. Em um desses intervalos, o repórter apresenta um debate sobre o homossexualismo ser uma doença. Embora tente num primeiro momento relativizar a questão, mostrando o ponto de vista dos próprios homossexuais, acaba assumindo como doença ao debater possibilidades de cura para o homossexualismo:

> Nenhum homossexual admite ser o seu homossexualismo uma doença. No máximo admite ser um vício, se for necessário usar um termo mais forte. A maioria deles prefere explicar sua atitude como uma busca de amor, uma procura existencial. (...)
> A homossexualidade é considerado do ponto de vista psiquiátrico como neurose de caráter e enquadrada nas chamadas personalidades psicopáticas. (...) A psicanálise pretende tratar o problema do homossexualismo através do estudo e da conscientização das fantasias ligadas ao sintoma sexual. Há possibilidade de cura, ou seja, de o indivíduo vir a manter relações com o sexo oposto, desde que a fantasia seja reconhecida e relacionada com a realidade.
> Outras correntes psiquiátricas não acreditam na cura do homossexualismo.[270]

Ao longo da reportagem, procura descrever os freqüentadores do bar: há "os 'profissionais', rapazes que transformaram em profissão a ato de sair com homossexuais. Em troca de dinheiro, pura e simples, ou em busca de algum presente". Há os "velhos (...) são maníacos sexuais que gostam de garotos. E pagam na mesma moeda que os 'profissionais' se vendem". Conversando com eles, o repórter percebe que, por serem marginalizados socialmente, andam sempre em grupos, muitos levam uma vida dupla e são agressivos: "entre eles existe uma necessidade de ser brilhante, inteligente e ligeiro nas respostas às provocações". Um deles explica por que: "diante da vida, o homossexual tem que ser inteligente e brilhante. Se na hora de arranjar o emprego aparecer um outro candidato com as mesmas qualidades, o lugar é dele, não meu".[271]

Os homossexuais têm uma linguagem própria e há discriminação entre eles: "a 'boneca' (aquele de classe social mais baixa e mais irreverente no vestir, no falar e nos gestos) chega a irritar os mais inteligentes e socialmente melhor de vida e mais discretos".[272]

A reportagem tenta explicar as causas que levam um sujeito ao homossexualismo. Procura mostrar como as várias correntes da psiquiatria estudam o assunto, ao mesmo tempo que diz dos homossexuais que "a maioria já tentou resolver o seu problema através psicoterapia". Diz que alguns se tornaram homossexuais por medo das mulheres. Parece aceitar a explicação da homossexualidade como doença psíquica a ser tratada por psiquiatra. Assim, o repórter deixa a sensação no leitor de que o homossexualismo é algo estranho e triste. Descreve uma cena de fim de noite no bar, quando um velho tenta seduzi-lo, de "deprimente".

Das catorze cartas publicadas sobre a reportagem (três publicadas no mês seguinte ao da reportagem e onze, dois meses depois, algo incomum, pois o número de cartas tende a diminuir), dez traziam manifestações contrárias à reportagem. Embora nem todos assumam, podemos presumir que muitos leitores são homossexuais e consideraram a reportagem parcial:

> Sr. Diretor: Venho protestar veementemente contra a fraquíssima reportagem sobre homossexualismo. As teses são quase todas ultrapassadas. Freud que me perdoe.
> Alcides Friozzi, Rio de Janeiro – GB. (R027-L03)

> Sr. Diretor: O trecho da reportagem em que analisa "O que leva o homem a ser homossexual" chocou-me por não ser de caráter científico, mas sim uma gozação. O homossexual não nega sua condição de homem. O que leva o

homem a ser homossexual? Respondo: a nossa imprensa e nossos péssimos jornalistas.
H. Almeida, São Paulo – SP. (R028-L04)

Sr. Diretor: Como homossexual que sou, há muito tempo vinha pensando sugeri-lo para tema de reportagem. Sem apoiar, nem condenar, REALIDADE presta grande esclarecimento sobre nós, homossexuais. Em meu nome, em nome de cada homem que sofre a incompreensão da sociedade por seu comportamento sexual, nosso agradecimento.
Cristian Von Dick, Santa Maria – RS. (R028-L05)

Sr. Diretor: A reportagem sobre homossexualismo define superficialmente a vida de um homossexual em geral. Define apenas, isso sim, os homossexuais freqüentadores de bares noturnos.
Péricles Cotéli de Oliveira, Guanabara – GB. (R028-L09)

Outros não gostaram da reportagem e revelaram incompreensão e repulsa:

Sr. Diretor: Eu gostaria que houvesse escolas de correção para esses indivíduos duvidosos: talvez a falta de vergonha melhorasse 100%.
Juracy Macedo, Salvador – BA. (R028-L06)

Sr. Diretor: O que realmente nos falta é um autêntica formação moral e religiosa. No tempo de papai havia nas escolas públicas compêndios de Educação Moral e Cívica. Hoje eles desapareceram. Isto é o resultado do ensino leigo, isto é, isento de educação religiosa. Mas eu ainda confio na juventude atual. É menos hipócrita e mais autêntica que a geração passada. Nem tudo está perdido. Eu acredito em milagres.
Micol M. A. Maranhão, Jaboatão – PE. (R028-L08)

Alguns pais revelam seu alívio, mais um vez, reforçam o papel da revista na melhoria da relação entre pais e filhos:

Sr. Diretor: Até hoje eu me sentia o mais infeliz dos pais, pois tenho um filho homossexual. Após ler a reportagem "Homossexual", comecei a ver as coisas de outra maneira. Gostaria que vocês continuassem, pois ajudariam muitos pais a compreenderem melhor seus filhos.
Osvaldo da Silva Mandeta, São Paulo – SP. (R028-L12)

Sr. Diretor: Seria maravilhoso que os leitores se detivessem mais tempo no artigo "Homossexualismo" e vissem esse problema com humanismo e caridade. Os homossexuais são dignos de nossa ajuda, mas não dignos de pena, pois esse sentimento, nesse caso, não constrói nada. Devemos pensar e *ousar* uma ajuda cristã. Tenho um casal de filhos e não admito que falem em tom jocoso e irônico sobre um homossexual. Se não podemos construir, não destruamos.
Yara Ramos Carderelli, Campinas – SP. (R028-L07)

Marginalizados

Neste tipo de reportagem, também muito comum em *Realidade*, procura-se trazer ao conhecimento dos leitores realidades distantes da sua. Nestas reportagens não há emprego da primeira pessoa, o repórter conta sua história como narrador onisciente. Duas reportagens desse tipo tiveram mais de dez cartas publicadas na seção de cartas. São elas: "O Piauí existe", publicada na edição 13, de abril de 1967 e "O excepcional", de dezembro de 1967, número 21 da revista. Com propostas semelhantes, de mostrar o povo esquecido do Piauí e as vítimas de lesão cerebral, excluídos da sociedade, essas reportagens despertaram nos leitores reações opostas.

Em "O Piauí existe" o repórter Carlos Azevedo e fotógrafo Luigi Mamprin pretendiam "provar que o Piauí existe": "Para provar isso, dois repórteres percorreram campos e caatingas, sentindo os problemas e esperanças de um povo que não se abate". Passaram por várias cidades e retrataram vários moradores. Na primeira delas, a capital Teresina, mostram a surpresa do povo com a chegada do primeiro avião a pousar em Teresina, inaugurando uma nova escala. A mensagem figurada é a de que o Piauí, finalmente, passava a fazer parte do Brasil.

O avião trouxe de volta ao Piauí seu arcebispo, dom Avelar, que em entrevista à rádio católica, ainda no aeroporto, disse: "O que o Piauí precisa é de desenvolvimento (...). Investimentos estão sendo feitos. Logo virão as indústrias e com elas os empregos".[273]

Depois de percorrer as cidades Picos, Oeiras, Campo Maior e Parnaíba, os repórteres chegam em Boa Esperança, ao sul do estado. Ali, em 1967, estava sendo construída a Usina Hidrelétrica de Boa Esperança:

> A barragem tem 53 metros de altura, oito quilômetros de extensão. Foi iniciada há três anos e começará a funcionar em fins de 1968. Produzirá 250 kwa e os seus financiadores – SUDENE, DNOCS, Eletrobrás e Ministério de Minas e Energia – investirão 127 bilhões de cruzeiros.[274]

Segundo a reportagem, é daí que vem a esperança dos piauienses. Em Boa Esperança estão o progresso, o desenvolvimento e os investimentos de que falou o arcebispo dom Avelar. Esse trabalho, que bem poderia ser entendido como divulgação das obras realizadas pelo governo militar do presidente Costa e Silva, foi uma das que mais causou polêmica entre os leitores da revista. Muitos deles, piauienses principalmente, ficaram indignados com a descrição da alienação do povo retratada através da atitude da população que recebe o avião com beijos e abraços ou do velho agricultor que, ao ser fotografado pela reportagem, pensou que seria convocado para a guerra.

A revista tentou abafar a repercussão negativa da reportagem ao publicar na edição subseqüente apenas quatro cartas de leitores sobre o assunto. Ao final da última carta publicada na edição 14, a revista escreve sobre as manifestações de apoio e de protesto a respeito da reportagem, minimizando os protestos ao dizer que partiram de pessoas que "não entenderam o tom emotivo" da reportagem. Ou seja, não souberam ler, não deram ao texto a interpretação "correta". Este é um caso em que a tensão entre leitores e autores se apresenta de forma bastante clara:

Há portanto tensão entre dois elementos. De uma parte, o que está do lado do autor, e por vezes do editor, e que visa impor explicitamente maneiras de ler, códigos de leitura (foi lembrada a proliferação crescente de prefácios), seja de maneira mais subreptícia uma leitura precisa (através de todos os dispositivos evocados antes, sejam tipográficos ou textuais). Este conjunto de intenções explícitas ou depositadas no próprio texto, no limite, postularia que um único leitor pudesse ser o verdadeiro detentor da verdade da leitura.[275]

Mais uma vez, a leitura se mostrou muito diferente da esperada pela revista, apesar de todos os condicionamentos, como mostram as cartas publicadas na edição nº 14:

O Piauí existe
Sr. Diretor: Na qualidade de piauiense, filha de Oeiras, fiquei revoltada com a reportagem sobre o pequenino estado, publicada no número 13 dessa revista. Venho lançar meu protesto, pois reportagem dessa natureza eu jamais gostaria de ler, e acredito que nenhum piauiense.
Maria Benedita, Goiânia – GO. (R014-L08)

Sr. Diretor: É digna de encômios a reportagem "O Piauí existe". Muito contribui para arrancar o Estado do ostracismo.
Lindomar Oliveira, Brasília – DF. (R014-L09)

Sr. Diretor: Através desta carta queremos protestar contra um artigo publicado nesta já altamente conceituada revista intitulado "O Piauí existe", pois é considerado por nós pejorativo, solerte e insidioso. Precisamos é de ajuda, de compreensão e não de basófias ridicularizantes.
José Nunes Mendes de Carvalho, José Gornstejn, José Dutra de Melo Nunes Filho, Rio de Janeiro – GB.

A reportagem "O Piauí existe" provocou uma onda de manifestações. Tanto de apoio, quanto de protesto. Sendo que estes partiram dos que não compreenderam o tom emotivo, humano e participante com que o repórter Carlos Azevedo manifestou sua ternura com que viu e sentiu os problemas e as peculiaridades do Piauí. Mas felizmente a maioria sentiu que a ma-

téria inteira é tomada de posição em defesa do homem da terra piauiense. (R014-L11)

Na edição seguinte a revista publica opiniões de leitores condenando a abordagem conferida à reportagem sobre o Piauí, mas as desqualifica usando argumento da própria carta:

> Piauí: "não li e não gostei"
> Sr. Diretor: Não sei se vocês têm coragem de publicar o artigo de jornalista piauiense J. Miguel de Matos, publicado em *O Dia*, de 19/4/67, órgão de imprensa de Teresina. Diz o jornalista Miguel de Matos (...) "Não li o número ultrajante da ultrajada revista REALIDADE. (...) O repórter Carlos Azevedo, aviltando o Piauí, cometeu o outro crime: lançou o Ceará contra o Piauí, fato que, salvo melhor juízo, constitui crime contra a segurança nacional" (...).
> Maria do Socorro Mendes, Antônia Lima, Francisca Teresa C. Mendes, Antônia Araújo, Maria C. A. Rodrigues, Teresina – PI. (R015-L25)

A carta seguinte opõe-se à anterior. Foi uma forma da revista mostrar quem leu atentamente a matéria, entendeu a proposta da revista e foi capaz de apreciar o trabalho jornalístico. Quem não leu, não pode ter gostado.

> Sr. Diretor: Li atentamente a reportagem "O Piauí existe" e, sinceramente, como piauiense que sou, encontrei na citada reportagem não um deboche, como querem dizer, mas uma crítica construtiva, um alerta aos homens públicos daquele Estado. Acredito que muitos conterrâneos meus esclarecidos e cônscios saberão reconhecer, como eu, que o Piauí ainda não é um Estado de destaque no cenário brasileiro, e isso deve-se única e exclusivamente aos seus representantes perante o governo federal.
> Oslo Memória de Araújo, Fortaleza – CE. (R015-L26)

> Sr. Diretor: Li a reportagem "O Piauí existe" e gostei bastante. O que lucraremos em esconder a realidade, apenas para que os outros estados não vejam nossa miséria? Não! Está na hora de deixar de lado os orgulhos pessoais e

encarar a coisa como realmente ele é. Espero que os governantes do país levem a sério a reportagem e façam alguma coisa para amenizar o sofrimento daquela gente.
Francisco José de Souza, São José dos Campos – SP. (R015-L28)

Sr. Diretor: A reportagem "O Piauí existe" constitui-se numa verdadeira farsa ao valoroso Estado. O Piauí não é só miséria. Sua capital, Teresina, oferece belíssimos panoramas, com suas ruas retilíneas e bem traçadas, majestosas avenidas e praça ajardinadas. A reportagem é falsa e mentirosa. Efetivamente, o Piauí é o Estado mais pobre do Nordeste, mas não tão miserável e macabro como diz a reportagem.
Samuel Brasileiro de Oliveira, Juazeiro do Norte – CE. (R015-L29)

Sr. Diretor: Não é possível imaginar o quanto repercutiu negativamente a reportagem sobre o Piauí. Naquele Estado existe muita coisa sendo feita sem alarde e o progresso vem surgindo naturalmente, dentro dos limites e dos índices que lhe são peculiares. Sem a menos intenção de ameaça e sem querer provocar quem quer que seja, quero apenas lembrar aqui algumas palavras de Otávio Mangabeira: "Violência gera violência e só o amor constrói para a eternidade".
José Augusto de Araújo Rezende, Rio de Janeiro – GB.

REALIDADE prefere outra afirmação de Otávio Mangabeira: "Quem tem medo da verdade não tem amor nem coragem para enfrentar a vida". (R015-L33)

Na edição 15, a revista publica nove cartas de leitores. O que não é usual, pois, em geral, o número de cartas diminui progressivamente conforme se afasta no tempo a edição em que a reportagem comentada foi publicada. Isto pode revelar a dificuldade da revista em esconder a repercussão negativa, assumindo dessa forma que ela seria maior do que mostrou na seção de cartas anterior. Episódio dos estudantes que queimaram a revista em praça pública: é mencionado, porém rapidamente. Assume, não nega, mas também não dá muita repercussão. O que se observa é algo diferente do que ficou na memória dos jornalistas. Segundo Lana Nowikow:

Um caso que ficou para sempre gravado na memória de quem trabalhava em *Realidade* na época e que dizia respeito a leitores, aconteceu assim que saiu a reportagem "O Piauí existe!". Como você pode imaginar – o Piauí já era o estado mais pobre do país – não era uma matéria que o enaltecesse. Pois bem, os leitores piauienses se revoltaram, queimaram todo o reparte da revista em praça pública e escreveram cartas indignadas para a redação. Foram publicadas, claro.[276]

Contudo, a forma de desqualificar as manifestações contrárias segue a mesma lógica empregada na edição 14: discute o modo como foi feita a leitura. Na edição 15, a revista se apega à carta das piauienses que dizem: "não li e não gostei" e destaca essa atitude usando a frase como subtítulo da seção de cartas e contrapondo-a a outras cartas que afirmam: "li a reportagem e gostei". Dessa forma, as opiniões contrárias são menosprezadas. A frase de Otávio Mangabeira preferida por *Realidade* encerra a discussão classificando seus opositores como covardes e, por isso mesmo, incapazes de enfrentar, de ver, de ler a verdade que lhes é posta diante dos olhos.

Entre esses leitores muitos são piauienses, mas não escrevem de lá. Já não vivem mais em seu estado de origem. E dele conhecem outras realidades, além da enfatizada pela revista. O leitor escreve de Juazeiro do Norte e descreve os belos panoramas de Teresina, com ruas retilíneas e avenidas ajardinadas. Muitas vezes, não se identificam com tanta pobreza, pois a comunidade de leitores a que pertencem é outra. Contudo, se pensarmos que saíram do Piauí por falta perspectiva de vida caso ficassem no estado, então confirmam a reportagem. Diferem dos piauienses, personagens da reportagem, apenas por terem tido condições de sair de lá.

É comum reportagens que procuram mostrar uma cidade, estado, região por sua pobreza e exclusão despertar raiva, ódio nos leitores locais, que preferem sempre ver sua cidade de origem enaltecida e não menosprezada. Exemplo: Conceição do Mato Dentro. Mostrar o lado pobre, feio de suas cidades, de seus estados não agrada aos leitores:

Conceição protesta

Sr. Diretor: O redator de REALIDADE examinou tudo e escolheu o pior de Conceição de Mato Dentro, em sua reportagem "Nossa Cidade". Porque não focalizou o Cuiabá, que é uma encantadora fonte natural? Ou o ginásio São Francisco, com seus 500 alunos, o Colégio São Joaquim, com 500 alunas, o Éden Clube, o Cuiabá Hotel, as nossas quatro igrejas e uma infinidade de coisas boas?

José Getúlio de Souza e mais 79 assinaturas. Conceição do Mato Dentro – MG.

REALIDADE só tinha um desejo: mostrar como vive a população de uma cidade do interior brasileiro. Com as alegrias, frustrações e verdades do dia-a-dia. (R004-L02)

Outra reportagem sobre grupo bastante diferente de "marginalizados" despertou no público reações de comoção. "O excepcional", reportagem de Eurico Andrade sobre crianças que sofreram lesão cerebral e são marginalizadas pela sociedade e, muitas vezes, rejeitadas em casa, pelos próprios pais. Na contramão dessa história, enfatiza o esforço de pessoas como dona Helena, russa de nascimento, naturalizada brasileira, na época da reportagem com 75 anos, resolveu montar o que seria "um dos primeiros internatos para excepcionais no Brasil, junto com os do professor Norberto Souza Pinho, em Campinas, e Thiago Vürst, no Rio Grande do Sul".[277] A Fazenda do Rosário entrou em funcionamento desde 2 de janeiro de 1940.

Algumas informações médicas são apresentadas. Oligofrênico é termo médico para a criança que sofre desse tipo de lesão cerebral que pode acontecer durante a gestação ou o parto. Dados estatísticos comparando Brasil e EUA mostram que o problema é mais sério aqui, onde temos quatro milhões de excepcionais. "Há centenas de causas para a oligofrenia. E nenhum meio de evitá-la. Por outro lado, as células do cérebro, uma vez afetadas, permanecem assim por toda a vida".[278]

No entanto, a reportagem mostra que as crianças excepcionais podem se integrar à sociedade com a ajuda de educadores. O exemplo da professora que quase perdeu o noivo por causa da sua atividade mostra que para as pessoas que cuidam dos excepcionais a vida também não é fácil. A lesão impede que sejam mentalmente adultos. A reportagem explica que, se bem cuidadas e desde cedo, estas crianças podem se integrar à sociedade, exercer uma atividade útil ou até profissional, e serem pessoas felizes. "Quando recebem cuidados desde cedo, os retardados se tornam pessoas úteis. Em cada 30 excepcionais, 25 são educáveis, podem ter uma profissão, um emprego e às vezes até uma esposa".[279]

Outros trabalhos desenvolvidos em escolas procuram também orientar os pais dos excepcionais sobre o modo como tratar os filhos. Em geral, segundo a reportagem, os pais erram ao rejeitar e ao superproteger as crianças. São dados exemplos desses dois tipos de comportamento e como estes podiam ser melhorados com a ajuda das professoras, mostraram aos a importância de desenvolver a autoconfiança das crianças. A reportagem também traz o depoimento de uma mãe, cujo filho se tornou excepcional após uma convulsão, para mostrar como os pais recebem a notícia da lesão cerebral em seu filho.

Por fim, além de trabalhos como o de dona Helena que fundou a primeira escola especial para crianças com esse tipo de problema no Brasil e que inspirou diversos seguidores, a reportagem aponta a criação e proliferação das APAE's pelo Brasil como uma iniciativa positiva para começar a mudar a situação. A fundação da APAE – Associação de Pais e Amigos do Excepcional – cuja

> grande missão (...) é criar uma mentalidade nacional para a situação dos retardados. Unir os esforços dos médicos, educadores, pais, iniciativa privada e governo para atacar o problema em todos os níveis. (...) Atualmente a Federação das APAEs está tentando resolver problemas jurídicos (como deixar uma herança para um retardado?) e trabalhistas – para criar um mercado de trabalho protegido para ele – de toda ordem.[280]

Conclui, enfim, que a melhor solução para o problema é buscar formas de integrar o excepcional à sociedade, seguindo exemplos como o de dona Helena, pois o problema do excepcional é fundamentalmente de sua integração ao meio. O psiquiatra Hain Grunspun, de São Paulo, afirma que um menino que no Rio é retardado, no interior pode não ser. Numa granja, por exemplo, exercendo uma atividade agrícola rotineira, ele não precisará de alto índice de inteligência para ser feliz. É por isso que dona Helena quer tirar todas as crianças excepcionais da agitação e da brutalidade das cidades e colocá-las em fazendas-escola como a do Rosário. Onde possam aprender e depois trabalhar, tranqüilamente, cercadas do carinho das mestras e da própria comunidade.[281]

A unanimidade das cartas publicadas elogia a reportagem.

Sr. Diretor: Sua reportagem "O excepcional" abriu os meus olhos e os de minha esposa para a felicidade enorme que temos com nossos filhos tão bem dotados. Acho que todos os pais de crianças mentalmente sãs e bem formadas deveriam ler o seu magnífico artigo para procurarem cooperar mais com este grave problema, que incapacita mais de quatro milhões de brasileiros.
João Luiz Arruda de Oliveira, São Paulo – SP. (R022-L21)

Sr. Diretor: Desejo cumprimentá-los pela comovente reportagem sobre a criança retardada mental. Aprendi que é necessário aceitar estas crianças como são, e admiro as professoras especializadas que cuidam delas e as ensinam a viver.
Ei Nagayo, São Paulo – SP. (R022-L24)

Sr. Diretor: Queriam aceitar congratulações pelos artigos sobre "O excepcional" que, se inegavelmente tem aspectos tristes, tem também grande dose de otimismo, de esperança.
Romilda Queiroz, São Paulo – SP. (R022-L26)

Sr. Diretor: Desejo exprimir minha real satisfação por ter lido no último número de REALIDADE um tema da mais alta importância: aceitação e reabilitação do excepcional retardado mental. O dinheiro gasto com um deficiente mental, habilitando-o após anos de treinamento a exercer uma tarefa

humilde, mas digna, reverterá em benefícios para toda a Nação, valorizando-o como ser humano.
Maria Amélia Vampré Xavier, São Paulo – SP. (R022-L28)

Considerações finais

Procurei, neste trabalho, estudar um elemento muito importante no campo da produção jornalística: o público. Embora os receptores dos veículos de imprensa sejam tão importantes quanto os produtores, geralmente guardam uma imagem de passividade, simplesmente "sofrendo" a atuação de uma imprensa que se autoproclama "formadora de opinião". Além disso, não têm muitos espaços onde possam registrar as *suas* produções. As cartas de leitores publicadas num periódico constituem importante resquício dessa produção que é silenciosa, furtiva, efêmera.

A escolha da revista *Realidade*, da Editora Abril, de São Paulo, deveu-se a dois aspectos principais. O primeiro é que a revista atingiu índices de tiragem bastante significativos para aquela época, sobretudo nos seus três primeiros anos de circulação, entre 1966 e 1968. O segundo é que a revista trouxe ao público assuntos nunca antes tratados pela imprensa brasileira. Entre outros, merecem destaque os temas de comportamento, presentes em reportagens que discutiam a legalização do divórcio, a liberdade sexual das mulheres e dos jovens, o homossexualismo, o fim do celibato para os padres. A revista também mostrou outros problemas nacionais, como os marginalizados da sociedade, alheios até mesmo aos demais assuntos tratados pela revista. Conhecer esses problemas era o caminho para alcançar soluções e, assim atingir o "futuro melhor", de que falou o e editor Victor Civita no número de lançamento.

Quanto à participação dos leitores em *Realidade*, após minucioso levantamento das cartas publicadas e das reportagens mais comentadas pelos leitores, pode-se afirmar que, entre as diferentes leituras realizadas pelos missivistas, destacam-se as dos pais preocupados com a educação de seus filhos diante da possibilidade apresentada pela revista de uma nova organização familiar que viria com a "revolução moral" anunciada nas reportagens de comportamento.

Alguns desses pais proibiram seus filhos de ler a revista, enquanto outros fizeram dela o instrumento para quebrar o constrangimento e poder conversar abertamente com os filhos sobre sexualidade.

Mulheres escreveram sobre as questões femininas tratadas na revista e debateram o tema da luta pela igualdade com o sexo masculino. Os jovens que escreveram para a redação de *Realidade* mostraram-se bem comportados. Menos preocupados com a "revolução sexual" anunciada pela revista do que com o seu próprio futuro, com as possibilidades de estudo e emprego, para surpresa e decepção dos editores.

A análise das cartas mostrou que, muitas vezes, os produtores da imprensa e os leitores possuem representações de mundo distintas. De acordo com Roger Chartier, práticas e discursos são originados a partir de representações, ou seja, apreensões do mundo.

Com isso, foi possível fazer duas constatações. A primeira é que tanto leitores que queimaram, destruíram a revista, penalizando os autores e editores por terem veiculado assuntos como a sexualidade da juventude e a liberdade da mulher; quanto os que desejam preserva-la como obra de referência para as gerações futuras, *agem* de acordo com as *suas* representações de mundo, as quais podem se afastar ou se distanciar da representação da revista, do modo como ela queria ser lida.

A segunda constatação é a de que a seção de cartas da revista, constitui um lugar privilegiado da tensão entre "estratégias" e "táticas", conforme a definição de Michel de Certeau. Ao mesmo tempo que a revista cria estratégias para impor uma "justa compreensão" aos textos que divulga, os leitores desenvolvem táticas para escapar desse arrebanhamento e marcar a *sua* produção no mesmo espaço de atuação dos estrategistas.

Considerando a seção de cartas como um registro da multiplicidade de leituras da revista, constatou-se a inegável liberdade dos leitores em constante tensão com o incansável esforço dos autores e editores para tentar uniformizar as leituras feitas sobre a revista. E por ser um espaço controlado pela revista, ao mesmo tempo que permite a manifestação dos seus leitores, a seção de cartas torna-se, por excelência, o palco de uma luta de representações por meio da qual editores e leitores tentam impor suas concepções a respeito do mundo e da sociedade em que vivem. Dadas tantas formas de apreensão do mundo, questiono o papel de uma imprensa que se autoproclama "formadora de opiniões", e mesmo a possibilidade de existência de uma "opinião pública".

O filósofo alemão Jürgen Habermas afirma que a "opinião pública" assume funções distintas, de acordo com a publicidade da qual é destinatária. Diz o autor:

> A "opinião pública" assume um significado diferente conforme reivindique para si a condição de uma instância crítica em relação à publicidade normativa imposta da execução do poder político e social, ou sirva como instância receptiva em relação à publicidade manipulativamente difundida de pessoas e instituições, bens de consumo ou programas. Na esfera pública ambos os tipos de publicidade estão presentes, mas "a" opinião pública é sua destinatária comum.[282]

Para entender o papel da chamada "opinião pública", sobretudo no que se relaciona com a publicidade do poder político, para a qual é considerada "inata, visto que ainda é a única base aceita para legitimar a dominação política",[283] o autor apresenta dois caminhos para a definição de um conceito:

> O primeiro conduz de volta a posições do liberalismo, que pretendia salvar, em meio a uma esfera pública em desintegração, a comunicação entre um círculo interno de representantes publicamente capacitados e formadores de opinião, que constituiria um público raciocinador em meio àquele apenas aclamador. (...)
> O outro caminho conduz a uma concepção da opinião pública que não dá qualquer atenção a critérios materiais como a racionalidade e a representatividade, e se limita a critérios institucionais. (...)
> Ambas essas versões dão conta do fato de que, no processo da formação da vontade e opinião no contexto da democracia de massa, a opinião popular

mal mantém uma função política relevante se tomada independentemente das organizações, pelas quais é mobilizada e integrada. Ao mesmo tempo, é nesse ponto que se revela a debilidade dessa teoria: na medida em que ela substitui o público, enquanto sujeito da opinião pública, pelas instâncias indispensáveis à sua capacidade de atuação política, esse conceito de opinião pública torna-se vazio de características.[284]

Em última análise, procurei mostrar que é relativa a capacidade de manipulação da mídia. O estudo da seção de cartas de *Realidade* permitiu constatar que, mesmo nesse espaço oferecido à manifestação dos leitores, está presente o discurso de unanimidade da imprensa, por meio do qual tenta anular as diferenças e as divergências, colocando o público numa posição de passividade.

Procurei ressaltar, no entanto, que os leitores não aceitam a condição de receptores passivos e exercem importante papel como mediadores do processo de comunicação o que lhes permite assumir diferentes funções: editores, colaboradores, e até a de censores, sujeitando os meios de comunicação à sua censura, além da censura política e da autocensura. A imprensa sabe disso, por isso está constantemente criando fórmulas para seduzir e conquistar leitores.

Ao expor as múltiplas recepções do público, meu objetivo neste trabalho foi romper com o discurso da unanimidade freqüentemente empregado pela imprensa, o discurso da mídia manipuladora, dando lugar à multiplicidade, permitindo que aparecessem as diferenças.

Anexo: banco de dados

INFORMAÇÕES GRUPO 1 - MATÉRIAS

Mês/ano	Leitor	Reportagem comentada	Abordagem da matéria	Seção revista	Chamada 1ª pág.
Abr/66	R001-L01	Realidade			
Abr/66	R001-L02	Realidade			
Abr/66	R001-L03	Realidade			
Abr/66	R001-L04	Realidade			
Abr/66	R001-L05	Realidade			
Abr/66	R001-L06	Realidade			
Abr/66	R001-L07	Realidade			
Abr/66	R001-L08	Realidade			
Abr/66	R001-L09	Realidade			
Abr/66	R001-L10	Realidade			
Abr/66	R001-L11	Realidade			
Abr/66	R001-L12	Realidade			
Abr/66	R001-L13	Realidade			
Abr/66	R001-L14	Realidade			
Abr/66	R001-L15	Realidade			
Abr/66	R001-L16	Realidade			
Abr/66	R001-L17	Realidade			
Abr/66	R001-L18	Realidade			
Abr/66	R001-L19	Realidade			
Abr/66	R001-L20	Realidade			
Abr/66	R001-L21	Realidade			
Abr/66	R001-L22	Realidade			
Mai/66	R002-L01	Realidade			
Mai/66	R002-L02	Realidade			
Mai/66	R002-L03	Realidade			
Mai/66	R002-L04	Está petróleo é meu (01)	monopólio estatal	Política nacional	Aventura
Mai/66	R002-L05	Linha, por favor (01)	telecomunicações	Política nacional	Problema
Mai/66	R002-L06	O que você tem a declarar (01)	esclarecimento sobre IR	Política nacional	Dinheiro
Mai/66	R002-L07	Haja Pinga (01)	cultura popular	Variedades	Pesquisa
Mai/66	R002-L08	Realidade			
Mai/66	R002-L09	As suecas amam por amor (01)	liberdade sexual da mulher	Comportamento	Depoimento
Mai/66	R002-L10	As suecas amam por amor (01)	liberdade sexual da mulher	Comportamento	Depoimento
Mai/66	R002-L11	Realidade			
Mai/66	R002-L12	Revolução não é mais assunto (01)	breves resenhas sobre Rev. 31 de março	"Panorama"	
Mai/66	R002-L13	Realidade			
Mai/66	R002-L14	Realidade			
Mai/66	R002-L15	Realidade			

INFORMAÇÕES GRUPO 2 - CARTAS

Leitor	Natureza opinião	Favorável à revista	Tipo de opinião	Manifestação	Comentários Gerais	Discordância com:	Resposta	Tipo de resposta
R001-L01	Comenta lançamento da revista	sim	elogiosa	esmerada			não	
R001-L02	Comenta lançamento da revista	sim	elogiosa	nova conquista			não	
R001-L03	Comenta lançamento da revista	sim	elogiosa	parabéns			não	
R001-L04	Comenta lançamento da revista	sim	elogiosa	gigante			não	
R001-L05	Comenta lançamento da revista	sim	elogiosa	variedade de assuntos	votos de êxito		não	
R001-L05	Comenta lançamento da revista	sim	elogiosa	boa			não	
R001-L06	Comenta lançamento da revista	sim	elogiosa		felicitação		não	
R001-L07	Comenta lançamento da revista	sim	elogiosa	honesta	parabéns		não	
R001-L08	Comenta lançamento da revista	sim	elogiosa	louvável	felicitação		não	
R001-L09	Comenta lançamento da revista	sim	elogiosa	nova época			não	
R001-L10	Comenta lançamento da revista	sim	elogiosa	ótimo	pedido de continuidade		não	
R001-L11	Comenta lançamento da revista	sim	elogiosa		cumprimentos		não	
R001-L12	Comenta lançamento da revista	sim	elogiosa	ótimo, magnífica	congratulação		não	
R001-L13	Comenta lançamento da revista	sim	elogiosa	excelente	cumprimentos		não	
R001-L14	Comenta lançamento da revista	sim	elogiosa	variedade de assuntos			não	
R001-L15	Comenta lançamento da revista	sim	elogiosa	excelente, primorosa	congratulação		não	
R001-L16	Comenta lançamento da revista	sim	elogiosa	alto nível	parabéns		não	
R001-L17	Comenta lançamento da revista	sim	elogiosa	liderança	cumprimentos		não	
R001-L18	Comenta lançamento da revista	sim	elogiosa	boa	pedido de continuidade		não	
R001-L19	Comenta lançamento da revista	sim	elogiosa	viva, informativa	parabéns		não	
R001-L20	Comenta lançamento da revista	sim	elogiosa				não	
R001-L21	Comenta lançamento da revista	sim	excelente		congratulação		não	
R001-L22	Pede exemplar anterior	sim	elogiosa				sim	explicativa
R002-L01	Comenta lançamento da revista	sim	elogiosa	imparcial			não	
R002-L02	Preocupação com anúncios	sim					sim	explicativa
R002-L03	Agradece reportagem sobre seu setor	sim	elogiosa	magnífica	congratulação		não	
R002-L04	Agradece reportagem sobre seu setor	sim	elogiosa		satisfação pela reportagem		não	
R002-L05	Agradece reportagem sobre seu setor	sim	elogiosa	valioso			não	
R002-L06	Corrige reportagem	não	descontente			falta de rigor	não	
R002-L07	Sugere reportagem	não	descontente			ausência de tema	sim	defensiva
R002-L08	Comenta reportagem	sim	elogiosa				não	
R002-L09	Comenta reportagem	não	descontente	nauseante		presença do tema	não	
R002-L10	Comenta receptividade da revista	sim					sim	agradecimento
R002-L11	Corrige reportagem	não	descontente			posição da revista	não	
R002-L12	Comenta lançamento da revista	não	elogiosa				não	
R002-L13	Comenta lançamento da revista	sim	elogiosa	magnífica			não	
R002-L14	Comenta lançamento da revista	sim	elogiosa	magnífica	pedido de continuidade		não	
R002-L15	Comenta lançamento da revista	sim	elogiosa	magnífica			não	

INFORMAÇÕES GRUPO 3 - FONTE

Leitor	Sexo	Estado	Região	Idade	Profissão	Setor	Grau instrução
R001-L01	masc.	SP	SE	n/d	n/d	n/d	n/d
R001-L02	masc.	MG	SE	n/d	presidente Centrais Elétricas MG	público	superior
R001-L03	masc.	DF	DF	n/d	deputado federal	público	n/d
R001-L04	masc.	RJ	SE	n/d	ministro da Guerra	público	superior
R001-L05	masc.	RJ	SE	n/d	diretor-técnico Instituto verificador de circulação	privado	n/d
R001-L06	masc.	SP	SE	n/d	empresário	privado	superior
R001-L07	masc.	SP	SE	n/d	jornalista	privado	n/d
R001-L08	masc.	RJ	SE	n/d	empresário	privado	superior
R001-L09	masc.	SP	SE	n/d	empresário	privado	superior
R001-L10	masc.	RJ	SE	n/d	jornalista	privado	n/d
R001-L11	masc.	SP	SE	n/d	diretor comercial Argos SA	privado	superior
R001-L12	masc.	RJ	SE	n/d	chefe gabinete ministro	público	superior
R001-L13	masc.	SP	SE	n/d	vereador	público	n/d
R001-L14	masc.	SP	SE	n/d	ministro, diplomata	público	superior
R001-L15	masc.	MG	SE	n/d	banqueiro	privado	superior
R001-L16	masc.	SP	SE	n/d	empresário	privado	superior
R001-L17	masc.	SP	SE	n/d	diretor Cica e Banco	privado	superior
R001-L18	masc.	SP	SE	n/d	Conselho Nacional de Economia	privado	superior
R001-L19	masc.	SP	SE	n/d	empresário	privado	superior
R001-L20	masc.	SP	SE	n/d	diretor banco	privado	superior
R001-L21	masc.	SP	SE	n/d	empresário	privado	superior
R001-L22	masc.	RJ	SE	n/d	diretor Record	privado	superior
R002-L01	masc.	SP	SE	n/d	n/d	n/d	n/d
R002-L02	masc.	AL	NE	n/d	jornalista	privado	n/d
R002-L03	masc.	BA	NE	n/d	n/d	n/d	n/d
R002-L04	masc.	RJ	SE	n/d	diretor Petrobrás	público	superior
R002-L05	masc.	RJ	SE	n/d	presidente Embratel	público	n/d
R002-L06	masc.	RJ	SE	n/d	diretor IR	público	superior
R002-L07	masc.	Escócia	ext.	n/d	n/d	n/d	n/d
R002-L08	n/d	RJ	SE	n/d	n/d	n/d	n/d
R002-L09	fem.	MG	SE	n/d	n/d	n/d	n/d
R002-L10	masc.	BA	NE	acima 55	n/d	n/d	n/d
R002-L11	n/d	RJ	SE	n/d	n/d	n/d	n/d
R002-L12	masc.	MG	SE	n/d	n/d	público	superior
R002-L13	masc.	RJ	SE	n/d	prefeito	público	superior
R002-L14	masc.	CE	NE	n/d	ministro da Justiça	n/d	n/d
R002-L15	fem.	RJ	SE	n/d	n/d	n/d	n/d

INFORMAÇÕES GRUPO 1 - MATÉRIAS

Mês/ano	Leitor	Reportagem comentada	Abordagem da matéria	Seção revista	Chamada 1ª pág.
Mai/66	R002-L16	Realidade			
Mai/66	R002-L17	Realidade			
Mai/66	R002-L18	Realidade			
Mai/66	R002-L19	Realidade			
Mai/66	R002-L20	Realidade			
Mai/66	R002-L21	Realidade			
Mai/66	R002-L22	Realidade			
Mai/66	R002-L23	Realidade			
Mai/66	R002-L24	Realidade			
Mai/66	R002-L25	Realidade			
Mai/66	R002-L26	Realidade			
Mai/66	R002-L27	Realidade			
Mai/66	R002-L28	Realidade			
Mai/66	R002-L29	Realidade			
Mai/66	R002-L30	Realidade			
Mai/66	R002-L31	Realidade			
Mai/66	R002-L32	Realidade			
Jun/66	R003-L01	Realidade			
Jun/66	R003-L02	Jânio Quadros, hoje (02)	ex-presidente depois da renúncia	Política nacional	Gente
Jun/66	R003-L03	Brasil: 60 milhões de pílulas por ano (02)	controle de natalidade	Política nacional	Problema
Jun/66	R003-L04	Realidade			
Jun/66	R003-L05	A benção, senhora (01)	fiéis na cidade de Aparecida	Religião	Religião
Jun/66	R003-L06	Realidade			
Jun/66	R003-L07	Vejam quem chegou de repente (02)	Roberto Carlos	Música	Espetáculo
Jun/66	R003-L08	O governo, afinal, vai conter o custo de vida? (02)	debate	"Brasil pergunta"	
Jun/66	R003-L09	Foi assim, que ganhamos a Copa (01)	reportagem hipotética	Esportes	Futebol
Jun/66	R003-L10	As suecas amam por amor (01)	liberdade sexual da mulher	Comportamento	Depoimento
Jun/66	R003-L11	As suecas amam por amor (01)	liberdade sexual da mulher	Comportamento	Depoimento
Jun/66	R003-L12	As suecas amam por amor (01)	liberdade sexual da mulher	Comportamento	Depoimento
Jun/66	R003-L13	As suecas amam por amor (01)	liberdade sexual da mulher	Comportamento	Depoimento
Jun/66	R003-L14	As suecas amam por amor (01)	liberdade sexual da mulher	Comportamento	Depoimento
Jun/66	R003-L15	As suecas amam por amor (01)	liberdade sexual da mulher	Comportamento	Depoimento
Jun/66	R003-L16	As suecas amam por amor (01)	liberdade sexual da mulher	Comportamento	Depoimento
Jun/66	R003-L17	As suecas amam por amor (01)	liberdade sexual da mulher	Comportamento	Depoimento
Jul/66	R004-L01	A vida começa aqui (03)	reportagem fotográfica	Comportamento	Documento
Jul/66	R004-L02	Nossa Cidade (02)	cotidiano de uma cidade do interior	Ciência	Documento
Jul/66	R004-L03	Realidade		Variedades	Testemunho

Leituras da revista *Realidade* 229

INFORMAÇÕES GRUPO 2 - CARTAS

Leitor	Natureza opinião	Favorável à revista	Tipo de opinião	Manifestação	Comentários Gerais	Discordância com:	Resposta	Tipo de resposta
R002-L16	Comenta lançamento da revista	sim	elogiosa	atualizada			não	
R002-L17	Comenta lançamento da revista	sim	elogiosa	útil	aprendizado para escola		não	
R002-L18	Comenta lançamento da revista	sim	elogiosa	realista			não	
R002-L19	Comenta lançamento da revista	sim	elogiosa	magnífica	felicitação		não	
R002-L20	Comenta lançamento da revista	sim	elogiosa	saborosa			não	
R002-L21	Comenta lançamento da revista	sim	elogiosa	esperadíssima	parabéns		não	
R002-L22	Comenta lançamento da revista	sim	elogiosa		pedido de continuidade		não	
R002-L23	Comenta lançamento da revista	sim	elogiosa		votos de êxito		não	
R002-L24	Comenta lançamento da revista	sim	elogiosa				não	
R002-L25	Comenta lançamento da revista	sim	elogiosa	variedade de assuntos			não	
R002-L26	Comenta lançamento da revista	sim	elogiosa		felicitação		não	
R002-L27	Comenta lançamento da revista	sim	elogiosa	potência			não	
R002-L28	Comenta lançamento da revista	sim	elogiosa		parabéns		não	
R002-L29	Comenta lançamento da revista	sim	elogiosa		congratulações		não	
R002-L30	Comenta lançamento da revista	sim	elogiosa	excelente			não	
R002-L31	Comenta lançamento da revista	sim	elogiosa				não	
R002-L32	Comenta lançamento da revista	sim	elogiosa	magnífica			não	
R003-L01	Disputa pela revista	sim	elogiosa	perfeito		presença do tema	sim	informativa
R003-L02	Comenta reportagem	sim	elogiosa	preciosa		falta de rigor	não	
R003-L03	Comenta reportagem	não	descontente			falta de rigor	sim	defensiva
R003-L04	Acusa revista de ser esquerdista	não	descontente			posição da revista	sim	defensiva
R003-L05	Corrige reportagem	não	descontente			falta de rigor	não	
R003-L06	Coleção da revista	sim	elogiosa				sim	informativa
R003-L07	Comenta reportagem	sim	elogiosa	colossal			não	
R003-L08	Questiona escolha do entrevistado	não	descontente			entrevistado	sim	
R003-L09	Comenta reportagem	sim	elogiosa	formidável		presença do tema	sim	defensiva
R003-L10	Comenta reportagem	não	descontente			presença do tema	não	
R003-L11	Comenta reportagem	não	descontente			presença do tema	não	
R003-L12	Comenta reportagem	não	descontente			presença do tema	não	
R003-L13	Comenta reportagem	não	descontente	imoralidade		presença do tema	não	
R003-L14	Comenta reportagem	sim	elogiosa	excelente	pedido de continuidade	presença do tema	não	
R003-L15	Comenta reportagem	sim	elogiosa			outro leitor	não	
R003-L16	Comenta reportagem	sim	elogiosa		aprendizado para vida		não	
R003-L17	Repercussão da reportagem	sim	elogiosa		congratulações		não	
R004-L01	Desconfia da originalidade da revista	não	descontente			presença do tema	sim	defensiva
R004-L02	Comenta reportagem	não	descontente			posição da revista	sim	defensiva
R004-L03	Comenta lançamento da revista	sim	elogiosa	excelente			sim	defensiva

INFORMAÇÕES GRUPO 3 - FONTE

Leitor	Sexo	Estado	Região	Idade	Profissão	Setor	Grau Instrução
R002-L16	masc.	SP	SE	n/d	associação diretores de vendas do Brasil	n/d	n/d
R002-L17	fem.	SP	SE	n/d	dona de casa	n/d	n/d
R002-L18	masc.	RJ	SE	n/d	jornalista	privado	n/d
R002-L19	masc.	SP	SE	n/d	deputado federal	público	n/d
R002-L20	masc.	RJ	SE	n/d	n/d	n/d	n/d
R002-L21	masc.	SP	SE	n/d	n/d	n/d	n/d
R002-L22	n/d	PE	NE	n/d	n/d	n/d	n/d
R002-L23	masc.	SP	SE	n/d	deputado federal	público	n/d
R002-L24	masc.	SP	SE	n/d	prefeito	público	superior
R002-L25	masc.	SP	SE	n/d	empresário	privado	superior
R002-L26	masc.	SP	SE	n/d	empresário	privado	superior
R002-L27	masc.	SP	SE	n/d	banqueiro	privado	superior
R002-L28	masc.	SP	SE	n/d	n/d	n/d	n/d
R002-L29	masc.	SP	SE	n/d	vereador	público	n/d
R002-L30	masc.	SP	SE	n/d	revista brasileira de vendas	privado	n/d
R002-L31	masc.	RJ	SE	n/d	Banco Central da República	público	n/d
R002-L32	masc.	SP	SE	n/d	arquiteto	privado	superior
R003-L01	fem.	SP	SE	n/d	n/d	n/d	n/d
R003-L02	masc.	SP	SE	n/d	n/d	n/d	n/d
R003-L03	n/d	RJ	SE	n/d	n/d	n/d	n/d
R003-L04	masc.	RJ	SE	n/d	n/d	n/d	n/d
R003-L05	masc.	PA	N	n/d	pastor	n/d	n/d
R003-L06	masc.	RJ	SE	n/d	n/d	n/d	n/d
R003-L07	masc.	SP	SE	n/d	n/d	n/d	n/d
R003-L08	masc.	SP	SE	n/d	n/d	n/d	n/d
R003-L09	fem.	SP	SE	n/d	n/d	n/d	n/d
R003-L10	fem.	SP	SE	n/d	padre/reitor Faculdade Filosofia de Lorena	privado	superior
R003-L11	masc.	RJ	SE	n/d	jornalista	privado	n/d
R003-L12	fem.	SP	SE	n/d	médica	n/d	superior
R003-L13	fem.	PR	S	n/d	n/d	n/d	n/d
R003-L14	fem.	RJ	SE	n/d	estudante	n/d	segundo grau
R003-L15	masc.	RJ	SE	n/d	n/d	n/d	n/d
R003-L16	masc.	RJ	SE	n/d	n/d	n/d	n/d
R003-L17	masc.	PR	S	n/d	Primeira Igreja Presbiteriana Independente	público	n/d
R004-L01	fem.	RJ	SE	n/d	n/d	n/d	n/d
R004-L02	masc.	MG	SE	n/d	n/d	n/d	n/d
R004-L03	masc.	MG	SE	n/d	estudante	n/d	segundo grau

Fontes documentais

Coleção revista *Realidade*, números 1 a 36, 686 cartas de leitores analisadas:

Realidade, nº 1, abril de 1966: 22 cartas;
Realidade, nº 2, maio de 1966: 32 cartas;
Realidade, nº 3, junho de 1966: 17 cartas;
Realidade, nº 4, julho de 1966: 12 cartas;
Realidade, nº 5, agosto de 1966: 18 cartas;
Realidade, nº 6, setembro de 1966: 16 cartas;
Realidade, nº 7, outubro de 1966: 34 cartas;
Realidade, nº 8, novembro de 1966: 28 cartas;
Realidade, nº 9, dezembro de 1966: 13 cartas;
Realidade, nº 10, janeiro de 1967: 22 cartas;
Realidade, nº 11, fevereiro de 1967: 20 cartas;
Realidade, nº 12, março de 1967: 25 cartas;
Realidade, nº 13, abril de 1967: 10 cartas;
Realidade, nº 14, maio de 1967: 24 cartas;
Realidade, nº 15, junho de 1967: 33 cartas;
Realidade, nº 16, julho de 1967: 28 cartas;
Realidade, nº 17, agosto de 1967: 37 cartas;
Realidade, nº 18, setembro de 1967: 19 cartas;
Realidade, nº 19, outubro de 1967: 16 cartas;
Realidade, nº 20, novembro de 1967: 22 cartas;
Realidade, nº 21, dezembro de 1967: 14 cartas;
Realidade, nº 22, janeiro de 1968: 29 cartas;
Realidade, nº 23, fevereiro de 1968: 24 cartas;
Realidade, nº 24, março de 1968: 15 cartas;
Realidade, nº 25, abril de 1968: 21 cartas;
Realidade, nº 26, maio de 1968: 13 cartas;
Realidade, nº 27, junho de 1968: 6 cartas;
Realidade, nº 28, julho de 1968: 33 cartas;
Realidade, nº 29, agosto de 1968: 9 cartas;

Realidade, nº 30, setembro de 1968: 10 cartas;
Realidade, nº 31, outubro de 1968: 14 cartas;
Realidade, nº 32, novembro de 1968: 11 cartas;
Realidade, nº 33, dezembro de 1968: 19 cartas;
Realidade, nº 34, janeiro de 1969: 13 cartas;
Realidade, nº 35, fevereiro de 1969: 5 cartas;
Realidade, nº 36, março de 1969: 2 cartas;

Para a realização da pesquisa foram consultadas as coleções da revista *Realidade* reunidas nos seguintes acervos:

Acervo do Departamento de Documentação da Editora Abril (DEDOC);
Acervo da Biblioteca da Faculdade de Filosofia, Letras e Ciências Humanas da USP;
Acervo da Biblioteca da Escola de Comunicações e Artes da USP;
Acervo da Biblioteca da Pontifícia Universidade Católica de São Paulo.

Bibliografia

ALBERTI, Verena. *História oral, a experiência do CPDOC*. Rio de Janeiro, CPDOC-FGV, 1989.

ALVES, Maria Helena Moreira. *Estado e Oposição no Brasil: 1964-1984*. Petrópolis, Vozes, 1984.

ALVES, Valéria Aparecida. *Para não dizer que não falei dos festivais. Música e política na década de 60*. São Paulo, 2001. Dissertação (Mestrado em História), Faculdade de Ciências Sociais, Pontifícia Universidade Católica de São Paulo.

AQUINO, Maria Aparecida de. *Caminhos Cruzados, imprensa e Estado Autoritário no Brasil (1964-80)*. São Paulo, 1994. Tese (Doutorado em História Social), Faculdade de Filosofia, Letras e Ciências Humanas, Universidade de São Paulo.

AQUINO, Maria Aparecida de. *Censura, Imprensa, Estado Autoritário (1968-1978), o exercício cotidiano da dominação e da resistência: O Estado de S.Paulo e Movimento*. Bauru, SP, Edusc, 1999.

BANDEIRA, Muniz. *O Governo João Goulart, as lutas sociais no Brasil (1961-1964)*. Rio de Janeiro, Civilização Brasileira, 1977.

BARZOTTO, Valdir Heitor. *Leitura de Revistas Periódicas: forma, texto e discurso, um estudo sobre a revista Realidade (1966-1976)*. Campinas, 1998. Tese (Doutorado em lingüística), Instituto de Estudos da Linguagem – Universidade de Campinas.

BENJAMIN, Walter. *Magia e técnica, arte e política*. São Paulo, Brasiliense, 1996.

BERMAN, Marshal. *Tudo que é sólido desmancha no ar*. São Paulo, Companhia das Letras, 1995.

BOTELHO, Rosana Ulhôa. *Sob o Signo do Perigo: O Estatuto do Jovem no Século da Criança e do Adolescente*. Brasília, 2000. Tese (Doutorado em História), Universidade de Brasília.

BOTELHO, Rosana Ulhôa. "O Golpe contra a Realidade", in: *Livro de Resumos*. Niterói, RJ, Associação Nacional de História e Universidade Federal Fluminense, 2001.

BREGUÊS, Sebastião Geraldo. "A Imprensa Brasileira Após 64". In: *Encontros com a Civilização Brasileira*. Rio de Janeiro, ago. 1978.

CAPELATO, Maria Helena. *Os Arautos do Liberalismo*. São Paulo, Brasiliense, 1988.
CAPELATO, Maria Helena. *Imprensa e História do Brasil*. São Paulo, Contexto, 1988.
CERTEAU, Michel de. *A Invenção do Cotidiano*. Petrópolis, Vozes, 1994.
CHAIM, Célia. "Um Sonho Jornalístico chamado REALIDADE", in: *Revista Goodyear*. Julho/setembro de 1991.
CHARTIER, Roger. *A História Cultural, entre práticas e representações*. Lisboa, Difel, 1988.
CHARTIER, Roger. *A Aventura do Livro, do leitor ao navegador*. São Paulo, Unesp, 1998.
CHARTIER, Roger. *Práticas de Leitura*. São Paulo, Estação Liberdade, 1998.
CHARTIER, Roger. *A Ordem dos Livros*. Brasília, Editora UnB, 1998.
CHINEM, Rivaldo. *Imprensa Alternativa, Jornalismo de Oposição e Inovação*. São Paulo, Editora Ática, 1995.
COHN, Gabriel. *Sociologia da Comunicação*. São Paulo, Pioneira, 1973.
DARNTON, Robert. *O Beijo de Lamourette*. São Paulo, Companhia das Letras, 1995.
DINES, Alberto. *O Papel do jornal*. Rio de Janeiro, Artenova, 1974.
DREIFUSS, René Armand. *1964: A Conquista do Estado. Ação Política, Poder e Golpe de Classe*. Petrópolis, Vozes, 1981.
D'ARAÚJO, Maria Celina et alii (orgs.). *Visões do Golpe: a memória militar sobre 1964*. Rio de Janeiro, Relume-Dumará, 1994.
D'ARAÚJO, Maria Celina et alii (orgs.). *Os anos de chumbo: a memória militar sobre a repressão*. Rio de Janeiro, Relume Dumará, 1994.
D'ARAÚJO, Maria Celina et alii (orgs.). *A volta aos quartéis: a memória militar sobre a abertura*. Rio de Janeiro, Relume Dumará, 1995.
ERBOLATO, Mário. *Jornalismo Especializado*. São Paulo, Atlas, 1981.
FALLACI, Oriana. *Entrevista con la história*. Barcelona, Noguer, 1986.
FARO, José Salvador. *REALIDADE, 1966-1968, tempo da reportagem na imprensa brasileira*. São Paulo, 1996. Tese (Doutorado), Escola de Comunicações e Artes, Universidade de São Paulo.
FARO, José Salvador. *Revista REALIDADE – 1966-1968 – Tempo da reportagem na imprensa brasileira*. Ulbra/AGE, 1999.
FERNANDES, Terezinha Tagé Dias. *Jorge Andrade, repórter Asmodeu: leitura do discurso jornalístico do autor na revista "Realidade"*. São Paulo, 1988. Tese (Doutorado), Escola de Comunicações e Artes, Universidade de São Paulo.
FERREIRA, Marieta de Moraes e AMADO, Janaína (orgs.). *Usos & Abusos da História Oral*. Rio de Janeiro, Editora da Fundação Getúlio Vargas, 1996.
FIORIN, José Luiz. *O Regime de 1964 – discurso e ideologia*. São Paulo, Atual, 1988.

GOLDENSTEIN, Gisela Tashner. *Do Jornalismo Político à Industria Cultural.* São Paulo, Summus, 1987.

HUGGINS, Martha. *Polícia e Política. Relações Estados Unidos/ América Latina.* São Paulo, Cortez, 1998.

KUCINSKY, Bernardo. *Jornalistas e Revolucionários nos Tempos da Imprensa Alternativa.* São Paulo, Editora Página Aberta ,1991.

JOHNSON, Micheal L. *The New Journalism.* EUA, Kansas University Press, 1981.

MATTIUSSI, Dante. "Paulinho Patarra, nosso guru", in: *Imprensa*, setembro de 1994.

LEISTER FILHO, Adalberto. *A realidade em revista, a revista Realidade. A memória dos jornalistas de uma publicação revolucionária.* Pesquisa de Iniciação Científica financiada pela Fundação de Amparo à Pesquisa do Estado de São Paulo (Fapesp) e concluída em 1997.

LIMA, Edvaldo Pereira. *O Livro-reportagem como extensão do jornalismo impresso: realidade e potencialidade.* São Paulo, 1990. Tese (Doutorado), Escola de Comunicações e Artes, Universidade de São Paulo.

LIMA, Edvaldo Pereira. *Páginas ampliadas: o livro reportagem como extensão do jornalismo e da literatura.* Campinas, SP, Editora da Unicamp, 1993.

PATARRA, Paulo. *Revista Mensal, idéias iniciais.* Exemplar datilografado.

PEREIRA, Raimundo Rodrigues. "Nasce um Jornal", in: *Movimento*, n° 01, 07 julho de 1975.

REIS F°, Daniel Aarão (org.). *Intelectuais, História e Política (séculos XIX e XX).* Rio de Janeiro, 7Letras, 2000.

REIS FILHO, Daniel Aarão. "1968, o curto ano de todos os desejos". *Tempo Social*; Revista Sociologia USP, São Paulo, outubro de 1998.

RIBEIRO, José Hamilton. "O Sonho virou Realidade", in: *Imprensa*, novembro de 1987.

SILVA, Carlos Eduardo Lins da. *O Adiantado da Hora. A Influência americana sobre o jornalismo brasileiro.* São Paulo, Summus, 1990.

SILVA, Hélio. *1964: golpe ou contragolpe?* Rio de Janeiro, Civilização Brasileira, 1975.

SILVA, Mylton Severiano da. "Uma revista que dividiu as águas na imprensa brasileira", in: *Imprensa*, ano XIII, 1999.

SOARES, Gláucio Ary Dillon e D'ARAÚJO, Maria Celina (org.). *21 Anos de Regime Militar. Balanços e perspectivas.* Rio de Janeiro, Fundação Getúlio Vargas, 1994.

SOUZA, Ulisses Alves de. "A História Secreta de *Veja*". In: *Imprensa*. São Paulo, setembro 1988.

TASCHNER, Gisela. *Folhas ao vento*, São Paulo, Paz e Terra, 1992.

THOMPSON. Edward. P. *A Miséria da Teoria ou um planetário de erros.* Rio de Janeiro, Zahar, 1981.

Bibliografia atualizada

AQUINO, Maria Aparecida de et alli (orgs.). *Radiografias do Autoritarismo Republicano Brasileiro*. São Paulo, Arquivo do Estado: Imprensa Oficial, 2001/2002, 5 vols.

FICO, Carlos. *Como eles agiam. Os subterrâneos da Ditadura Militar: espionagem e polícia política*. Rio de Janeiro, Record, 2001.

_____. *Além do golpe*. Rio de Janeiro, Record, 2004.

GASPARI, Elio. *A Ditadura Envergonhada*. São Paulo, Companhia das Letras, 2002.

_____. *A Ditadura Escancarada*. São Paulo, Companhia das Letras, 2002.

_____. *A Ditadura Encurralada*. São Paulo, Companhia das Letras, 2002.

_____. *A Ditadura Derrotada*. São Paulo, Companhia das Letras, 2003.

LEISTER FILHO, Adalberto. *Entre o sonho e a realidade. Pioneirismo, ascensão e decadência da revista Realidade (1966-1976)*. São Paulo, 2003. Dissertação (Mestrado em História Social), Faculdade de Filosofia, Letras e Ciências Humanas, Universidade de São Paulo.

_____. "Agentes infiltrados no movimento feminista brasileiro", in: AQUINO, Maria Aparecida de et alli. *O Dissecar da estrutura administrativa do DEOPS/SP*. São Paulo, Arquivo do Estado de São Paulo: Imprensa Oficial, 2002. pp. 55-89.

MORAES, Letícia Nunes de Góes. "David Nasser e a conspiração de 1964", in: *Revista Tempo Brasileiro*, Rio de Janeiro, 158: 137/162, jul.-set., 2004.

NETO, Lira. *Castello: a marcha para a ditadura*. São Paulo, Contexto, 2004.

PINHEIRO, Luiz Adolfo. *JK, Jânio e Jango – Três Jotas que abalaram o Brasil*. Brasília, Letraviva, 2001.

REIS, Daniel Aarão; RIDENTI, Marcelo e MOTA, Rodrigo Patto Sá (orgs.). *O Golpe militar e a ditadura: 40 anos depois*. Bauru, Edusc, 2004.

SERBIN, Kenneth P. *Diálogos na sombra: bispos e militares, tortura e justiça social na ditadura*. São Paulo, Companhia das Letras, 2001.

VERÍSSIMO, Luis Fernando; VENTURA, Zuenir e CONY, Carlos Heitor. *Vozes do golpe*. São Paulo, Companhia das Letras, 2004. 4 vols.

Notas

[1] COHN, Gabriel. *Sociologia da Comunicação*. São Paulo, Pioneira, 1973. p. 9. Grifos do autor.

[2] CAPELATO, Maria Helena. *Imprensa e História do Brasil*. São Paulo, Contexto, 1988. p. 21. Grifo da autora.

[3] Idem, p. 15.

[4] THOMPSON. Edward. P. *A Miséria da Teoria ou um planetário de erros*. Rio de Janeiro, Zahar, 1981. p. 182.

[5] AQUINO, Maria Aparecida de. *Caminhos Cruzados. Imprensa e Estado Autoritário no Brasil (1964-80)*. São Paulo, 1994. Tese (Doutorado em História Social), Faculdade de Filosofia, Letras e Ciências Humanas, Universidade de São Paulo, p. 1.

[6] CHARTIER, Roger. *A História Cultural, entre práticas e representações*. Lisboa, Difel, 1988. p. 127.

[7] CHARTIER, Roger. Op. cit., p. 123. Grifo meu.

[8] Idem, ibidem. p. 127.

[9] CERTEAU, Michel de. *A Invenção do Cotidiano*. Petrópolis, Vozes, 1994. p. 39. Grifo original.

[10] THOMPSON, E.P. *A Miséria da Teoria ou um planetário de erros*. Rio de Janeiro, Zahar, 1981. p. 36.

[11] SILVA, Mylton Severiano da. "Uma revista que dividiu as águas na imprensa brasileira", *Imprensa*, nº 143, ano XIII, 1999, p. 83.

[12] FERREIRA, Marieta de Moraes e AMADO, Janaína (orgs.). *Usos & Abusos da História Oral*. Rio de Janeiro, Editora da Fundação Getúlio Vargas, 1996. p. xi.

[13] ALBERTI, Verena. *História oral, a experiência do CPDOC*. Rio de Janeiro, CPDOC-FGV, 1989.

[14] D'ARAÚJO, Maria Celina et alii (orgs.). *Visões do golpe: a memória militar sobre 1964*. Rio de Janeiro, Relume Dumará, 1994; D'ARAÚJO, Maria Celina et alii (orgs.). *Os anos de chumbo: a memória militar sobre a repressão*. Rio de Janeiro, Relume Dumará, 1994; D'ARAÚJO, Maria Celina et alii (orgs.). *A volta aos quartéis: a memória militar sobre a abertura*. Rio de Janeiro, Relume Dumará, 1995.

[15] LEISTER FILHO, Adalberto. *A realidade em revista, a revista Realidade. A memória dos jornalistas de uma publicação revolucionária*. Pesquisa de Iniciação Científica financiada pela Fundação de Amparo à Pesquisa do Estado de São Paulo (Fapesp) e concluída em 1997. p. 34.

[16] Tentei entrevistar também Luís Fernando Mercadante, que foi redator-chefe da revista ao lado de José Hamilton Ribeiro, entre 1969 e 1973. Também tentei obter o depoimento de Roberto Civita. Cheguei a enviar o questionário, por e-mail, para a sua secretária, porém não obtive resposta.

[17] D'ARAÚJO, Maria Celina et alii (orgs.). *Os anos de chumbo: a memória militar sobre a repressão*. Rio de Janeiro, Relume Dumará, 1994. p. 8.

[18] D'ARAÚJO, Maria Celina, op. cit., p. 9. Grifo original.
[19] Tese de Doutorado apresentada à Escola de Comunicaçõe e Artes da USP, em 1988.
[20] FERNANDES, Terezinha Tagé Dias. *Jorge Andrade, repórter Asmodeu: leitura do discurso jornalístico do autor na revista "Realidade"*. São Paulo, 1988. Tese (Doutorado), Escola de Comunicações e Artes, Universidade de São Paulo. p. 2.
[21] Idem, ibidem.
[22] Tese de Doutorado apresentado à ECA-USP, em 1990.
[23] LIMA, Edvaldo Pereira. O Livro-reportagem como extensão do jornalismo impresso: realidade e potencialidade. São Paulo, 1990. Tese (Doutorado), Escola de Comunicações e Artes, Universidade de São Paulo. p. 3. Embora esse trabalho já tenha sido publicado, optei por extrair citações do trabalho de doutorado. A referência da publicação é a seguinte: LIMA, Edvaldo Pereira. *Páginas ampliadas: o livro reportagem como extensão do jornalismo e da literatura*. Campinas, Editora da Unicamp, 1993.
[24] LIMA, Edvaldo Pereira. *O Livro-reportagem como extensão do jornalismo impresso: realidade e potencialidade*. São Paulo, 1990. Tese (Doutorado), Escola de Comunicações e Artes, Universidade de São Paulo. p. 1.
[25] LIMA, Edvaldo Pereira, op. cit., p. 174. Grifos do autor.
[26] Tese de Doutorado apresentada à ECA-USP, em 1996.
[27] FARO, José Salvador. *REALIDADE, 1966-1968, tempo da reportagem na imprensa brasileira*. São Paulo, 1996. Tese (Doutorado), Escola de Comunicações e Artes, Universidade de São Paulo. p. 6. Grifo original. Também aqui, embora esse trabalho já tenha sido publicado, optei por extrair citações do trabalho de doutorado. A referência do livro é a seguinte: FARO, José Salvador. *Revista REALIDADE – 1966-1968 – Tempo da reportagem na imprensa brasileira*. Ulbra/AGE, 1999.
[28] Pesquisa de Iniciação Científica financiada pela Fundação de Amparo à Pesquisa do Estado de São Paulo (FAPESP), e concluída em 1997, sob a orientação da Profa. Dra. Maria Aparecida de Aquino.
[29] O autor fundamenta-se no trabalho de GOLDENSTEIN, Gisela Tashner. *Do Jornalismo Político à Industria Cultural*. São Paulo, Summus, 1987.
[30] LEISTER FILHO, Adalberto. *A realidade em revista, a revista Realidade. A memória dos jornalistas de uma publicação revolucionária*. Pesquisa de Iniciação Científica financiada pela Fundação de Amparo à Pesquisa do Estado de São Paulo (Fapesp) e concluída em 1997. pp. 10-11.
[31] BARZOTTO, Valdir Heitor. *Leitura de Revistas Periódicas: forma, texto e discurso, um estudo sobre a revista Realidade (1966-1976)*. Campinas, 1998. Tese (Doutorado em Lingüística), Instituto de Estudos da Linguagem, Universidade de Campinas.
[32] FIORIN, José Luiz. *O Regime de 1964 – discurso e ideologia*. São Paulo, Atual, 1988.
[33] BERMAN, Marshal. *Tudo que é sólido desmancha no ar*. São Paulo, Companhia das Letras, 1995.
[34] BOTELHO, Rosana Ulhôa, "O Golpe contra a Realidade". In: Simpósio Nacional de História, XXI, 2001, Niterói. *Livro de Resumos*. Niterói, Associação Nacional de História e Universidade Federal Fluminense, 2001, pp. 86-87.
[35] ALVES, Valéria Aparecida. *Para não dizer que não falei dos festivais. Música e política na década de 60*. São Paulo, 2001. Dissertação (Mestrado em História), Faculdade de Ciências Sociais, Pontifícia Universidade Católica de São Paulo. p. 18.

[36] O golpe de Estado de 1964, em diferentes leituras, encontra-se estudado nos seguintes trabalhos destacados entre outros: ALVES, Maria Helena Moreira. *Estado e Oposição no Brasil: 1964-1984*. Petrópolis, Vozes, 1984; DREIFUSS, René Armand. *1964: A Conquista do Estado. Ação Política, Poder e Golpe de Classe*. Petrópolis, Vozes, 1981; D'ARAÚJO, Maria Celina et alii. *Visões do Golpe: a memória militar sobre 1964*. Rio de Janeiro, Relume-Dumará, 1994; REIS FILHO, Daniel Aarão. "1968, o curto ano de todos os desejos". *Tempo Social*; Revista Sociologia USP, São Paulo, outubro de 1998; SOARES, Gláucio Ary Dillon. "O Golpe de 64", in: *21 Anos de Regime Militar. Balanços e perspectivas*. Rio de Janeiro, Editora da Fundação Getúlio Vargas, 1994; SILVA, Hélio. *1964: golpe ou contragolpe?* Rio de Janeiro, Civilização Brasileira, 1975; BANDEIRA, Muniz. *O Governo João Goulart, as lutas sociais no Brasil (1961-1964)*. Rio de Janeiro, Civilização Brasileira, 1977.

[37] ALVES, Maria Helena Moreira. *Estado e Oposição no Brasil: 1964-1984*. Petrópolis, Vozes, 1984. p. 19.

[38] As expressões entre aspas são do autor. DREIFUSS, René Armand. *1964: A Conquista do Estado. Ação Política, Poder e Golpe de Classe*. Petrópolis, Vozes, 1981.

[39] DREIFUSS, René Armand, op. cit., p. 102.

[40] Idem, pp. 163-164.

[41] É importante notar que, durante o período de realização desta pesquisa, entre 1997 e 2001, não encontrei nenhum registro sobre participação direta do Grupo Abril no golpe de 1964.

[42] DREIFUSS, René Armand, op. cit., p. 233.

[43] ALVES, Maria Helena Moreira, op. cit., pp. 23-24.

[44] ALVES, Maria Helena Moreira, op. cit., p. 26.

[45] REIS FILHO, Daniel Aarão. "1968, o curto ano de todos os desejos". *Tempo Social*; Revista de Sociologia USP, São Paulo, outubro de 1998, p. 26.

[46] SOARES, Gláucio Ary Dillon. "O Golpe de 64", in: *21 Anos de Regime Militar. Balanços e perspectivas*. Rio de Janeiro, Editora da Fundação Getúlio Vargas, 1994. p. 12.

[47] Idem. Grifo original.

[48] Idem, ibidem, p. 27.

[49] D'ARAÚJO, Maria Celina et alii. *Visões do Golpe: a memória militar sobre 1964*. Rio de Janeiro, Relume-Dumará, 1994. p. 12.

[50] SOARES, Gláucio Ary Dillon. Op. cit., p. 45.

[51] Idem, p. 47.

[52] D'ARAÚJO, Maria Celina et alii (org.), op. cit., p. 19. Grifo dos autores.

[53] Idem, ibidem, p. 20.

[54] ALVES, Maria Helena Moreira. *Estado e Oposição no Brasil: 1964-1984*. Petrópolis, Vozes, 1984. p. 56.

[55] HUGGINS, Martha. *Polícia e Política. Relações Estados Unidos/ América Latina*. São Paulo, Cortez, 1998. p. 141.

[56] AQUINO, Maria Aparecida de. *Caminhos Cruzados, imprensa e Estado Autoritário no Brasil (1964-80)*. São Paulo, 1994. Tese (Doutorado em História Social), Faculdade de Filosofia, Letras e Ciências Humanas, Universidade de São Paulo. p. 4.

[57] ALVES, M. H. M., op. cit., p. 136.

[58] Idem, p. 129.

[59] AQUINO, Maria Aparecida de. "A Especificidade do Regime Militar Brasileiro: abordagem teórica e exercício empírico", in: REIS F°, Daniel Aarão (org.). *Intelectuais, História e Política (séculos XIX e XX)*. Rio de Janeiro, 7Letras, 2000. p. 274.

[60] RIBEIRO, José Hamilton. "O Sonho virou Realidade", in: *Imprensa*, novembro de 1987, p. 72.

[61] Entrevista à autora, concedida em 23/03/2000, em São Paulo.

[62] PATARRA, Paulo. *Revista Mensal, idéias iniciais*, p. 1. Exemplar datilografado. Trechos desse projeto foram publicados em MATTIUSSI, Dante. "Paulinho Patarra, nosso guru", in: *Imprensa*, setembro de 1994.

[63] Silva, Mylton Severiano da. "Uma revista que dividiu as águas na imprensa brasileira", in: *Imprensa*, ano XIII, 1999, n° 143, p. 83. Resenha sobre o livro de José Salvador Faro, *Revista REALIDADE – 1966-1968 – Tempo da reportagem na imprensa brasileira*. Ulbra/AGE, 1999.

[64] CIVITA, Victor. "Carta do Editor". In: *Realidade*, n° 1, abril de 1966, p. 3.

[65] *Realidade*, edição especial histórica, agosto de 1999,p. 3.

[66] "O Preço da Lua é a vida de um homem", *Realidade*, n° 1, abril de 1966; "Foi assim que ganhamos a Copa", *Realidade*, n° 1, abril de 1966; "Zerbini quase tira o coração de José", *Realidade*, n° 28, julho de 1968; "Desquite ou divórcio", *Realidade*, n° 4, julho de 1966; "Vietnam: 25 anos de guerra", *Realidade*, n° 2, maio de 1966; "Vejam que chegou de repente", *Realidade*, n° 2, maio de 1966.

[67] "Brasil: 60 milhões de pílulas por ano", in: *Realidade*, n° 2, maio de 1966, p. 21.

[68] Idem, p. 19.

[69] Idem, ibidem, p. 21.

[70] Jornalista italiana, conhecida por suas entrevistas com gente famosa em todo o mundo. Trabalhava como "free-lancer". *Realidade* publicou diversas reportagens suas. Ver: FALLACI, Oriana. *Entrevista con la historia*. Barcelona, Noguer, 1986.

[71] PACHECO, Duarte. "A juventude diante do sexo", in: *Realidade*, edição n° 5, pp. 69-80.

[72] "A juventude diante do sexo", in: *Realidade*, n° 6, setembro de 1966. p. 3.

[73] *Realidade*, n° 10, janeiro de 1967, p. 3.

[74] Reproduzido em "A edição proibida: acusação e defesa", in: *Realidade*, n° 11, fevereiro de 1967, p. 6.

[75] "A Apreensão de REALIDADE", in: *Realidade*, n° 11, fevereiro de 1967. p. 04. Grifos meus. Em 1976, o número 45 do jornal alternativo *Movimento* dedicado exclusivamente ao tema "A Mulher no Trabalho", foi proibido de circular pela censura. Ver AQUINO, Maria Aparecida de. *Censura, Imprensa, Estado Autoritário. O exercício cotidiano da dominação e da resistência, O Estado de S. Paulo e Movimento*. Bauru, EDUSC, 1999. p. 150.

[76] Esse decreto, baseado no artigo 153, parágrafo 8°, da Emenda Constitucional número 1 de 1969, e que, posteriormente, serviu de base para o estabelecimento da censura prévia, proibia publicações contrárias à moral e bons costumes por relacionar os atentados à moral a um eventual plano subversivo, gerando riscos à segurança nacional. Diz o decreto-lei 1077, do qual reproduzo a seguir o trecho inicial:

"Dispõe sobre a execução do art. 153, parágrafo 8°, parte final, da Constituição da República Federativa do Brasil.

O Presidente da República, usando da atribuição que lhe confere a artigo 55, inciso I da Constituição; e considerando que a Constituição da República, no artigo 153, parágrafo 8º, dispõe que não serão toleradas as publicações e exteriorizações contrárias à moral e aos bons costumes; considerando que esta norma visa proteger a instituição da família, preservar-lhe os valores éticos e assegurar a formação sadia e digna da mocidade; considerando, todavia, que algumas revistas fazem publicações obscenas e canais de televisão executam programas contrários à moral e aos bons costumes; considerando que se tem generalizado a divulgação de livros que ofendem frontalmente à moral comum; considerando que tais publicações e exteriorizações estimulam a licença, insinuam o amor livre e ameaçam destruir os valores da sociedade brasileira; considerando que o emprego desses meios de comunicação obedece a um plano subversivo, que põe em risco a segurança nacional decreta:

Art. 1º – Não serão toleradas as publicações e exteriorizações contrárias à moral e aos bons costumes, quaisquer que sejam os meios de comunicação.

Art. 2º – Caberá ao Ministério da Justiça, através do Departamento de Polícia Federal verificar, quando julgar necessário, antes da divulgação de livros e periódicos, a existência de matéria infringente da proibição anunciada no artigo anterior.(...)"

[77] BREGUÊS, Sebastião Geraldo. "A Imprensa Brasileira Após 64". In: *Encontros com a Civilização Brasileira*. Rio de Janeiro, ago. 1978. p. 150.

[78] Idem, p. 150. Grifos originais.

[79] O jornal *Tribuna da Imprensa* foi dos que acusou a Editora Abril de se beneficiar de capital norte-americano e, por isso, ser a representante dos interesses dos Estados Unidos no Brasil. Uma nota não assinada, publicada nesse jornal em 11. de 66 e arquivada no Departamento de Documentação da Editora Abril (DEDOC), afirma: "Dizem que a *Manchete* vai editar uma nova revista mensal especialmente para concorrer com a revista *Realidade*, do grupo Time-Life de São Paulo, ou seja: o grupo Civitas ...". Mais adiante diz: "(...) a publicação de luxo dos norte-americanos no Brasil (*Realidade*) já diz no último número que 'Costa e Silva é gaúcho dos bons, tem cara de mau mas é simpático, gosta de cavalos e sabe chorar'. Tudo isso é verdade. Mas e daí? Pois também é verdade o fato de que os grupos dirigentes norte-americanos não pregam prego sem estopa. Se estão elogiando e apoiando agora é porque esperam alguma coisa mais adiante...".

[80] "Aos Nossos Leitores", in: *Realidade*, nº 13, abril de 1967. p. 3.

[81] CAPELATO, Maria Helena. *Imprensa e História do Brasil*. São Paulo, Contexto, 1988, p.13.

[82] MERCADANTE, Luiz Fernando. "Este é o Humberto", in: *Realidade*, nº 3, junho de 1966.

[83] LIMA, Edvaldo Pereira., op. cit., pp. 174-175.

[84] JOHNSON, Micheal L. *The New Journalism*. EUA, Kansas University Press, 1981. pp. xi-xii.

[85] SILVA, Carlos Eduardo Lins e. *O Adiantado da Hora. A Influência americana sobre o jornalismo brasileiro*. São Paulo, Summus, 1990. p. 111.

[86] *Realidade*, nº 1, abril de 1966, pp. 05.

[87] "Brasil Tricampeão, foi assim que ganhamos a Copa", in: *Realidade*, nº 1, abril de 1966. p. 25.

[88] *Realidade*, nº 14, maio de 1967. p. 3.
[89] "Sete dias de maio, 1977", in: *Realidade*, nº 14, maio de 1967, p. 132.
[90] Idem.
[91] As expressões entre aspas são referência à "Carta do Editor", assinada por Victor Civita e publicada na edição nº 1 da revista, e ao editorial "A apreensão de REALIDADE", publicada na edição nº 11. Ambos já foram transcritos neste trabalho.
[92] "Pedimos Desculpas", in: *Realidade*, nº 4, julho de 1966, p. 3.
[93] Dados do Instituto Verificador de Circulação (IVC), de agosto de 2001.
[94] Segundo documento do DEDOC-Abril sobre "Tiragem e Circulação de *Realidade*", de 28 de maio de 1969.
[95] "Carta aberta a Luís Fernando Mercadante e José Hamilton Ribeiro. São Paulo, 8 de maio de 1971." Documento arquivado no Departamento de Documentação da Editora Abril (DEDOC). Grifo original.
[96] FERNANDES, Terezinha Tagé Dias, op. cit., p. 26.
[97] Jornalista que fundou o jornal alternativo *Movimento*, em julho de 1975.
[98] Entrevista concedida à autora em São Paulo, em 16/04/99.
[99] CARTA, Luís. "Realidade na Amazônia", in: *Realidade*, nº 67, de outubro de 1971, p. 13.
[100] Entrevista concedida à autora em São Paulo, em 23/03/2000.
[101] Entrevista concedida à autora em São Paulo, em 16/04/1999.
[102] Em entrevista concedida à autora em 23/03/2000. José Hamilton Ribeiro foi repórter de *Realidade* de 1966 a 1968, quando saiu com a primeira equipe. Voltou entre 1969 e 1973 como diretor de redação. Atualmente, é editor do programa *Globo Rural*, da TV Globo, que vai ao ar nas manhãs de domingo.
[103] "Deixei de ser alcoólatra", in: Realidade, nº 91, outubro de 1973, p. 51.
[104] CIVITA, Victor, "Uma nova Realidade", in: *Realidade*, nº 91, outubro de 1973. p. 3.
[105] Entrevista concedida à autora, em 16/04/99.
[106] DINES, Alberto. *O Papel do jornal*. Rio de Janeiro, Artenova, 1974 p. 39.
[107] SOUZA, Ulisses Alves de. "A História Secreta de Veja". In: *Imprensa*. São Paulo, setembro 1988. p. 79.
[108] TASCHNER, Gisela. *Folhas ao vento*, São Paulo, Paz e Terra, 1992. pp. 191 e 192.
[109] CHAIM, Célia. "Um Sonho Jornalístico chamado REALIDADE", in: *Revista Goodyear*. Julho/setembro de 1991, p. 69.
[110] Idem.
[111] Silva, Mylton Severiano da. "Uma revista que dividiu as águas na imprensa brasileira", in: *Imprensa*, ano XIII, 1999, nº 143, p. 83.
[112] Em entrevista concedida à autora, em São Paulo, em 30/11/1999.
[113] RIBEIRO, José Hamilton. "O Sonho virou Realidade", in: *Imprensa*, novembro de 1987.
[114] Silva, Mylton Severiano da. "Uma revista que dividiu as águas na imprensa brasileira", in: *Imprensa*, ano XIII, 1999, nº 143, p. 83.
[115] Mylton Severiano da Silva, entrevista concedida à autora, em Jarinu (SP), em 21/01/2000. Na transcrição das entrevistas preservei o tom coloquial da conversa.
[116] Em resposta a ao questionário da autora, por correio eletrônico, em 29/01/2000.
[117] No jargão jornalístico, "foca" significa jornalista novato.
[118] Lana Nawicov, por escrito, via correio eletrônico, em 10/02/2000. Grifo original. A jor-

nalista refere-se à reportagem "Existe Preconceito de Cor no Brasil", publicada na edição nº 19, de outubro de 1967.

[119] RIBEIRO, José Hamilton. "O Sonho virou Realidade", in: *Imprensa*, novembro de 1987, p. 92.

[120] Em resposta a perguntas da autora, por correio eletrônico, em 29/01/2000.

[121] Ribeiro, José Hamilton. Op. cit., p. 92.

[122] Silva, Mylton Severiano da. "Uma revista que dividiu as águas na imprensa brasileira", in: *Imprensa*, ano XIII, 1999, nº 143, p. 83.

[123] Entrevista concedida à autora em São Paulo, em 23/03/2000.

[124] Silva, Mylton Severiano da. "Uma revista que dividiu as águas na imprensa brasileira", in: *Imprensa*, ano XIII, 1999, nº 143, p. 83.

[125] Idem, ibidem.

[126] Idem, ibidem.

[127] Entrevista concedida à autora em São Paulo, em 23/03/2000.

[128] DARNTON, Robert. *O Beijo de Lamourette*. São Paulo, Companhia das Letras, 1995, p. 76.

[129] Idem, ibidem.

[130] Em entrevista concedida à autora em São Paulo, em 30/11/1999.

[131] "Nota da Redação", in: *Realidade*, nº 33, dezembro de 1968, p. 3.

[132] Em resposta ao questionário da autora, por correio eletrônico, em 29/01/2000.

[133] Silva, Mylton Severiano da. "Uma revista que dividiu as águas na imprensa brasileira", in: *Imprensa*, ano XIII, 1999, nº 143, p. 85.

[134] Chamo aqui de imprensa alternativa o movimento, surgido no fim dos anos 1960, de oposição ao regime militar instalado no Brasil em abril de 1964 e à chamada grande imprensa. Os jornais alternativos queriam formar uma imprensa "sem patrão", na qual pudessem ser publicadas reportagens, cujas pautas fossem discutidas com toda a equipe e não impostas pela direção do periódico e orientadas pelo governo vigente. *Pasquim, Opinião, Movimento*, são os representantes mais lembrados da imprensa alternativa a que me refiro. Essa definição breve e geral foi elaborada a partir da seguinte bibliografia: AQUINO, Maria Aparecida de. *Censura, Imprensa, Estado Autoritário (1968-1978), o exercício cotidiano da dominação e da resistência: O Estado de S.Paulo e Movimento*. Bauru, Edusc, 1999. CHINEM, Rivaldo. *Imprensa Alternativa, Jornalismo de Oposição e Inovação*, São Paulo, Ática, 1995. KUCINSKY, Bernardo. *Jornalistas e Revolucionários nos Tempos da Imprensa Alternativa*. São Paulo, Editora Página Aberta, 1991.

[135] KUCINSKY, Bernardo. *Jornalistas e revolucionários nos tempos da imprensa alternativa*. São Paulo, Página Aberta, 1991. p. 6.

[136] Idem, ibidem.

[137] Entrevista concedida à autora em São Paulo, em 23/03/2000.

[138] Em resposta ao questionário da autora, por correio eletrônico, em 29/01/2000.

[139] PEREIRA, Raimundo Rodrigues. "Nasce um Jornal", in: *Movimento*, 07/07/1975. p. 4.

[140] CHAIM, Célia. "Um Sonho Jornalístico chamado REALIDADE", in: *Revista Goodyear*. Julho/setembro de 1991, p. 69.

[141] Em *Realidade*, a seção de cartas ficava entre as páginas 6 e 10.

[142] *Realidade*, nº 1, abril de 1966, p. 7.

[143] Esse código entre parêntesis é a "referência bibliográfica" que criei para as cartas de leitores de *Realidade*. O primeiro elemento "R001" indica o número da edição da carta reproduzida. O segundo indica a ordem em que foi publicada dentro da seção. "R001-L04" é, então, a quarta carta publicada no primeiro número da revista. Todas as cartas reproduzidas neste trabalho daqui para frente apresentarão esse código.

[144] Em resposta ao questionário da autora, por correio eletrônico, em 10/02/2000.

[145] Paulo Patarra, em entrevista concedida à autora, em 30/11/1999.

[146] Realizado em 20 janeiro de 2000.

[147] Em resposta ao questionário da autora, por correio eletrônico, em 10/02/2000.

[148] Idem.

[149] Idem.

[150] Neste trabalho, sempre que uma carta de leitor reproduzida possuir resposta da revista, esta será diferenciada pelo tipo itálico.

[151] Em entrevista concedida à autora em São Paulo, em 30/11/1999.

[152] Em resposta ao questionário da autora, por correio eletrônico, em 10/02/2000.

[153] Em entrevista concedida à autora em São Paulo, em 08/02/2000.

[154] Idem.

[155] Em entrevista concedida à autora em São Paulo, 08/02/2000.

[156] Idem.

[157] Idem.

[158] Entrevista concedida à autora em São Paulo, 30/11/1999.

[159] Entrevista concedida à autora em São Paulo, em 30/11/1999.

[160] Entrevista concedida à autora em São Paulo, em 30/11/1999.

[161] Sobre a reportagem "Ele é um viciado", de Narciso Kalili, publicada em *Realidade* nº 14, maio de 1967.

[162] CHARTIER, Roger. *A Aventura do Livro, do leitor ao navegador*. São Paulo, Editora Unesp, 1998. p. 84.

[163] DINES, Alberto. *O Papel do Jornal*. Rio de Janeiro, Artenova, 1974, p. 45. Grifo original.

[164] CHARTIER, Roger. *A Aventura do livro, do leitor ao navegador*. São Paulo, Editora Unesp, 1998. pp. 17-18.

[165] Em entrevista concedida à autora em São Paulo, em 08/02/2000.

[166] Sobre a reportagem "Magarefes, eles vivem de matar", in: *Realidade*, nº 12, março de 1967.

[167] Sobre a reportagem "E agora, governador?", in: *Realidade*, nº 05, agosto de 1966.

[168] Sobre a reportagem "Atenção: está nascendo um líder", in: *Realidade*, nº 07, outubro de 1966.

[169] Essa carta faz parte da repercussão dada pela revista à ameaça de apreensão sofrida pela revista, caso publicasse a segunda parte da pesquisa "A juventude diante do sexo", na edição nº 6, de setembro de 1966.

[170] A reportagem "Ele é um viciado", foi publicada na edição nº 14, de maio de 1967.

[171] Esta é uma das poucas cartas publicadas em que não aparece o nome do leitor.

[172] Paulo Patarra, em entrevista concedida à autora, em 30/11/1999.

[173] Essa classificação foi criada pela autora e está de acordo com os resultados extraídos a partir do banco de dados.

[174] CHARTIER, Roger. *A Aventura do livro, do leitor ao navegador*. São Paulo, Editora Unesp, 1998. p. 16.
[175] Idem, ibidem, p. 78.
[176] CERTEAU, Michel de. *A Invenção do Cotidiano*. Petrópolis, Vozes, 1994. p. 266.
[177] Ibidem, p. 260.
[178] CHAIM, Célia. "Um Sonho Jornalístico chamado Realidade", in: *Revista Goodyear*, jul/set 1991, pp. 66-71.
[179] CHARTIER, Roger. Op. cit., pp. 91-92.
[180] PATARRA, Paulo. "Revista mensal, idéias iniciais", exemplar datilografado, p. 5.
[181] ROGER, Chartier. *A História Cultural, entre práticas e representações*. Lisboa, Difel. p. 131.
[182] CERTEAU, Michel de, op. cit., p. 49.
[183] "Voto de confiança", in: *Realidade*, nº 2, maio de 1966, p. 3.
[184] "Pesquisa Editorial sobre a revista REALIDADE". Preparado com exclusividade para Editora Abril Ltda. pelo INESE – Instituto de Estudos Sociais e Econômicos. São Paulo, janeiro, 1966. p. 1.
[185] Idem.
[186] Idem, p. 3. Grifo original.
[187] Ensaio fotográfico sobre o desenvolvimento do feto ainda no útero materno. Foi publicado no número zero da revista e, posteriormente, republicado na terceira edição, em julho de 1966.
[188] "Pesquisa Editorial sobre a revista REALIDADE". Preparada com exclusividade para Editora Abril Ltda. pelo INESE – Instituto de Estudos Sociais e Econômicos. São Paulo, janeiro, 1966. p. 26.
[189] "Informações sobre a revista *Realidade*". Documento preparado com exclusividade para Editora Abril Ltda. por Marplan – Pesquisas e Estudos de Mercado Ltda. São Paulo, agosto de 1966, p. 4.
[190] Alguns resultados da pesquisa "A juventude diante do sexo", publicada em agosto de 1966, realizada entre jovens do Rio de Janeiro e São Paulo também apontam nessa direção.
[191] ERBOLATO, Mário. *Jornalismo Especializado*. São Paulo, Atlas, 1981. p. 87. Grifo original.
[192] CERTEAU, Michel de. Op. cit, pp. 269-270.
[193] Idem, p. 270.
[194] Idem, ibid, p. 267. Grifo original.
[195] BARZOTTO, Valdir Heitor. *Leitura de Revistas Periódicas: forma, texto e discurso. Um estudo sobre a revista Realidade (1966-1976)*. Campinas, 1998. Tese (Doutorado em Lingüística), Instituto de Estudos da Linguagem, Universidade de Campinas. p. 60.
[196] CHARTIER, Roger. *A Aventura do livro, do leitor ao navegador*. São Paulo, Editora Unesp, 1998, p. 23.
[197] CHARTIER, Roger. *A História Cultural, entre práticas e representações*. Lisboa, Difel, 1988. p. 136.
[198] CERTEAU, Michel de. *A Invenção do Cotidiano*. Petrópolis, Vozes, 1999. p. 260.
[199] Idem, p. 268. Grifo original.
[200] Entrevista concedida à autora em São Paulo, em 30/11/1999.

[201] PATARRA, Paulo. "Revista mensal, idéias iniciais", exemplar datilografado, p. 8.
[202] CHARTIER, Roger. *A História Cultural, entre práticas e representações*. Lisboa, Difel. p. 135.
[203] CERTEAU, Michel de. Op. cit., p. 268.
[204] Digna de destaque é a presença do tema guerra do Vietnã em *Realidade*. O conflito que irrompeu em 1964 e só terminou com a desocupação da Embaixada Americana em Saigon, em 1975, foi assunto da revista já no seu segundo número, em maio de 1966, com a reportagem "Vietnã: 25 anos de guerra" na qual apresentava uma retrospectiva do conflito. Em março de 1968, no número 24, é publicada matéria assinada pela jornalista italiana Oriana Fallaci na qual esta entrevista soldados norte-americanos e um vietcong condenado à morte sob o título "Eles querem viver". O tema novamente é abordado em abril de 1968, no número 25, a matéria "Guerra sem saída" abordava o desgaste do governo americano em função da ofensiva no Vietnã. *Realidade* foi a única publicação brasileira a enviar correspondente ao Vietnã. José Hamilton Ribeiro foi o repórter escalado para a cobertura exclusiva da guerra. Estando lá, pisou numa mina e precisou amputar uma das pernas. Sua tragédia foi capa da edição número 26, de maio de 1968: "Eu estive na guerra" e ocupou também as edições seguintes. Contudo, apesar da insistência da revista, o tema não mereceu a mesma atenção dos leitores. Na seção de cartas, o assunto foi abordado pelos leitores em apenas duas oportunidades: para dar repercussão à entrevista de Oriana Fallaci (quatro cartas) e ao acidente sofrido por José Hamilton Ribeiro (cinco cartas). Fato que evidencia a diferença entre como revista queria ser lida e como de fato era lida.
[205] CHARTIER, Roger. *A História Cultural, entre práticas e representações*. Lisboa, Difel, 1988. p. 18.
[206] Idem, p. 23.
[207] Idem, ibidem, p. 17.
[208] Ibidem, p. 25.
[209] Ibidem, p. 127.
[210] FALLACI, Oriana. "As suecas amam por amor", in: *Realidade*, nº 1, abril de 1966, p. 110.
[211] Idem, p. 113.
[212] Idem, ibidem, p. 110.
[213] Idem, p. 112.
[214] Ibidem.
[215] CHARTIER, Roger, op. cit., p. 19.
[216] Idem, p. 17.
[217] *Realidade*, nº 10, janeiro de 1967, p. 3.
[218] *Realidade*, nº 10, janeiro de 1966, p. 25.
[219] *Realidade*, nº 10, janeiro de 1966, p. 25.
[220] Idem, p. 21.
[221] Carmen da Silva, psicóloga e jornalista, assinava desde setembro de 1963 a coluna "A arte de ser mulher" na revista *Claudia*, também da Editora Abril. Seu trabalho transformou o tradicional modelo de consultório sentimental introduzindo a psicanálise no diálogo com as leitoras. Por afinidade com essa proposta inovadora, Carmen da Silva, era freqüentemente convidada a assinar artigos em *Realidade*. Embora o movimento feminista, organizado como movimento político que propõe uma transformação social ampla

contrapondo-se ao poder patriarcal, tenha surgido apenas a partir de 1975, decretado pela Organização das Nações Unidas o Ano Internacional da Mulher, *Realidade* já trazia as sementes das questões que seriam levantadas pelo movimento feminista. Sobre o assunto, conferir MORAES, Letícia Nunes de Góes. "Agentes infiltrados no movimento feminista brasileiro", in: AQUINO, Maria Aparecida de et alli. *O Dissecar da estrutura administrativa do DEOPS/SP*. São Paulo, Arquivo do Estado de São Paulo/Imprensa Oficial do Estado, 2002. pp. 55-89.

[222] Azevedo, Carlos. "A dor do parto não existe", in: *Realidade*, n° 15, p. 152.

[223] Idem, p. 157.

[224] MARÃO, José Carlos. "Desquite ou divórcio", in: *Realidade*, n° 4, julho de 1966, p. 33. Grifo original.

[225] Idem.

[226] Idem, ibidem, p. 34.

[227] Ibidem, p. 27.

[228] Ibidem, p. 29.

[229] Ibidem, p. 30.

[230] Ibidem, p. 29.

[231] Ibidem, p. 33. Grifo original.

[232] Ibidem, p. 34.

[233] Ibidem, p. 34.

[234] Idem, ibidem.

[235] Idem, ibidem.

[236] *Realidade*, n° 08, novembro de 1966, p. 93.

[237] Idem, p. 94.

[238] *Realidade*, n° 05, agosto de 1966, p. 70. Dois meses depois de publicada esta pesquisa, *Realidade* publicaria, na edição n° 7, de outubro de 1966, uma reportagem intitulada "Revolução na Igreja", sobre a seita dos dominicanos.

[239] Trecho do texto escrito junto ao título da matéria, in: *Realidade*, edição n° 5, p. 69

[240] PACHECO, Duarte. "A juventude diante do sexo", in: *Realidade*, edição n° 5, p. 70.

[241] Idem.

[242] Idem, ibidem, p. 70.

[243] Ibidem, p. 80.

[244] Ibidem, p. 75.

[245] Ibidem, p. 77.

[246] *Realidade*, n° 16, julho de 1967, p. 4. Grifo original.

[247] Idem, grifo original.

[248] *Realidade*, n° 17, agosto de 1967 p. 3.

[249] *Realidade*, n° 18, setembro de 1967 p. 3.

[250] BENJAMIN, Walter. "O autor como produtor", in: *Magia e técnica, arte e política*. São Paulo, Brasiliense, 1996. p. 124.

[251] *Realidade*, n° 18, setembro de 1967, p. 3.

[252] *Realidade*, n° 18, setembro de 1967, p. 18. Grifo meu. A investigação sobre a juventude brasileira realizada em 1967 por *Realidade* ainda não revelava quão pródigo se tornaria o movimento estudantil durante o ano de 1968. A agitação da juventude parisiense em maio

de 1968 repercutiu no mundo todo. No Brasil, desde o golpe de 1964, gradativamente foram surgindo movimentos de resistência ao endurecimento imposto pelos militares organizados por diferentes grupos sociais. O meio estudantil agitou-se particularmente ganhando caráter de militância política ao longo de 1968. Episódios como o confronto entre os estudantes da Faculdade de Filosofia da USP e da Universidade Mackenzie, ambas situadas na rua Maria Antônia, no início de outubro de 1968 e o XXX Congresso Nacional da UNE realizado em Ibiúna, em 12 de outubro, mostram como o movimento estudantil havia se politizado desde a morte do estudante Edson Luiz, em março daquele ano. E após a decretação do AI-5, em dezembro de 1968, caminharia para a luta armada como forma de resistência.

[253] CERTEAU, Michel de. *A Invenção do Cotidiano*. Petrópolis, Vozes, 1999. p. 46.

[254] Idem, pp. 46-47

[255] "Eis as provas do preconceito", in: *Realidade*, n° 25, abril de 1968, p. 101. Texto de apresentação da matéria.

[256] Idem, p. 106.

[257] Idem, ibidem.

[258] "Sou padre e quero casar", in: *Realidade*, n° 6, setembro de 1966, p. 118.

[259] "Sou padre e quero casar", in: *Realidade*, n° 6, setembro de 1966, p. 121.

[260] Idem, p. 120.

[261] Idem, ibidem, p. 121.

[262] Ibidem, p. 120.

[263] Idem, ibidem. Grifo original.

[264] Idem, ibidem.

[265] Idem, ibidem.

[266] PACHECO, Duarte. "Deus está morrendo?", in: *Realidade*, n° 9, dezembro de 1966, p. 26.

[267] Lana Navikow, em resposta ao questionário da autora, por e-mail, em 10/02/2000.

[268] KALILI, Narciso, "Existe preconceito de cor no Brasil", in: *Realidade*, n° 19, outubro de 1967, p. 48.

[269] Idem, p. 52.

[270] ALMEIDA, Hamilton. "Homossexualismo", in: *Realidade*, n° 26, maio de 1968, p. 115.

[271] Idem, p. 112.

[272] Idem, ibidem.

[273] AZEVEDO, Carlos. "O Piauí existe", in: *Realidade*, n° 13, abril de 1967, p. 46.

[274] Idem, p. 54.

[275] CHARTIER, Roger. *Práticas de Leitura*. São Paulo, Estação Liberdade, 1998, p. 245.

[276] Lana Nowikow, em resposta ao questionário da autora, por e-mail, em 10/02/2000.

[277] ANDRADE, Eurico, "O excepcional", in: *Realidade*, n° 21, dezembro de 1967, p. 104.

[278] Idem, p. 107.

[279] Idem, ibidem.

[280] Ibidem, p. 111.

[281] Ibidem, p. 112.

[282] HABERMAS, Jürgen. "Comunicação, opinião pública e poder". in: COHN, Gabriel (org.). *Comunicação e Indústria Cultural*. São Paulo, Editora Nacional, 1971. p. 187.

[283] Idem, pp. 188.

[284] Idem, p. 188-190.

Agradecimentos

É com enorme satisfação que apresento neste livro o resultado da pesquisa que desenvolvi, entre 1996 e 2001, na área de História Social do Departamento de História da FFLCH/USP, com o apoio financeiro da Fundação de Amparo à Pesquisa do Estado de São Paulo (Fapesp), e defendi como Dissertação de Mestrado em dezembro de 2001.

Poucas mudanças marcam a passagem da Dissertação para o livro. O título original *A Dança Efêmera dos Leitores Missivistas na revista Realidade (1966-1968)* foi modificado e a bibliografia, atualizada. Ao texto foram incorporadas as principais contribuições da banca examinadora, composta pela Profa. Dra. Maria Helena Rolim Capelato e pela Profa. Dra. Maria Izilda Santos de Matos, às quais agradeço a leitura cuidadosa e os elogios ao trabalho.

E à comissão que selecionou meu trabalho para integrar a Série Teses, agradeço o reconhecimento e a oportunidade. Contudo, o desafio de desenvolver uma pesquisa acadêmica sobre uma temática tão difícil quanto sutil como é o estudo da recepção, não teria sido possível sem o apoio e o incentivo de muita gente.

Em primeiro lugar, agradeço à minha orientadora, Profa. Dra. Maria Aparecida de Aquino, a orientação segura e o incentivo constante em dez anos de trabalho conjunto. Em sua companhia, aprendo a ser uma historiadora cada vez mais competente. E, para além do ofício, sua sensibilidade e o profundo respeito que nutre pelo outro em tudo que faz, ensinam que o exercício autêntico da democracia é possível e começa em cada um de nós.

À Profa. Dra. Terezinha Tagé Dias Fernandes, da ECA-USP, agradeço as importantes contribuições feitas quando cursei disciplina sob sua responsabilidade e no Exame de Qualificação.

Aos colegas da pós-graduação, muitos dos quais acompanharam todo o processo de desenvolvimento da pesquisa, da elaboração do projeto à defesa, agradeço as conversas e a troca de experiências nos diversos seminários de pesquisa e simpósios dos quais participamos juntos.

Meus agradecimentos a toda a equipe do Departamento de Documentação da Editora Abril que me auxiliou nas consultas àquele acervo, por terem me atendido sempre com atenção e gentileza. Agradeço especialmente ao Bias.

Aos jornalistas que concederam depoimentos, dando um brilho especial ao trabalho: Paulo Patarra, Audálio Dantas, José Hamilton Ribeiro, Woile Guimarães, Sérgio de Souza, Mylton Severiano da Silva, Lana Nowikow e Otávia Yamashita, obrigada a todos pela disponibilidade e atenção concedida.

Meus agradecimentos também a amigos muito queridos que, de diferentes maneiras, acompanharam e comemoraram comigo cada etapa deste trabalho: Clo, Marily, Diana, Joka, Bel, Elcio.

Ao Alexandre, que acompanhou de perto todas as alegrias e angústias que envolveram o processo de confecção deste trabalho, agradeço a paciência e todo o apoio que me deu.

Aos de casa, agradeço o carinho e a torcida: meus irmãos, Eleonora, Celso, Cândida e... Gustavo. Aos meus pais, Celso e Eulalina, sou imensamente grata por sempre terem criado todas as condições para que pudéssemos pôr o estudo em primeiro lugar.

A todos, sou profundamente grata. Valeu, pessoal!

Letícia Nunes de Moraes,
São Paulo, 21 de fevereiro de 2006.

Sobre a autora

Letícia Nunes de Moraes nasceu em Sorocaba (SP), em 1974. Formou-se em Jornalismo pela PUC/SP e em História pela USP. Atualmente desenvolve Doutorado no Departamento de História da FFLCH/USP na área de História Social, onde também defendeu Mestrado, em 2001.

Lecionou na Universidade de Sorocaba e participou do projeto "Mapeamento e Sistematização do Acervo DEOPS/SP" coordenado pela Profa. Dra. Maria Aparecida de Aquino. Desse trabalho resultou o artigo de sua autoria "Agentes infiltrados no movimento feminista brasileiro", publicado na série *Radiografias do Autoritarismo Republicano Brasileiro*.

Contato: leticia@jig.com.br

Este livro foi impresso em são paulo pela prol gráfica no verão de 2007. no texto da obra, foi utilizada a fonte minion, em corpo 10,5, com entrelinha de 14,5 pontos.